江苏省高校“高质量公共课教学改革研究”项目(2022JDKT112)

大学生身体锻炼行为
长效促进机制研究

杨文礼 著

中国矿业大学出版社
· 徐州 ·

内 容 提 要

本研究基于社会生态学理论，以扎根理论的质性研究与量化实证方法的混合范式，结合健康信念模型、自我效能理论、计划行为理论、跨理论模型等，剖析影响大学生锻炼行为的核心要素及要素间关系，从个体、家庭、学校、社会及政策多维层面探索大学生身体锻炼行为长效促进机制，形成锻炼行为长效促进机制概念，构建大学生锻炼行为长效促进机制社会生态学理论模型并进行验证，根据验证模型设计长效促进机制的个体、学校、家庭、社会、政策多层面实践路径。本书拓展了锻炼行为长效促进机制实践路径的社会生态学理论多层视角，在研究方法的设计运用上丰富了锻炼行为理论研究领域，为大学生身体锻炼行为的干预奠定了一定的理论基础，对社会综合型人才的培养具有深远意义，为学校体育教育的改革提供实践基础，最终为实现我国高素质社会人力资本的累积和人口素质的优化提供实践依据。

图书在版编目(CIP)数据

大学生身体锻炼行为长效促进机制研究/杨文礼著
.—徐州：中国矿业大学出版社，2023.8
ISBN 978-7-5646-5940-0

Ⅰ.①大… Ⅱ.①杨… Ⅲ.①大学生－体育锻炼－研究 Ⅳ.①G806

中国国家版本馆 CIP 数据核字(2023)第 166957 号

书　　名　大学生身体锻炼行为长效促进机制研究
著　　者　杨文礼
责任编辑　何晓明　何　戈
出版发行　中国矿业大学出版社有限责任公司
（江苏省徐州市解放南路　邮编 221008）
营销热线　(0516)83885370　83884103
出版服务　(0516)83995789　83884920
网　　址　http://www.cumtp.com　**E-mail**:cumtpvip@cumtp.com
印　　刷　苏州市古得堡数码印刷有限公司
开　　本　787 mm×1092 mm　1/16　**印张** 14　**字数** 274 千字
版次印次　2023 年 8 月第 1 版　2023 年 8 月第 1 次印刷
定　　价　52.00 元
（图书出现印装质量问题，本社负责调换）

前　言

大学生对体育锻炼价值的深刻认知和身体锻炼行为习惯的养成，有利于其全面发展及进入社会后健康行为的保持。目前大学生低肺活量、高肥胖率、低体质健康达标率与锻炼行为缺乏不无相关，其锻炼行为不足是周围环境等多层因素交互作用及动态变化历程共同作用的结果。在健康中国战略背景下，研究大学生身体锻炼行为促进机制对学校体育环境、家庭体育环境和社会体育环境的融合及全面人才的发展需求均具有重要的理论价值和社会实践意义。

本研究以大学生身体锻炼行为影响因素为切入点，基于社会生态学理论，结合健康信念模型、自我效能理论、计划行为理论及跨理论模型，探析大学生身体锻炼行为的长效促进机制。首先，梳理身体锻炼相关理论，通过质性研究结合专家访谈法分层梳理影响大学生身体锻炼行为的因素，深入研究并定性分析各因素变量间关系及作用机制，构建大学生身体锻炼行为长效促进机制的社会生态学理论模型。基于此，设计大学生锻炼行为促进机制问卷，定量分析大学生锻炼行为现状及锻炼行为个体、学校、家庭、社会、政策层面因素的相互作用机制。最后，根据质性与量化研究结果，设计大学生锻炼行为长效促进机制的实践路径。本书主要研究结果与结论如下：

① 大学生身体锻炼行为长效促进机制的概念界定。本书基于社会生态学理论，将大学生身体锻炼行为的长效促进机制定义为：通过个体、家庭、学校、社会以及政策等层面及层面因素间交互作用引发身体锻炼行为，且能够规范、组织与推动体育相关要素按照一定形式、规模、速度及趋势发展，并对其行为现象做出解释而形成的复杂系统。

② 大学生身体锻炼行为现状。中等强度和低强度运动的大学生占比分别是23.5%和53.2%；每天均发生锻炼行为和每周有3～5次锻炼行为的大学生比例分别是14.2%和25.7%，3次以下的占比为60.1%；每次运动30 min以上的大学生占比为50.4%。人口统计学特征上，仅性别属性对大学生锻炼行为强度的影响具有显著差异，年级、专业、生源地属性均未呈现统计学意义。

③ 大学生锻炼行为长效促进机制的质性研究。依据扎根理论进行开放式、主轴及选择性逐级编码，厘清了大学生身体锻炼行为的主要影响变量和作用机制，构建了包含个体认知、学校环境、家庭环境、社会环境、政策效能、大学生个体属性的6个主范畴，以及锻炼知识与技能、体育价值观、锻炼自我效能、锻炼动机、体育教师、体育课堂、课外体育、学校体育场馆设施、学校体育督导与管理、父母态度与期望、家庭经济资本、父母榜样行为、社会体育文化环境、社会体育组织、社会传播媒介、体育政策文本与宣传、政策执行与评估等19个子范畴的大学生身体锻炼行为长效促进机制的社会生态学理论模型。

④ 大学生身体锻炼行为长效促进机制的量化验证。个体认知、学校环境、家庭环境、社会环境、政策效能均能正向预测大学生身体锻炼行为，预测效应大小依次是：个体认知＞学校环境＞政策

效能＞家庭环境＞社会环境。学校环境、家庭环境、社会环境、政策效能层面均能通过个体认知层面的中介效应作用于大学生锻炼行为，且中介效应值分别大于直接效应值；家庭环境和个体认知、学校环境和个体认知分别在政策效能与锻炼行为、社会环境与锻炼行为之间存有链式中介效应。

⑤ 大学生身体锻炼行为长效促进机制的实践路径设计。国家相关部门应以顶层政策设计为源动力，加强其针对性和可操作性，以社会环境为基础，营造浓郁的社会体育氛围；以学校环境和家庭环境为中心，建立家校沟通机制，有力推动学生个体认知，协调和引导各方利益主体实现资源整合及优化配置，形成全社会不同主体协同促进大学生身体锻炼行为的联动长效机制与环境。

本书的研究与出版工作得到了江苏省高校“高质量公共课教学改革研究”项目（2022JDKT112）的资助。本著作是在导师张万红教授指导完成的博士学位论文基础上修改完善而成的，在此对张万红教授表示衷心感谢。此外，对本著作相关研究工作提供帮助和支持的专家及各位体育专业同仁表示诚挚的谢意。

由于水平所限，书中难免存在不足和疏漏之处，敬请读者批评指正。

著　者
2023 年 5 月

目 录

第1章　绪　论

1.1　研究背景

1.1.1　全球身体锻炼行为低水平现象

身体锻炼缺乏是影响全球青少年健康最为常见和持久的原因之一。身体锻炼缺乏是指不能保证世界卫生组织（WHO）推荐的最低限度体育锻炼行为，即成人每周不少于 150 min 有氧运动或 75 min 高强度身体活动，或两者结合达到同等水平[1]。2018 年，WHO 发布《全球青少年健康问题》报告[2]，全球有 80％的青少年达不到健康推荐标准的运动量，某些国家或地区的青少年肥胖率高达 1/3。Guthold 等[3]对 168 个国家 198 万参与者的调查表明，美洲区域与东地中海区域身体活动缺乏的人口比率最高，女性约为 50％，男性约为 40％。东南亚区域身体活动不足的人口比率最低，约 20％（男性 15％、女性 19％）。全球低活动水平人数在 28.9％ 和 33.9％之间，拉丁美洲和加勒比地区高达 43.5％，南亚是 43.0％，大洋洲、东南亚及撒哈拉以南的非洲水平最低，分别在 20.0％左右；美国、英国、澳大利亚等高收入国家的缺乏运动患病率（36.8％）是低收入国家（16.2％）的 2 倍多；在全球范围内性别区分上，85％的青少年女性活动量不够，男性比例则为 78％。流行病学及 WHO 均有报告指出，身体活动缺乏是造成人类死亡风险加大的第四大因素，据估测因缺乏锻炼致死人数年均达到 320 万[4-5]，许多慢性疾病如糖尿病、呼吸系统疾病、高血压、心脑血管系统疾病等致病原因之一就是身体活动不足。到 2030 年，WHO 预计全球有 1/3 的人口呈现低活动水平[6]。美国运动医学学会（ASCM）认为，身体活动不足是全球最大的公共卫生问题，对身体锻炼行为及干预促进的研究将会是多学科领域关注的热点问题[7]。

从行为理论视角分析，身体活动不足是多重因素交互作用及动态变化历程共同作用的结果。锻炼行为缺乏是一种由多种复杂因素交织而成的综合性行为现象，各国成因有所不同[8]，如宏观的经济发展、社会环境（居住环境、交通便利及安全性、电子游戏的兴起）因素[9]，微观的个体性别、年龄、锻炼效能等因素[10]均会影响个体规律参加体育锻炼。

2020 年，中国卫生计划委员会发布《中国居民营养与慢性病状况报告》，指出我国 18 周岁以上超重人群占比超过 1/3[11]。教育部对 12.6 万大学生的体质调查数据显示，有超过 1/3 的被调查者易感疲劳、失眠及注意力难以集中、情绪不稳定等体质问题出现；同时高校每年都会出现因为神经衰弱、抑郁或心理承受力差等原因退学或休学的学生，甚至是轻生现象的发生[12]。《"健康中国 2030"规划纲要》指出，推进全民健康生活方式行动，建立健康知识的教育体系和信息宣传制度，营造良好的健康生活社会氛围；不断加强不同级别学校的健康教育力度，创新学校健康教育的模式和推进机制，提升学生身心健康素养。随着经济高速增长、生活水平提高、现代化进程加速，国家城镇化政策的不断推进与落实，人们的生活方式出现了久坐少动、身体活动行为减少的变化，随之而来，超重及肥胖人口增加，高血压、糖尿病、心脑血管疾病等发病人群增加，并且出现低龄化现象。这种因社会环境、生活方式改变和身体锻炼水平降低引发的身体疾病，均可以通过身体锻炼行为和生活方式的改变得到改善和治愈。

1.1.2 健康中国战略的需要

党中央和政府高度重视体育工作，习近平总书记亲自谋划体育事业的改革与发展，推动全民健身为国家战略，强调"人民健康是民族昌盛和国家富强的重要标志"，指出"体育既是国家强盛应有之义，也是人民健康幸福生活的重要组成部分"。健康中国战略为建设体育强国、健康中国提供了根本遵循，开启了新时代全民健身、全民健康的伟大征程。没有全民健身就没有全民健康，没有全民健康就没有全面小康，体育运动逐渐成为健康中国的牢固基石。我们需要从社会进步的高度重新定义和认识体育在现代社会中的重要作用，转变观念，改善体育教育观念，培养学生积极健康的生活方式，让广大青少年在体育锻炼中全面健康成长。

党的十九大报告强调"优先发展教育事业"和"人才强国战略"。国力强弱、经济发展状况越来越取决于社会人才储备和劳动者的素质。社会劳动者素质包括科学文化素质、身体素质及思想道德素质，其中身体素质是个体综合素质的基础，要实现社会劳动者素质的提升，必须提升身体素质和体质健康。大学生是社会的栋梁，被认为是社会发展的核心人力资源，拥有健康体质是学习和社会工作的保障，相关部门多次出台政策，加大对大学生体质健康水平的提升力度。国家体育总局健身活动调研公报指出[13]，体育课堂是大学生产生身体活动行为的主要来源，然而能够经常参加体育锻炼的大学生仅占22.0%，在中学阶段没有形成一定运动技能和运动习惯的大学生在松散监督、现代网络、学习压力、社会环境以及其他一些不锻炼诱因下，身体锻炼行为日益缺乏。锻炼时间每周不足3次的大学生占比近60%，身体活动平均时间少于30 min的大学生占比56.4%。2021年9月全国第八次学生体质与健康调研结果指出，全国学生体质与健康问题依然严峻，大学生群体问题依然突出，大学期间身体机能水平如立定跳远、肺活量、女生仰卧起坐、耐力素质、柔韧素质等动态变化虽有小幅变好趋向，但远不及1985年水平，超重和肥胖比例人群逐年递增，引发国家相关部门的极大关注。因此，《全民健身计划(2021—2025年)》提出，将青少年作为实施全民健身计划的重点人群，大力普及青少年体育活动，提高青少年身体素质。身体锻炼行为被认为是提高体质与健康水平的必要手段，动员和组织大学生规律性参与身体锻炼，是形成健康生活习惯最为经济有效的手段。研究显示，长期坚持某项身体素质的练习或某一运动项目锻炼能够提高呼吸机能、增进心肺功能，显著提高个体身体素质，显著降低抑郁，改善情绪，提高认知、自尊及意志品质等，锻炼习惯的养成对形体塑造及心理健康提升有着重要的作用[14]。

1.1.3 新时代体教融合发展的诉求

体育是教育的基石，体教融合的根本是“以文化人、以体育人的目的，使体育在育人方面的综合功能和价值得到更大的释放”。历史时期的体教融合是服务于体育竞技后备人才的储备培养、运动员文化学习缺失以及“退训者”就业等问题，是国家对竞技体育可持续发展的制度安排，是对竞技体育举国体制的补充。长期以来，青少年健康促进相关政策实施主体多集中于学校，而家庭和社区处于被动参与状态，人们在扩大学校体育功能的同时，忽视了其教育功能，忽略了家庭和社区参与的作用，无法满足新时代社会发展对青少年健康的需求。2020年4月，中央全面深化改革委员会提出“体教融合”，调动体育、教育、卫生等领域的协同以及单项协会服务于体育教育教学工作高质量发展的主动性和积极性，扭转社会、学校、家庭过于重智育、轻体育，过多重视运动队金牌、对全体学生体质健康关注不够的趋势，在促进体育回归教育过程中，政府、社会、学校、家庭共责，完成对个人的全面教育。体教融合应该以政策融合为根本推动力，通过社会、学校、家庭资源融合，以思想理念、目标融合为引领，多部门协同，在服务竞技体育的同时，更大释放体育育人价值和综合功能，促进青少年健康全面发展，助力体育强国建设。

1.1.4 锻炼行为促进机制的复杂性及个体全面发展的需要

尽管规律锻炼能够为身体和心理带来诸多益处，但相关研究显示，在校期间我国大学生能够经常进行身体锻炼的人数占比仅为21%～48%。近1/2的锻炼参与者会在3～6个月退出锻炼计划，大学生在锻炼上存在参与次数少、每次持续时间短、在体育课结束后完全退出身体锻炼的现象[15]。个体身体锻炼行为有着动态变化的过程特点，身体锻炼行为促进机制的因素和动态变化过程表现为多层次和多种类型，机制因素之间的相互作用以及某些因素甚至是某个因素增加或减少，都有可能最终对其行为结果产生影响。

健康是促进人全面发展的必然要求，是经济社会发展的基础条件，是民族昌盛和国家富强的重要标志，是广大人民群众的共同追求。多次调研结果显示，大学生体质健康不同指标不同程度地下降，尤其表现为低肺活量、高肥胖率、低体质健康达标率。大学生作为社会经济发展和中国特色社会主义事业的主要承担者和建设者，要求德、智、体、美、劳全面发展，拥有健康体魄是学习、工作和为国家建设服务的基础条件，而规律的身体锻炼行为是健康的前提，故而对大学生身体锻炼行为促进机制进行探索和路径构建尤为必要，以求增强其身心健康，促进其全面发展。

目前，大多数学者的研究均是从基本理论和干预措施的合理性进行探讨，或就某一层面、某一视角对锻炼行为的干预进行研究，较为完善和系统的身体锻炼行为促进机制研究较为鲜见。社会生态学理论被认为是当前较为系统和科学的身体锻炼行为促进理论，本书从文献梳理和基础理论模型分析入手，提出大学生身体锻炼行为长效促进机制的社会生态学理论模型，通过大样本数据统计验证理论模型的适用性，根据构建的身体锻炼行为长效促进机制社会生态学模型，设计大学生身体锻炼行为促进机制的实践路径。

1.2 研究意义

1.2.1 理论意义

基于社会生态学理论对大学生身体锻炼行为长效促进机制的研究较为鲜见。前人文献多以青少年为研究对象，对变量共变规律研究少，变量论证视角单一；多是对研究被试者的身体锻炼行为现状进行描述性分析，缺乏深层次、全方位的系统分析。本书运用扎根理论从个体、学校、家庭、社会、政策等多层面、立体化揭示大学生身体锻炼行为的长效促进机制，丰富了锻炼行为领域的研究。

在梳理相关理论基础上，结合教育学及管理学研究方法，运用结构方程模型进行数据处理和分析，并探求影响大学生锻炼行为复杂变量间的因果关系和内在规律，构建大学生锻炼行为长效促进机制的社会生态学理论模型和多层面实践路径，拓展锻炼行为质性研究与量化实证的混合研究范式，为相关研究提供理论借鉴，同时，为大学生身体锻炼行为的干预奠定一定的理论基础，对全面社会人才的培养具有深远意义。

1.2.2 实践意义

本研究结果有利于相关行政部门身体锻炼行为促进政策的制定。通过身体锻炼行为长效促进机制的研究，从个体、学校、家庭、社会及政策层面揭示影响锻炼行为各变量间的关系，为行为干预措施和路径构建的可行性提供实践基础，最终对大学生体质健康提升具有一定的实践意义。

本研究结果有利于学校硬件设施环境的提升和教学相关条例的实施。通过对学校环境各因果变量间关系的研究，探索大学生身体锻炼行为的长效促进机制，为学校体育教育的改革提供实践基础，最终为实现我国高素质社会人力资本的累积和人口素质的优化提供实践依据。

1.3 研究问题与目标

本研究基于社会生态学理论，从个体、家庭、学校、社会及政策多维层面系统探索大学生身体锻炼行为长效促进机制，并设计长效促进机制的实践路径，以期为相关部门制定政策提供一定的理论依据，因此需要着力解决以下问题：

第一,大学生身体锻炼行为促进机制因素的选择和社会生态学理论模型构建。查阅文献和扎根理论的质性研究,剖析影响大学生锻炼行为的核心要素及要素间关系,构建大学生锻炼行为长效促进机制社会生态学理论模型。

第二,大学生身体锻炼行为长效促进机制的社会生态学模型验证。梳理文献并结合专家意见设计问卷,检验问卷的信度和效度,并对问卷调查结果进行探索性因素分析和验证性因素分析,验证理论模型。

第三,设计大学生身体锻炼行为长效促进机制的实践路径。基于社会生态学理论结合健康信念模型、自我效能理论、计划行为理论、跨理论模型等,从个体、学校、家庭、社会以及政策等多维层面设计大学生身体锻炼行为长效促进机制的实践路径。

1.4 核心概念界定

(1) 社会生态学理论

“生态学”是一门阐述生物个体与其所处环境相互联系、相互作用的学科。美国心理学者布朗芬伯格在生态学理论基础上于2006年首先提出社会生态学模型理论,该理论将社会、政策、家庭以及经济等环境作为个体发展的因素变量,更多关注环境与人的相互作用[16],以系统分析影响个体行为的因素。该理论把影响行为的因素根据距离个体远近由内到外分为四个系统,即微观系统、中间系统、外围系统和宏观系统。对于个体而言,微观系统维度是距离其最近的环境系统,是能够直接作用于个体行为的环境,如家庭以及学校均是他们生活的微观系统环境;中间系统维度是各微观系统间的相互联系与作用的环境,如学校和家庭的协同、沟通以及锻炼氛围等;外围系统维度是指人们未直接参与其中,但对其行为改变产生一定影响的外部环境系统,它由两个或两个以上微观系统相互联系组成,如学校的环境及设施与学生的锻炼活动之间的关系等;宏观系统维度是指人们所处环境中的社会文化、政策等,是距离人们行为最远端的系统环境[16]。

社会环境通过宏观系统的间接作用及个体生物学特征和心理因素的调节作用对个体行为产生影响。同时,系统维度之间可以直接相互作用,也可以某一维度对其他多个维度产生作用,某一维度的变化会带来其他维度的变化。用社会生态学理论研究人类健康行为主要是考察个体行为与其所处的社会自然环境及物理环境的相互作用,融合社会因素及个体层面因素影响的同时,结合政策引导,进而改变个体行为。本研究的社会生态学理论要素包括宏观的社会与政策层面、中观的学校与家庭层面、微观的个体层面。

(2) 身体锻炼行为

行为是指个体在生活中与所处环境相互作用,表现出与生理、心理活动密切相关的能动反应,包括运动、动作、言谈举止、意识、思维等外显与内在的活动总和。人类行为的发生离不开环境,它是与环境相互作用按照一定规范进行的客观活动[17]。因此,需要依据行为产生的环境对个体行为进行研究。

目前,学者对身体锻炼行为多是从定性或定量两个维度进行界定,以锻炼时间、频度及锻炼强度进行定义,或是以个体完成既定的运动处方或锻炼计划对锻炼行为进行衡量。国内较多文献[18-22]研究显示,锻炼行为就是指体育锻炼、身体锻炼或身体锻炼行为等,包含以身体活动为目的的有计划、有规律地提高心肺功能、肌肉力量以及耐力、柔韧性等身体素质的各种活动形式,如跑步、力量练习、打篮球、踢足球等。常婉璐[23]、陆雯等[24]研究指出,身体锻炼行为是个体动机与外部环境共同作用下所表现出的有目的的健康躯体活动。邱茜[25]研究认为,身体锻炼行为就是个体为提升运动技能、增强体质、保持一定的运动兴趣而展示的身体活动行为。国外相关文献显示,每周进行 4 次以上中等强度体育锻炼的个体被认为是积极锻炼者,或以规律性体育锻炼标准来界定大学生锻炼行为,即每周进行至少 3 次,每次不少于 20～30 min,且运动强度是中等强度及以上[26-27]。国内外学者均以规律的身体活动或以频度和强度进行一定的规范要求来说明身体锻炼行为,即身体锻炼行为意味着在持续的活动时间、特定的频度及强度下的有序肢体活动。也有学者把锻炼行为二分为显性锻炼行为和隐性锻炼行为,显性锻炼行为以锻炼时间、频率、强度及锻炼形式等进行衡量;隐性锻炼行为则以锻炼动机与锻炼所持态度等心理学变量进行衡量[28-29]。

本研究中身体锻炼行为包含显性锻炼行为,指不包括家务劳动及娱乐性的出行等活动,仅是指有一定目的、计划,有组织,以一定强度和频度并持续一定时间的动作行为,其目的是增强或保持身体素质;也包含隐性锻炼行为,指包括锻炼认知及锻炼动机、锻炼效能等心理认知层面的行为。所以,本研究中把一定强度的身体活动、体育锻炼与身体锻炼行为交互使用。

(3) 长效促进机制

机制是"效应或影响产生的路径或过程",是对因果关系或情景、原因变量、规律现象等定性或定量的解释,或是给予复杂系统部件之间产生的交互作用定性或定量的证据分析。从认识论研究视角,机制诉求于现象的解释,行为机制是指部件之间的相互作用引发行为产生的复杂系统[30]。机制多用于社会学及认知心理学的研究中。在对社会学或认知心理学等进行机制研究时，往往是通过系统的不同层面进行研究，包括微观、中观及宏观层面[31]。

根据机制概念，依据社会生态学理论，结合身体锻炼行为的相关理论研究，本研究将大学生身体锻炼行为长效促进机制定义为：通过个体、家庭、学校、社会以及政策等不同层面及层面因素间交互作用引发身体锻炼行为，且能够规范、组织与推动体育相关要素按照一定形式、规模、速度及趋势发展形成的复杂系统，并对其行为现象做出解释。身体锻炼行为促进机制主要表现为锻炼行为的影响因素，比如个体的锻炼动机、自我效能，社会环境与物理环境等。机制的交互作用表现为不同因素变量间的直接或间接的关系，比如家庭环境中父母行为或学校环境中同伴的锻炼行为能够对个体形成榜样效应，对其锻炼行为产生直接影响，父母提供多样化的器械支持或同伴语言的鼓励支持等也能对个体锻炼行为施以间接影响。另外，锻炼行为长效促进机制表现为多层面性，比如家庭环境层面、学校环境层面、社会环境层面以及心理层面等。

(4) 大学生

大学生是指正在接受基础性高等教育且尚未毕业的学生群体，包括全日制本科生及专科生层次。本研究问卷调查对象为全日制本科生（非体育生）。

1.5 研究技术路线与研究方法

1.5.1 研究技术路线

首先，确立研究的逻辑起点。本研究在相关背景基础上确立研究主题为“大学生身体锻炼行为长效促进机制研究”。梳理相关文献并结合研究重点，界定本研究中“社会生态学理论”“身体锻炼行为”“身体锻炼行为长效促进机制”“大学生”等核心概念。评述大学生体质健康的重要性及现状，引出其体质健康的前置变量——身体锻炼行为促进研究的必要性，以健康信念模型、自我效能理论、计划行为理论以及跨理论模型等理论探讨大学生身体锻炼行为促进的复杂性与可行性，指出社会生态学理论应用于身体锻炼行为长效促进机制的必要性，进一步明确身体锻炼行为促进研究的价值和意义。

其次，明确研究路径。机制研究一般是以影响因素研究为起点。本研究以大学生身体锻炼行为影响因素作为切入点，基于社会生态学理论探析大学生身体锻炼行为长效促进机制，通过质性研究、问卷调查结合专家访谈法，由下及上、分层剖析影响大学生身体锻炼行为的因素，并实证分析各因素变量间关系，构建大学生身体锻炼行为长效促进机制的社会生态学理论模型并验证，最后根据模型，设计锻炼行为长效促进机制的实践路径，形成结论。根据以上研究路径，确定采用质性研究、问卷调查及探索性分析、验证性分析的数据处理方法，研究技术路线如图 1-1 所示。

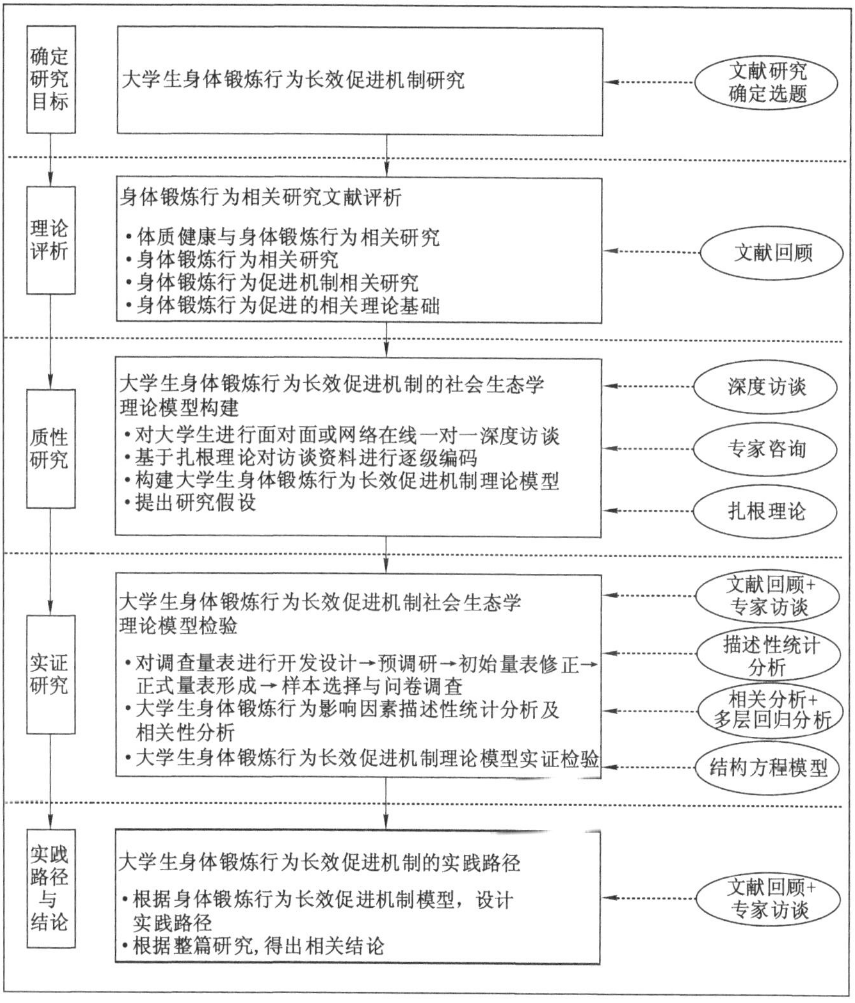

图 1-1　研究技术路线图

1.5.2 研究方法

(1) 文献资料法

本研究以"大学生""社会生态学理论""体质健康""锻炼行为""机制"等为中文关键词在中国知网、万方数据库、维普中文期刊、百度学术、百链等中文数据库，以"college student""social ecology""physical healthy""physical exercise behavior""mechanism"等为英文关键词在Web of Science、Elsevier Science Direct、PQDT、Oxford Journals、SAGE等外文数据库，全面、系统查阅锻炼行为及相关理论期刊论文、书籍，收集、筛选与本研究课题相关文献，并对其整理归纳与严谨评析，以服务于本课题研究。

在中外文数据库的相关文献查询中，对与研究方向密切相关的主题词、关键词以及标题等进行不断更换检索，并进行一定的时间排序，以获得新近发表的相关文献。同时将获取的文献导入NoteExpress文献管理软件，对所需要的文献按照重要程度等进行等级排序、阅读笔记标注等，以便参考引用。

(2) 质性研究方法

质性研究一般是在自然情境下，利用访谈法、观察法等方法进行原始资料收集，从中深入挖掘、归纳分析不同社会现象及行为背后的深层次原因和意义，并对其行为和意义建构理论假设的一种活动。质性研究可以充分利用研究者与被研究者之间的互动进行理论构建，是教育学及社会学研究领域经常采用的方法。扎根理论是质性研究的一种方法，是以质性研究为手段，通过全面收集并分析资料，提炼概念范畴，建立概念范畴之间的关系并提出假设的研究范式。

本研究基于扎根理论的质性研究方法，以普通大学生为特定对象，就大学生身体锻炼行为影响因素为主题通过问询和深度访谈，以获得量化研究难以获取、本研究需要揭示的不同层面间的深层次信息。通过扎根理论自下而上的逻辑顺序，运用开放式编码、主轴编码以及选择性编码，对访谈资料进行归纳分析，形成核心概念和范畴，结合相关文献及经验资料，建立研究概念与范畴等要素间的相互关系及作用路径，进而构建大学生身体锻炼行为长效促进机制理论模型。

(3) 问卷调查法

问卷调查法一般是研究者依据一定原则和程序就某问题设计问卷或运用已有的问卷为研究工具，收集相关问题并进行统计分析的方法。首先，编制大学生身体锻炼行为影响因素的访谈提纲，确定访谈对象和主要内容。同时，对

50 位大一到大四年级学生(不同性别、年级、学科专业、生源地属性)采取面对面或网络开放式访谈，并对访谈结果进行开放式编码、主轴编码和选择性编码。其次，就大学生锻炼行为影响因素，对 7 位相关领域专家进行一对一开放式访谈，结合文献评述，设计大学生锻炼行为 5 个层面影响变量条目，请相关专家对问卷条目进行确定和筛选。再次，进行专家一对一半开放式访谈，并提炼整理访谈结果。最后，借助“问卷星”在微信、QQ 滚雪球式发放和回收问卷，获得有效数据。

(4) 数理统计法

在数据收集后，进行探索性因子分析(Exploratory Factor Analysis，EFA)。EFA 是在数据搜集完成后，进行的变量间共变关系分析，抽取合适因素，以构建最佳结构模型。它能够帮助研究者在复杂变量关系中识别出核心因子，以确定不同变量间的潜在关系[32]。研究测量指标与不同因素的相关性，在编制问卷时需要对其进行 EFA，之后再给予验证性因素分析。本研究结合专家意见对问卷内容和条目进行一定程度的调整和删减，随之对正式问卷进行验证性因素分析，以检验问卷效度。

同时，本研究运用结构方程模型(Structural Equation Modeling，SEM)进行数据处理与分析。SEM 的优点在于能准确分析和拟合不同自变量及因变量之间的复杂关系、检测多个回归方程[33]，并对因子结构和路径效应进行分析。本书数据主要运用 AMOS 17.0 进行描述性分析及多因素方差分析，并形成模型图。对问卷结构效度与信度检验均采用软件中的项目分析、信效度分析及相关分析完成。首先，对正式问卷调查结果的条目均值、标准差、样本分布及变量间相关性进行描述性统计；其次，对锻炼行为不同层面影响变量进行逐步回归分析，研究不同变量与锻炼行为间的关系，确定对锻炼行为解释效力较大的变量；最后，根据身体锻炼行为的相关假设，并结合数据分析构建身体锻炼行为促进机制的社会生态学理论模型。通过结构方程模型验证性因素分析和适配度检测，以更加准确地分析大学生身体锻炼行为影响变量之间的直接和间接关系，以及因变量影响的路径效应。

1.6 研究创新

(1) 质性研究与量化实证方法的混合范式

有关身体锻炼行为促进的研究多是以中小学生为被试对象，虽有少数文献对大学生身体锻炼行为进行研究，但多是从理论上进行分析，鲜有质性结合量化实证研究方法的混合范式设计。本书以扎根理论的质性研究结合量化实证,从个体、学校、家庭、社会、政策多维层面立体化探究大学生身体锻炼行为的长效促进机制,形成锻炼行为长效促进机制概念,构建了全新的模型,在研究方法的设计运用上进一步丰富了锻炼行为理论研究领域。

(2) 锻炼行为促进机制的社会生态学理论模型构建

本研究以自下而上的质性研究,探索了宏观系统的政策与社会环境,中间系统的学校、家庭环境,微观系统的个体锻炼行为促进因素,构建了包括个体、学校、家庭、社会以及政策在内的社会生态学理论模型。基于此模型,提出构建社会立体化的联动机制是大学生锻炼行为长效促进的制度保障。

(3) 锻炼行为长效促进机制实践路径的社会生态学理论多层视角

基于社会生态学理论视角,梳理行为改变和促进理论,运用结构方程模型综合分析并探求影响大学生锻炼行为复杂变量间的因果关系和内在规律,进而构建大学生锻炼行为长效促进机制的社会生态学理论模型,设计了包括长效促进机制的个体、学校、家庭、社会、政策多维层面实践路径,进一步拓展了锻炼行为的研究视角,为相关研究提供理论借鉴,为大学生身体锻炼行为的干预奠定了一定的理论基础,对社会综合型人才的培养具有深远意义。

1.7 本章小结

本章主要阐释了大学生身体锻炼行为的研究背景,阐明了研究的理论意义与实践意义,明确了研究的主要问题与目标,陈述了研究创新、研究技术路线及方法,并对书中涉及的核心概念进行了界定与阐释。

第 2 章　文献述评与理论框架解析

2.1　体质健康与锻炼行为相关研究

2.1.1　体质健康的内涵

世界卫生组织于 2005 年提出，健康包括身体、心理及社会适应三个维度，即个体健康既要有生理的健康，也包含精神及社会适应力方面。体质即"人体的质量，是有机体在遗传性与获得性基础上表现出的形态结构、生理机能与心理素质综合的相对稳定的特征"①。由上述概念可以看出，机体健康包含有体质，体质是机体健康的基础，体质与健康既有联系又有区别。自我国教育部与体育总局颁布《学生体质健康标准》后，"体质健康"已然成为衡量有机体健康水平的专业术语，主要是指有机体形态、机能以及身体素质。

2.1.2　大学生体质健康现状

大学生体质健康堪忧，引起国家高层持续关注。为了能够掌握学生体质健康发展规律，不断提升其体质健康水平，使其适应现代社会的发展，教育部对 2002 年实施的《国家学生体质健康标准》于 2019 年进行了修订。教育部体卫艺司司长指出，根据 2016—2020 年全国 115 万在校学生的体质健康监测数据，大学生体质健康不及格率高达 30%，高于初、高中学校及小学，全国学生中有超过 1/4 被检出超重与肥胖。在实际调研中发现，体育课成绩不及格的学生多是体重超重与肥胖者。根据教育部公布的第 8 次全国学生体质健康调

① 吴慧攀，尹小俭.青少年体质与心理健康关系的研究[J].中国学校卫生，2021，42(1)：157-160.

研数据，大中小学不同年龄段学生身高、体重以及胸围、肺活量指标呈现出一定程度的上升，中学男生 1 000 m 及女生 800 m 跑成绩有所提高，而大学男生 1 000 m 与女生 800 m 成绩依然没有好转。在调研中发现，多数大学生的 1 000 m/800 m 成绩还没有中学时跑得好，多数学生标准引体向上完成的个数在 5 个以下。

对不同省份大学生体质健康状况大数据调研显示，不同省份大学生体质健康不及格率与国家数据相比，具有一定的差异。徐荥等[34]研究显示，广东省大学生从大一到大四，体质健康优秀率呈逐年下降的趋势。河南省大学生体质健康水平处在及格等级水平的占半数以上，优秀率仅为 3.8%[35]。安徽省大学生体质健康优秀率仅为 0.08%，不及格率为 23.67%[36]。而江苏省学生体质健康数据显示，江苏省大学生肥胖率仍在不断上升。

2.1.3 大学生体质健康与身体锻炼行为

有学者研究指出，大学生体质健康与饮食习惯、作息规律、电子产品的使用、文化背景、社交网络、体育锻炼等有着密切的关系[37]。杨三军等[38]认为，体育与教育融合能够提升青少年体质健康，政策保障与有效执行是青少年体质健康提升的坚实路径。郇昌店等[39]认为，健康与卫生政策是个体体质健康的政策基础，同时指出体质健康促进因素的复杂性。冯卿[40]从自我增强心理学角度研究认为，个体自我效能提升对锻炼行为具有正向预测作用，从而有利于提升其体质健康。有学者从教育[41]、医疗、媒介传播[42]、政策[43]以及个体因素等方面研究体质健康的影响变量。王拱彪等[44]指出，规律科学的身体锻炼行为能够对大学生体质健康产生积极影响。通过上述研究可以得出，体质健康与身体锻炼行为密切相关。

综上，我国大学生的体质下滑问题依然没有得到有效遏制，体质健康问题依然严峻。显然，体质健康的影响变量表现为多层面性，而有关体质健康的前置影响因素——个体身体锻炼行为的影响变量又有哪些，身体锻炼行为促进机制与实践路径如何，却鲜有系统性研究。本书将以社会生态学理论为基础，研究大学生身体锻炼行为的长效促进机制。

2.2 身体锻炼行为研究

2.2.1 锻炼行为的测量

有关身体锻炼行为的概念在绪论核心概念界定时已经阐述。锻炼行为测量主要有客观测量与主观测量两大类。客观测量方法是通过一定的仪器或可穿戴功能性设备进行，相对来说，结果较为精准，但也会因为穿戴位置、仪器种类、佩戴研究对象、身体活动类型不同，测量结果的信、效度差异较大[30-31]，且测试过程较为复杂，测试投入成本较高，难以在大样本研究中运用[45]；主观测量法主要是采用量表法，该方法虽然也存有信、效度问题，但适宜运用于大样本人群的测量[46]。锻炼行为多是以一定时间内锻炼的频度和强度进行测量。本研究以梁德清修订的 3 题项《体育活动等级量表》为基础，并根据研究要求，为更准确地测定锻炼行为，改变锻炼持续时间题项的计分方式（Physical Activity Rating Scale-3，PARS）分别测量锻炼强度、频度与持续时间，即：锻炼行为量＝锻炼强度×锻炼频度×（锻炼时间－1）。该量表锻炼频度与强度的计分是从 1 到 5，共 5 个等级计分；锻炼持续时间从 1 到 5，共 5 个等级计分，分别计作 0～4 分。得分最高与最低分值分别为 100 分和 0 分。锻炼行为活动量等级标准划分：得分≤19 分为小运动量，得分 20～42 分为中等运动量，得分≥43分为大运动量。该量表已被国内学者广泛运用于身体活动量的评估[47-48]，信度较高，α 值为 0.821。

2.2.2　锻炼行为的影响因素研究

个体锻炼行为的影响因素有来自个体微观层面的因素，也有学校和家庭中观层面的因素，以及社会和政策宏观层面的因素。研究身体锻炼行为的促进机制，必须全面了解影响锻炼行为的各种因素。

2.2.2.1　个体层面因素与锻炼行为

（1）个体生物学特征外部因素

个体生物学特征外部因素主要是指人的年龄、性别、个体体质、健康状况以及社会经济状况等因素。国家体育总局对我国不同年龄人群的体育健身现状进行的调查研究显示，体育人口在年龄结构分布上呈现中间少两头较多的 U 形现象。马德浩[49]对体育人口年龄结构的研究结果也符合这一规律。原因可能是中小学生有一定的体育课和课余体育锻炼时间以及生理、心理健康成长的动机需要；老年人的闲暇时间相对较为充裕，有更多的时间投入锻炼，以满足保持健康与晚年生活质量的需要；而现代社会的生活节奏不断加快致使中年人的生活压力大，时间缺乏；对大学生的锻炼行为研究表明，男生的锻炼强度、持续时间高于女生，存有显著差异。同时指出，受教育程度越高，其体育锻炼行为表现越稳定持久，科教人员以及管理人员的锻炼次数、时间等均高于其他人群，一定程度上说明锻炼行为在受教育程度影响的同时，稳定的经济条件也是影响变量。有研究显示，女大学生的自身体型与其锻炼动机密切相关，身高、体重等均会对其锻炼行为产生一定的影响[50]。

国外学者跟踪调查研究表明，个体表现出的健康水平越高，越容易放弃锻炼，可能原因是健康个体认为其自身从他处获得的健康效益好于锻炼所得，或不认为自己会有不健康的症状，或身体疾病不是由缺乏锻炼所致，故放弃了健身行为；相反，认为自己身体的不健康状态是由不良生活习惯或健身缺乏所致的个体会坚持其锻炼行为[51]。

综上，身体不健康个体会有坚持锻炼行为的内驱力，而健康个体则为坚持锻炼行为提供了良好体质基础。

(2) 个体心理特征内部因素

个性心理特征是指在遗传及后天环境相互作用基础上形成的相对稳定的心理行为，且此心理特征会对个体锻炼行为产生作用。外向性格特征的大学生表现为更加积极的锻炼行为，这种积极的锻炼行为与外向性格特征的合力指向作用对个体锻炼习惯的形成具有促进作用。外向性格的大学生会表现出更多运动参与的兴趣，但若某些项目不能满足其心理需求，其兴趣随机下降导致其退出锻炼行为，这表现出体育参与者的人格特征与运动项目特征及兴趣需求的相互作用[52]。杨兆春等[53]研究表明，男大学生偏好胜负性的运动，而女大学生更喜好非胜负性运动。

体育价值观是个体对体育价值的认知，即个体在某一环境下的动机、自我效能和目标、需要的综合体现，是影响个体锻炼行为的主观心理因素。体育价值观的形成受到社会、学校及家庭体育环境的影响，同时媒介宣传效应、运动员明星效应均会对个人体育价值观产生影响[54]。目前理论学者较为一致地认同体育价值观具有教育、健康和社交娱乐的维度取向，对大学生锻炼参与有着积极的影响[55]。

徐梓轩[56]研究显示，高自我效能个体的锻炼积极性更高。Alexandra等[57]提出自我效能认知理论，是指个体实现某行为目标所需能力的信心，即个体在某特定情景中自我操作行为的预期。体育价值观与自我效能心理变量对个体锻炼行为影响具有强化、长效的作用特征。除此之外，锻炼动机个体心理变量也是影响锻炼行为的重要因素[57-58]。

动机是推动个体行为的内部动力，包括意图、愿望以及个人目标等，它源于人的不同需要，当有了需要或需求的目标后，就会产生某种需求动机[58]。锻炼行为动机是指个体通过锻炼行为满足某种需求及所处环境影响下参与锻炼行为的内部动因。根据自我决定理论，可以把动机分为内部动机和外部动机。内部动机是指个体对行为本身和过程给予关注带给其满足感所产生的动力，外部动机是基于回报、赞赏或外部压力而进行某行为产生的动力。大学生从锻炼行为过程或结果获得乐趣、提高运动能力、获得健康、改善身体形态及社会交往被视为锻炼行为内部动机；而锻炼行为中的制度限制（获得学分、考勤、毕业要求）、服从（获得外部赞赏、顺从家人等他人的意愿）等被称为锻炼行为外部动机[58]。动机是建立在需要基础上、引发个体行动并维持该行动达成目标的内驱力。学生的锻炼动机则是通过运动行为来满足各种内部需求及外部刺激引发的系列生理心理需要，逐渐养成锻炼习惯。研究显示，获取学分[59]、考试达标[60]等外部因素而引发的锻炼行为，一旦目标达成，外部刺激因素消失，其锻炼行为便可能中断。外部动机引发的锻炼行为不利于锻炼行为的保持，诸如兴趣使然、能力提升、娱乐、健康保持等内部动机才有利于个体锻炼行为的经常性。上述有关动机研究显示了锻炼行为内部动机和外部动机的不同及效果差别，动机能够促使个体行为意向的改变，进而形成锻炼行为[61]，但现有研究仍未厘清锻炼行为内部动机和外部动机的关系。

锻炼态度是指个体对锻炼的认知、运动情感及锻炼意向等的心理倾向[62]。国外学者就锻炼态度与锻炼行为[63]、互联网现代媒体与锻炼行为[64]以及不同人群锻炼态度与锻炼行为关系等进行了研究，结果显示现代媒体宣传有利于人们正确锻炼态度的形成，积极锻炼态度促进锻炼行为。我国学者从个体锻炼行为态度与体育价值观[65]、锻炼坚持性和心理健康[66]、大学生体育课满意度[67]、大学生心理资本[68]、自我效能和锻炼创新能力[69]等的关系展开研究，表明锻炼态度可以正向预测个体锻炼行为[70]。

锻炼行为效果的感受或体验对运动行为本身也会产生强化或弱化的效果，它被看作锻炼行为影响因素之一。根据内驱力理论，“人们对某行为或活动的执着程度是基于人们过去进行这一活动或行为的效果体验，好的行为效果驱使个体坚持这种行为，坏的行为结果驱使个体产生回避倾向”。某锻炼行为使得个体健康有所改变、技能提升、外在形象改变，便会促使其产生正确的锻炼价值认同和更多的内部动机去坚持这种行为；相反，在锻炼中没有感受到锻炼行为带来的改变，更多的是疲劳、酸痛甚至是损伤，势必会使个体退出锻炼[71]。

综上，正确理解锻炼行为的价值、锻炼情感体验以及正确的内部动机引发、生理心理的效果体验，能够促使个体锻炼行为的保持，使锻炼行为经常化。而具有社会属性的社会化个体，其锻炼行为除了受其个性特征、内部动机、自我效能、锻炼态度等个体心理因素影响外，也有来自家庭与学校层面、社会与政策层面的因素。

2.2.2.2 学校层面因素与锻炼行为

学校是学生运动技能学习、运动习惯培养和正确体育价值观形成的重要场所。学校体育教师与课程[72]、运动环境及学校锻炼氛围[73]极大地影响着学生体育行为。

(1) 体育教师与体育课程

体育教师是学校体育条例、计划及相关工作的具体实施者,体育教师对学生体育锻炼具有榜样引领作用[28]。来自体育教师的鼓励支持对学生体育行为参与及体育正确态度养成均有着重要影响。体育教师课堂内外基于教学细致讲解、严密组织与管理、言语等形式的鼓励支持,以及不同基础学生的差异教学方法实施等教学质量的提升手段均会对大学生锻炼兴趣培养、锻炼行为习惯的养成起到积极作用[73]。体育课堂是学生参与体育运动的重要渠道之一。体育课堂内容富有兴趣、目标明确、器材充足、教学模式合理、教学环境优美等因素对于大学生正确体育价值观的培养及运动行为习惯的形成有着重要的促进作用[74]。有研究显示,在体育课程项目设置上应多样化,必修课程和选修课程相结合,有利于学生技能水平的深化和课余运动习惯的保持;同时,选修内容多样化及必修学分弹性化有利于学生运动技能形成与兴趣培养[75]。

(2) 学校运动环境和学校锻炼氛围

学校运动环境可分为物理运动环境和体育文化环境。物理运动环境主要表现在可便捷到达的运动场所、多样化的运动场地设施和优美的环境[76],以及以学生住宿片区划分的学生社区周边及楼层相关运动设施和环境。运动氛围环境是指学校通过构建多层次的竞赛体系,包括校级赛事、院系班级活动、运动项目协会交流及不同级别的竞技比赛,营造出多元化的运动文化场域,这种环境能有效激发学生的参与热情,并促进其形成对运动价值的深层认知。[77]。运动场馆等运动环境建设与体育文化环境建设相互促进,后者引领前者,但同时都会受到学校领导对体育态度的影响。

2.2.2.3 家庭层面因素与锻炼行为

家庭对个体锻炼行为的影响,如家庭为个体锻炼提供的经济物质保障,以及父母对个体锻炼动机的激发,均会对其锻炼意识及行为的形成过程产生直接作用。

(1) 家庭体育态度及榜样行为

家庭对子女的教养方式与其习惯的形成具有显著相关性。尚博睿等[78]研究表明,大学生因学习原因远离家庭环境后,父母的教养方式仍然对其

BMI 值及身体活动行为产生持续性影响。丹豫晋等[79]对不同年龄段青少年体质与家庭支持的关系研究显示，19 岁组、21 岁组以及 22 岁组学生的家庭支持对其 BMI 值、锻炼态度存在显著关系。国外研究显示，相较而言，父母在体育锻炼中的榜样行为及所给予的支持，更易使子女锻炼行为持久[80]。阳家鹏等[81]研究认为，父母的体育态度和规律的锻炼行为对子女体育锻炼参与的认知、兴趣培养、参与度等均具有显著意义；同时，青少年体育锻炼态度的养成与家庭网络结构的影响不无关系，父母积极的体育态度会促使其建立更多有利于子女体育参与的家庭群体，形成锻炼网络结构家庭群，促进子女良好体育行为的培养。一定程度上说明父母态度、期望和榜样行为对子女参与体育锻炼态度与其个体锻炼习惯的形成有着显著影响。

（2）家庭经济及父母受教育水平

家庭经济及父母受教育水平对个体锻炼认知有显著的影响。董宏伟[82]研究认为，个人生活理念及生活方式会随着收入水平的提高而发生改变，健康消费、锻炼意识也随之增强，这种改变也会潜移默化地影响到其他家庭成员。金亚虹等[83]研究显示，父母收入的增加与对青少年体育行为的投入增加呈正相关关系，父母对子女体育锻炼（购买锻炼服装、器材等）的投入会促进和加强其运动行为参与度，提升其运动能力。父母受教育水平一定程度上决定了其对事物认知能力的高低。父母受教育水平越高，对锻炼带来的功能和价值认知也会越深刻，这种价值认知对家庭成员的影响也是深远的[84]。但也有研究指出，父母受教育水平越高，其子女的锻炼意识并未随之越强，这可能与我国教育背景下对于子女健康的诉求会让位于文化课学习、学业需求、择业就业能力培养诉求有关。

2.2.2.4　社会层面因素与锻炼行为

（1）社会体育环境

社会经济的发展在客观上影响着社会整体环境，进而对个人体育锻炼的环境等产生影响，同时，个体所支配的锻炼时间也会受到社会经济发展及社会整体环境的影响。王富百慧等[85]研究认为，经济条件一定程度上影响着个体锻炼行为及运动消费，但不是主要因素。社会经济、文化环境、锻炼场地设施便捷性、城市规划的合理性、气候温度等自然环境均会对个人运动参与及运动习惯养成产生影响。随着社会经济水平的提升，随着物质需求的极大提升，人们的精神与健康需求也极大提高。研究表明，城市规划健身空间的合理性、小区锻炼场所的可及性、锻炼设施的便利性均会对个人的运动参与、体育锻炼动机的激发、锻炼态度、锻炼行为的持续性产生影响[86-87]。

（2）社会体育组织

社会体育组织是社会组织的下位概念，是指在群众参与健身过程中利用公共体育场馆和设施形成的以健身、娱乐等为目的社会群体，它与社会环境息息相关，其发展受到社会经济发展等外在环境的影响，具有非营利性和民间性、自治性等特征。社会体育组织“能够稳定社会体育秩序”①，是公共体育服务大众的重要中介和承载环节，“对社会体育环境氛围、个体锻炼行为、全民健康有着促进作用”②。另外，个体参与社会体育组织的活动，有利于推动学生社会化。

（3）社会传播媒介

体育社会学学者卢元镇认为，社会传播媒介能够持续激励和影响人们对体育的态度、运动技术水平的提高及锻炼行为的保持。大众传媒特别是现代电子媒介（网络传媒如微信、QQ、微博等）具有传播速度快、覆盖面广的特点，极大吸引着人们的注意力。中央电视台的调查显示，社会传播媒介对人们的正确体育价值认同是有促进作用的，人们通过体育新闻报道、体育知识科普和竞赛欣赏，拉近了与体育的距离，进而为了解体育、参与体育打下坚实基础。现代大众传媒在为人们提供体育娱乐、促进体育消费和体育产业发展的同时，也有一定的负面效应。比如，过多的体育屏幕时间挤占了体育参与时间，体育暴力传播等负面新闻的广泛传播一定程度上影响着青少年对体育正确价值观的认同[86-87]。

2.2.2.5 政策层面因素与锻炼行为

（1）相关体育政策

体育政策是国家或地方制定对身体活动行为有激励和约束作用的法律法规，影响着个体身体活动行为，是促进大众身体健康的基础[88]。“政策效应与政策文本设计、政策执行与环境、个人存有不确定性”③。截至 2018 年 11 月 30 日，通过国家体育总局网站可以查阅到的各种有关体育法律、法规、部门规

① 宋亨国，周爱光.非政府体育组织的含义、自治形态及我国社会体育组织的转型[J].体育学刊，2016，23(3)：18.

② 宋亨国，周爱光.非政府体育组织的含义、自治形态及我国社会体育组织的转型[J].体育学刊，2016，23(3)：19.

③ 阎光才.政策情境、组织行动逻辑与个人行为选择：四十年来项目制的政策效应与高校组织变迁[J].高等教育研究，2019，40(7)：34.

章、规范性文件和制度性文件，其中包括 1 部体育法，是 1995 年 8 月人大常委会通过且分别于 2009 年 8 月、2016 年 11 月和 2022 年 6 月修订的《中华人民共和国体育法》，以及 1990 年国务院批准、2017 年修订的《学校体育工作条例》在内的 7 部行政法规；32 件中央与国务院下发的相关体育文件，比如《国务院办公厅关于强化学校促进学生身心健康全面发展的意见》《“健康中国 2030”规划纲要》等；32 件国家体育总局等部门发布的部门体育规章；206 件教育部、国家体育总局等部门单独下发或联合下发的有关群众体育（30 件）、竞技体育（28 件）、青少年体育（15 件）、体育经济（28 件）以及其他（105 件）规范性文件；269 件不同省市地方性有关体育的法规、规章及规范性文件。对于学生而言，最重要且最直接作用于学生的政策法规是《国家学生体质健康标准》，“70.9％的父母对‘标准’并不知晓，结果公示机制不健全，监督体系不健全”①。国外的体育政策，如美国[89]《全面学校身体活动计划》《身体活动战略》、新西兰《学校共同体可持续活动指南》等均从学校、家庭、社区不同层面提出可操作的锻炼健身措施。Jeanette 等[90]指出，个体的体育行为与政府等部门政策支持密切相关。美国为了促进其国民的体育活动，将个人体育行为与政府政策目标统一起来；英国从社会环境、基础设施上满足个体锻炼需求，做出与基础教育相关的指南与计划；法国形成“身体创造价值和文化发展”的理念，推动法国民众对体育的认同和正确体育观的形成。

（2）政策执行与监管

国家相关职能部门制定的相关法律法规、政策条例均需要基层机构的执行与配合，使之落到实处，方能对目标利益群体产生影响，形成体育政策溢出效应的最大化。政府相关部门对政策的落实和执行是重要的环节，直接影响着受益群体，这涉及政策执行的影响因素、评估监管等问题。有研究指出[91-92]，学校体育政策执行力不够，需要加强政策执行评估，落实政策；需要加强政策制定的科学性、可操作性、方便性，进而促进政策落实，使广大公民受益。政策对个体身体活动行为的影响是多方面的，除了体育的政策外，也应包括教育、卫生、环境管理及规划健身等众多部门的相关政策与法规，只有多机构政策制定的系统协作形成的政策支持才更加有利于身体活动行为的持久与长效[88]。张强峰等研究指出，“仅有 29.1％的父母知晓《国家学生体质健康标

① 张强峰，张一民，颜亮，等.《国家学生体质健康标准》测试结果公示的困境与出路[J].体育学刊，2021，28(1)：114.

准》的政策文本"，显然无法做到"标准"测试结果的有效监督与监管①。

2.2.3 锻炼行为影响因素综合评析

归纳而言，影响个体锻炼行为的因素是立体化、多方位的，且已有学者从众多因素中的某个角度对促进个体锻炼行为改变进行研究。目前，针对个体行为改变的理论已经有了较为深入的认识，而基于社会环境层面结合个体因素全面综合研究锻炼行为的改变越来越被重视，逐渐成为研究热点。关于身体锻炼行为影响因素的研究，多是以某一理论框架对其进行逻辑推演和概括，而上述影响因素与身体锻炼行为的量化关系以及不同因素对个体锻炼行为的解释效力及权重缺乏验证。我们应该从诸多可以改变的影响因素中，探寻身体锻炼行为长效促进机制的实践路径，形成立体化的环境，促进个体锻炼行为的发生和长效保持，以实现个体身心健康全面发展的目标。

2.3 身体锻炼行为促进机制相关研究

2.3.1 机制的内涵

机制一词常被运用于自然现象及社会现象的研究，源于希腊语"mechane"[93]，原意指"机器构造与动作原理"，现常引申为"某一工作系统组织与部分之间的相互关系，以及运行变化规律"②。不同领域研究学者对机制定义的描述略有不同。Castillo 等[94]认为，机制是"效应或影响产生的路径或过程"，是对因果关系或情景、原因变量、规律现象等定性或定量解释或给予复杂系统部件间产生的交互作用定性或定量的证据分析等。Mateescu 等[95]则把机制定义为具有一定组织机构的实体与按照一定组织结构进行规律活动的总和。机制是实体与活动的二元组织结构。实体代表系统机制的部件，而活动代表部件间（实体间）的交互作用。机制运行方式由实体与活动的二元组织结构所决定，系统部件间的活动以一定的时间顺序、适当的比率及持续的长度决定，机制运行过程中会呈现出部件间交互作用的时间连续性。

---

① 张强峰，张一民，颜亮，等.《国家学生体质健康标准》测试结果公示的困境与出路[J].体育学刊，2021，28(1)：114.

② 孙绵涛，李莎.试论教育体制理论的生成[J].教育研究，2019，40(1)：123.

2.3.2　机制的研究方法

无论是依据理论假设还是逻辑推理建立的机制，均是一种可能性的假设，必须通过较为完善的研究设计去厘清机制部门间、各维度间的关系或工作过程。其中，机制研究较为有效的方法是试验研究、因果比较研究与相关研究、中介效应及调节效应研究等方法。

试验研究能够对机制模型的理论假设进行验证，同时，对机制部门间或成分维度间的交互作用及组织机构间的关系进行验证[96]。在研究人类行为改变机制时，既可以是纵向的试验研究，也可以是横向的调查研究[97]。其优点在于研究者能够通过随机试验控制使得分配偏差最小，以平衡混淆变量的分布，实现干预因素对行为改变的作用机制。无论是纵向的试验研究还是横向的调查研究，在揭示试验过程干预机制及评价干预效果时，其结果的正向作用与否都会对后期模型的验证和干预措施完善有帮助[97]。

因果比较研究是探查事物之间的因果关系，是结论性研究的一种，要求研究者操纵自变量，需要有细致的方案和结构设计，在设定条件或在某一条件下探究自变量对因变量的影响。相关研究是考察各变量间的相关关系，它能够确定不同变量间相关关系，并以相关系数确定其关系强度。但是，从某一研究的结果获得其原因到结果的推论往往是难以实现的。一般而言，以定量或定性的推论获得行为改变的机制，是当今对机制研究的优先选择。

中介效应是自变量（X）通过中介影响变量（M）对因变量（Y）产生影响的实质性内因。在行为改变的机制研究中，中介效应除了表现为单变量中介效应外（图 2-1），也可以显示为多重中介效应（图 2-2）和链式中介效应（图 2-3）[98]。

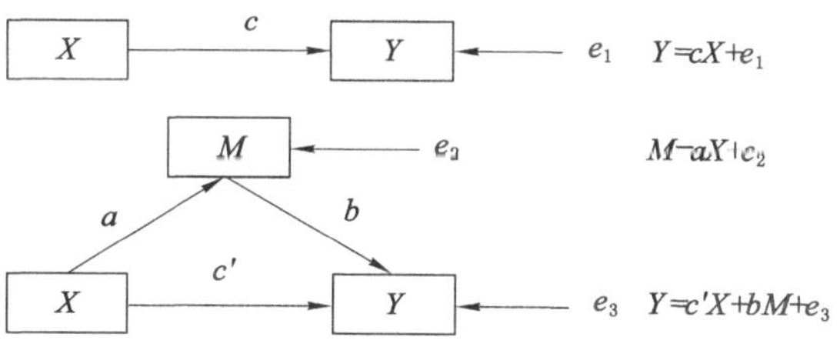

图 2-1　单变量中介效应模型图

调节效应是指因变量（Y）与自变量（X）之间的关系会跟随调节变量（M）

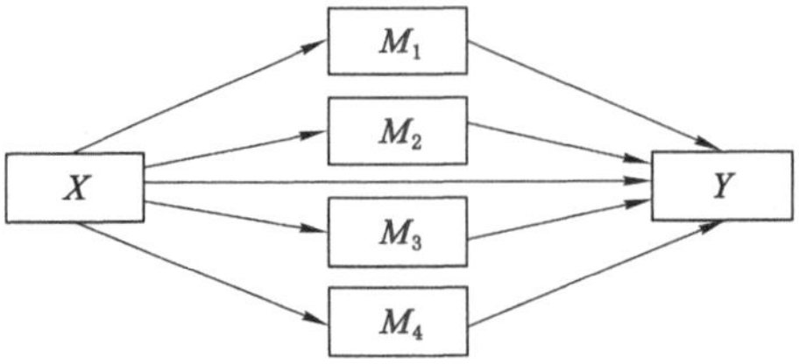

图 2-2　多重中介效应模型图

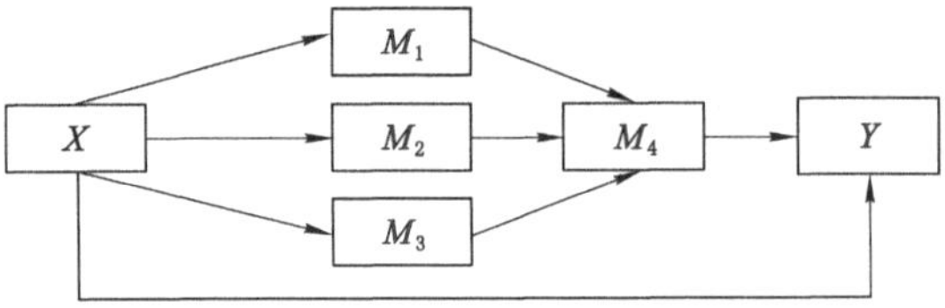

图 2-3　链式中介效应模型图

的取值大小而产生变化，即变量（Y）会对变量 X 和 Y 之间的正、负方向或效应（关系）强弱产生影响（图 2-4）。调节变量可以是定性的（如性别、学科专业属性等），也可以是定量的（如受教育年限、年龄等）[98]。

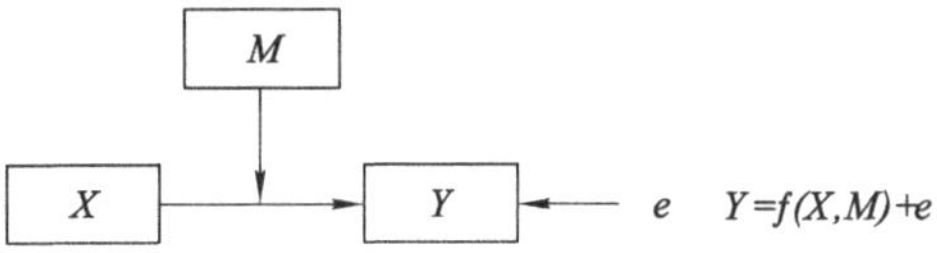

图 2-4　调节效应模型图

2.3.3　身体锻炼行为促进机制

教育部体卫艺司司长有关体育与教育的关系论述表明，体育的本质仍然是教育，是现代社会提升国民素质和青少年民族精神的有效方式[99]。学校体育是教育中的体育，担负着提高青少年学生身心健康、体魄强健的职责，具有培养学生爱国主义、团队合作精神以及规则意识的教育功能[99]。教育是民族进步、社会发展的基石，体育是教育的基石[99]。郭可雷等[100]认为，体育与教育的本质一脉相承，教育包含体育，都是育人，体育具有教育的属性，是教育的学科之一，人的全面发展离不开教育与体育的协同作用。习近平总书记指出：

"体育在提高人民身体素质和健康水平、促进人的全面发展、丰富人民精神文化生活、激励人民弘扬追求卓越、突破自我的精神等方面都有着十分重要的作用。"体育与教育要全面融合，而不是割裂，学校体育工作开展的效果是衡量学校教育好坏的重要标志[101]。

目前，有关锻炼行为机制的研究尚属较新的领域，虽有为数不多的研究，但尚未达成共识。教育机制是"教育现象各部分之间的相互关系及其运行方式"①，是"整合教育活动相关的教育要素与社会要素，遵循一定原则，形成多维度、多层面的社会与教育均衡关系和合理结构，它能规范、组织与推动教育系统内、外部各要素以及相关要素按照一定形式、规模以及速度和趋势发展"②。教育机制包括宏观、微观及介于二者之间的中观三个层次[102-103]。

我国学者杨剑等[104]、董宝林等[15]以大学生为被试者对锻炼行为的心理坚持机制进行研究，认为个体心理决策和运动能力、锻炼条件、团体同伴以及社会环境、政策等均构成影响个体身体锻炼坚持的因素，文中未对锻炼的坚持或促进机制给予界定。Mâsse 等[105]对体育行为变化的机制研究结合其他学者有关行为改变和促进的实证研究认为，影响和改变体育行为或身体锻炼行为的因素是复杂的，对其作用机制的研究需要对作用于因变量和结果变量的中介变量或调节变量进行深入研究，才能更为全面地理解行为改变的机制。即：体育锻炼行为改变的干预路径可以经由中介变量对行为改变产生作用，而中介变量就是对干预路径或结果起作用的机制；调节变量是自变量作用于因变量之间的效应修正变量，不同人群（性别、年龄）在同一干预路径中的作用可能不同。

从上述机制的相关研究可以得出，基于社会学或是教育学视角对某些机制进行研究时，均要从引发现象背后的本质影响因素以及各因素间的关系入手。故而，对身体锻炼行为的长效促进机制研究，也要着眼于探寻影响锻炼行为的因素以及不同因素间的关系，以探求身体锻炼行为促进的复杂系统。根据机制概念，本研究依据社会生态学理论，结合身体锻炼行为的相关理论研究，将大学生身体锻炼行为的长效促进机制定义为：通过不同个体家庭、学校、社会以及政策等不同层面及层面因素间的交互作用引发身体锻炼行为，其能够规范、组织与推动体育相关要素按照一定形式、规模、速度及趋势发展，并对

① 孙绵涛，康翠萍.教育体制改革与教育机制创新关系探析[J].教育研究，2010，31(7)：70.

② 陈华.教育综合改革的利益主体与协调机制[J].全球教育展望，2017，46(11)：78.

其行为现象做出解释形成的复杂系统。

当前，有较多学者从某一视角或以某一理论模型对个体锻炼行为进行解释，似乎具有一定的说服力，这些理论对于个体短期行为的干预具有一定效果，但均有一定的缺陷，即干预停止后，个体行为极易返回原本的状态。因为人们的锻炼行为受到个体生物学、心理学等微观因素的影响，同时社会环境、政策等宏观系统因素也会对其产生影响。本研究基于社会生态学理论，运用质性研究和定量研究相结合的方法，构建大学生身体锻炼行为长效促进机制社会生态学理论模型，并进行锻炼行为长效促进机制的实践路径设计，具有一定的实践价值。

2.4 身体锻炼行为促进的相关理论基础

目前，关于身体锻炼行为的理论研究较多，国内相关研究的理论多起源于国外，主要是以教育学、行为学和认知心理学等学科为理论基础。当前较为热点的研究是健康信念模型（Health Belief Model，HBM）、自我效能理论（Theory of Self-Efficacy，SET）、计划行为理论（Theory of Planned Behavior，TPB）、跨理论模型（Trans-Theoretical Model，TTM）等。

2.4.1 健康信念模型与锻炼行为相关研究

2.4.1.1 健康信念模型概念与内涵

HBM 是预测体育锻炼行为的主要理论之一，其主要是在刺激反应理论和期望价值理论基础上发展形成的，刺激反应理论主要指行为的结果能够对行为本身进行强化，而期望价值理论主要是指行为结果带来的价值及可能现实决定了行为本身[106]。HBM 主要是感知疾病威胁并对个体行为进行评估和解释，如人们是否会为防御疾病而选择一定的身体锻炼手段等预防性健康行为，一方面取决于个体是否感知到潜在的疾病威胁，另一方面取决于对个体行动的必要代价及行动后所获利益的衡量。如果人们感知到健康受到极大威胁，这种感知评价就会促使个体采取必要的健康行为。HBM 起初主要用于解释个体的体验及行为的预防，随着研究的不断深入，HBM 涉及范围逐步扩大至健康筛检和医疗等领域，在用于个体行为变化的解释及对个体行为的改变干预方面均取得一定成效，被认为是健康行为改变较为成熟的理论。目前，国内外有关 HBM 健康行为运用的研究较多。

HBM 主要涉及行为转变相关的四个主要内容：① 感知疾病易感性，即人们认为不健康或对患有某种疾病的可能性感知。② 感知疾病严重性，即人们认为某种疾病或危险行为带来对身体及心理等的伤害评估。③ 感知健康行为益处，即人们对健康行为改变带来可能的益处评估。④ 感知健康行为障碍，即人们对健康行为改变可能带来如身体、心理及经济的必要付出[107]。当个体感知行为益处大于感知行为障碍时，行为转变才成为可能；否则，个体极可能保持原有行为状态。

为了增加 HBM 的解释效力，有研究者完善了该模型的效能因素，认为自我效能和社会支持能够进一步增强该模型的解释效力，故而，将这两个因素加入模型中[108]（图 2-5）。健康信念与自我效能均具有强化健康生活态度、激发个体锻炼行为、形成锻炼行为习惯的作用。显然，HBM 包含有自我效能，但前者主要反映个体对健康、疾病以及危险行为的感知，是对个体行为结果的预判，自我效能则是个体在某特定情境中能否胜任某一任务能力的预判。

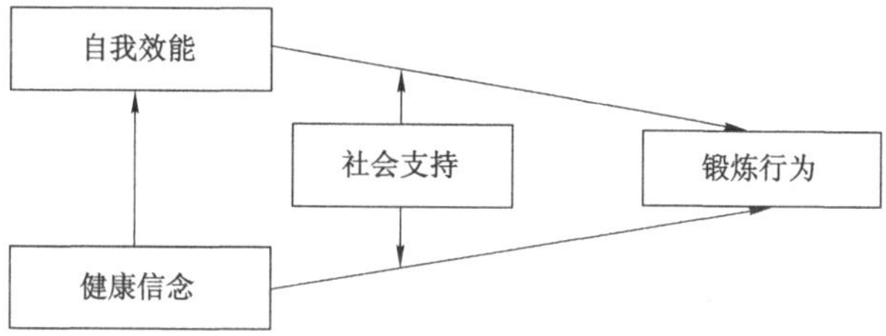

图 2-5　健康信念理论模型图

2.4.1.2　健康信念模型理论应用

健康信念模型一经提出，首先被广泛用于临床的各种疾病行为的研究，包括肺结核、骨质疏松、糖尿病、呼吸功能受限、心脏手术康复以及一些癌症患者等锻炼康复行为，取得较多成果。

国外学者 Charron-Prochownik 等[109]以 1 型糖尿病青年妇女、Rowe 等[110]以纤维肌痛患者、Yurt 等[111]以筛查女大学生乳腺癌作为研究样本进行健康信念模型理论为基础的健康教育，考察受试者健康的意识、知识、信念、态度、意向和行为变量，结果表明受试者各项效能均有较高的改善。因此，以改变健康信念和提高认知为重点的干预措施可以有效地促进被试者的积极健康行为[109]。由此，健康信念与态度是预防疾病的重要组成部分，适宜的健康信念和正确的态度与更好的生活质量相关；不适宜的健康信念和由此产生的与身心健康相关的生活质量呈负相关关系[112]。多数研究报道对制定大学校园健康教育政策具有一定的参考价值。

国内学者阚庭等[112]、林永峰等[113]、韩文华等[114]分别选择大学生、中老年人等不同职业和年龄层人群验证健康信念模型，认为价值观对行为认同及行为态度有直接作用，行为认同对行为障碍和行为意向有直接作用，行为意向是影响实际行为的直接因素。健康信念教育方法较传统教育方法在被试人群的健康知识、感知易感性、感知障碍以及健康信念总水平等各项指标上效果更佳；基于健康信念理论的健康教育措施在一定程度上能够提升被试者的健康水平，对大学生的健康知识、健康责任行为、压力管理行为、心理健康、精神健康等指标均有显著效应。

自我效能在健康信念与个体锻炼行为之间具有中介效应，健康信念是促成健康行为的基础，即健康身体需要有健康信念的基础支持方能转化成健康行为，“知而不信”“知而不行”均对健康行为改变和持久性产生影响[108]，健康信念对自我效能具有积极影响[115]。个体行为与信念及社会支持有着重要的关系。社会支持是指来自父母、亲朋、师长、环境等社会多层面的精神或物质上的鼓励和支持[108]。文献显示，社会支持在健康信念与大学生锻炼行为之间存在调节效应[116-117]。社会支持能够对个体信念不断调整与完善，强化其行为，从而提升自我效能，使个体行为更具有持久性[118-119]。三元交互理论认为，人们的行为由个体、行为及环境三个因素交互作用，健康信念能够为个体提供锻炼行为的内在动力和提升自我效能，在社会环境调节下使锻炼行为更持久[120]。

2.4.1.3 健康信念模型理论评析

显然，HBM 健康信念、行为改变两个变量间具有逻辑关系，这一逻辑关系对个体健康行为改变具有一定的理论影响力和实践价值，但在理论及实践上依然表现出某些不足。第一，健康信念模型对影响健康行为的众多因素和概念进行了阐述，但未对模型中各维度变量的测量标准进行细化和标准化。第二，梳理已有健康信念模型的相关研究结果，在感知疾病易感性和疾病严重性两个方面的实证研究呈现为混淆现象。第三，在感知疾病严重性维度上，HBM 效用受到质疑，比如对于 HIV 感染者，个体感知疾病严重性，但不愿意接受 HIV 抗体检测，故而使得该因素在健康信念模型中健康行为的促进作用减弱。同时 HBM 作为社会心理学模式，未从社会学视角把社会环境及社会准则、制度等因素纳入理论模型中，使得该理论模型存有一定的缺陷，其对个体行为的预测效力有限。因此，应从多维度探究行为改变的影响机制，从而使个体有效形成和保持健康行为习惯。

本研究将环境因素、政策因素等进行综合考量，构建大学生身体锻炼行为长效促进机制，建立相关模型并进行验证；同时依据 HBM 设计大学生身体锻炼行为长效促进机制个体层面的实践路径。

2.4.2　自我效能理论及与锻炼行为相关研究

2.4.2.1　自我效能概念与内涵

自我效能理论（Theory of Self-Efficacy，SET）是心理学家班杜拉（Bandura）于 1977 年提出的心理学层面的社会认知理论核心概念。自我效能是人们对自己在某一环境下是否有能力完成某种行为的认知，是自己完成某项任务所持的信念。自我效能高低影响着个体面对困难时的态度、行为选择、坚持性、行为习惯形成以及习得行为的内在与外在表现等。众多国外及国内的心理学者及 SET 提出者班杜拉本人不断进行理论深度挖掘及实证方面的广泛探索，涉及管理、健康、学习等自我效能诸多领域。自我效能不是指个体拥有某种技能或某项真实能力，而是人们在完成某一具体任务时所表现的自信程度，具体到某一具体任务或某一特定领域时，个体对自己能力的感知与把控存有一定的差异[121]。在身体锻炼情境中，自我效能是指个体能否在面临身体酸痛不适感、经济负担较大或学业工作压力重等阻碍情境下顺利完成和坚持身体锻炼的信心。

2.4.2.2　自我效能形成因素

SET 认为，通过影响自我效能形成的 4 个变量因素最终影响到个体行为[122]（图 2-6）。第一，成功经验。个体以往的成败经验，对自我效能形成有重要影响。经历一定困难并成功达成目标，易形成高自我效能，而屡次失败则会降低其自我效能。第二，示范效应。社会上的示范效应或模范作用，对自我效能的形成影响较大。相较于某些在个体层面、社会环境层面等相似的个体在某些方面取得成功，他们会认为自己也有可能取得同样的成功。这种内在和外在环境越相似，“示范”的帮助作用越大，越能够激发其内在高自我效能。第三，社会劝说。周围环境中信任的家人、朋友、师长等对个体劝说，认为其有能力完成某一任务或能胜任某一工作时，他们便会投入坚强毅力和饱满热情，表现出高自我效能；相反，则会怀疑自己，易形成低自我效能。第四，情绪激发。个体生理状况和情绪状态会影响其自我效能的形成，从而作用于行为。

2.4.2.3　自我效能功能

根据班杜拉自我效能理论，自我效能的功能体现在多个方面。

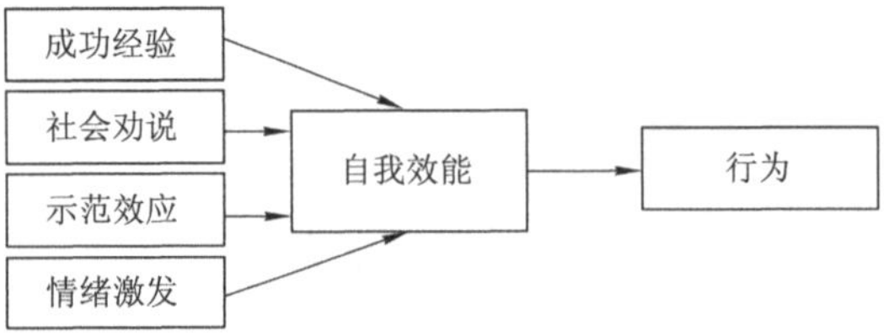

图 2-6　自我效能理论模型图

(1) 个体行为选择

自我效能的高低在影响个体行为方式的同时，对个体行动和社会环境的选择也会产生作用，即个体会选择自己认为可以完成的行动或任务，而回避那些即使付出全部努力也无法完成的任务和环境。国内外研究均显示低自我效能个体在面对挑战时，往往倾向于逃避任务，而高自我效能个体会积极面对、迎接挑战。

(2) 个体动机

自我效能需要通过大脑的思维激发内在动力，最终表现为个体的努力程度。当个体表现为高自我效能时，便会积极付出努力以完成任务或计划；相反，当个体表现为低自我效能时，便会以消极的态度规避任务[122]。

(3) 个体思维过程

当个体遭遇挫折和困难任务时，其对情景的认知过程会表现为积极和自我阻碍两个不同的方面。高自我效能个体会在遇到困难任务时，积极寻求解决办法，比如向成功人士寻求解决办法或想象自己成功时的情景，这种“替代性”经验或示范效应会促使自己针对性找出解决方案；相反，低自我效能个体则会在心中表现出更多的忧虑和担心在完成任务时出错，致使他们努力的程度降低[123]。

(4) 个体情绪反应

个体总是处于某一社会环境中并逐渐适应，需要不断自我适应与环境的交互平衡，这种长期的身体与心理的应激状态会引发身心的疾病。研究表明，低自我效能个体比高自我效能个体更容易表现出因身心应激而引发的身心疾病。高自我效能个体易倾向选择积极的情绪反应，采用问题定向策略，缓解情绪紧张。

2.4.2.4　自我效能理论应用

自我效能应用近年来在教育心理学、健康促进以及社会心理学领域逐渐成为研究热点。

国外学者 Rodgers 等[124]通过验证性因素分析法检验了计划与任务两因子自我效能测量方法。计划和任务两因子可以作为预测运动行为和行为意向的自变量。任务自我效能与行为意向的相关性大于计划自我效能与行为意向的相关性。自我效能在教育心理学领域的研究揭示了学生付出努力与学习成效和学习自我效能的关系[125]。Hatice 等[125]以大学生为被试对象，以问题网络使用量表、学业自我效能量表、学业拖延量表和个人资料表作为量表工具，采用皮尔逊相关系数、多元回归分析等方法，发现学业自我效能与互联网使用存在显著负相关，学业自我效能被认为是互联网使用的一个重要预测因素。Voskuild 等[126]研究认为，自我效能能够正向影响个体健康认知。

国内学者宋灵青等[127]采用量表考察初中学生社会支持、自我效能与学习主观幸福感的关系，认为社会支持、自我效能对中学生学习主观幸福感的影响具有统计学意义；自我效能对学习主观幸福感的影响较大，社会支持对初中生学习主观幸福感既具有直接影响，也具有间接效应；初中学生学习观和自我效能在社会支持和学习主观幸福感之间有部分中介效应。国内锻炼心理学领域研究显示，自我效能对锻炼行为方面的解释、预测以及干预起到了较大作用[128]。自我效能理论认为，当个体认为有能力并坚持某种行为时，便会有高自我效能，在高自我效能的影响下进一步加强这种行为，从而增加了健康信念对锻炼行为的解释效力[129]。

2.4.2.5　自我效能测量

有关自我效能的测量，班杜拉认为问卷的编制需要针对不同的领域，以能够涵盖具体领域的任务难度，从而确保对被试者完成具体任务的预期和自信心的准确测量。国外学者 Ryckman 等[130]研究开发了《身体自我效能量表》(Physical Self Efficacy Scale，PSE)，该量表包括《身体能力》(Perceived Physical Ability，PPA)及《身体表现自信心》(Physical Self-Presentation Confidence，PSPC)两个分量表，共由 22 个题项组成。Schwarzer[131]在编制研发的 9 题项《锻炼自我效能量表》(Exercise Self Efficacy Scale，ESES)基础上，进一步修订为 5 个题项，采用 Likert 4 点计分，包括在面对困难、身体不适、工作冲突、情绪沮丧等困难时仍能按照计划坚持身体锻炼。

国内学者王才康等[132]对国外的自我效能量表进行了修订，以符合我国文化环境，并被众多学者所运用，证明具有较高的效度和信度[133-134]。该量表共 10 个题项，采用从完全不符合 1 分到完全符合 5 分的 Likert 5 点计分法，利用最终所得总分对自我效能进行测量。该量表题项偏度绝对值为 0.005～

0.549，峰度值为0.035～1.052，最小标准差值为1.085。量表Cronbach α值为0.919，分半信度值为0.903，题总相关值为0.693～0.815（$P<0.01$）。

2.4.2.6 自我效能理论评析

通过自我效能实证研究可以得出，自我效能是个体在特定环境下实现某一具体任务时调动必需的认知资源而表现出的自信心，能够对个体的行为产生影响。在认知心理学影响下提出的三元交互决定论告诉我们，个体、环境与行动三者之间有着复杂的关系，以及自我效能在个体与环境及行动改变之间具有的效应如何。故而，本研究根据现有文献研制包含有大学生身体锻炼自我效能的个体层面问卷，基于社会学生态学理论视角，以自我效能到个体层面的动机对大学生锻炼行为长效促进机制的实践路径予以设计。

2.4.3 计划行为理论与锻炼行为相关研究

2.4.3.1 计划行为理论概念与内涵

计划行为理论（TPB）起源于多属性态度理论（Theory of Multiattribute Attitude，TMA）。TMA认为，个体态度决定其行为意向，行为结果又会对行为态度产生影响。后由Fishbeinhe（菲什拜因）和Ajzen（阿杰恩）对TMA进一步深入研究，提出了理性行为理论（Theory of Reasoned Action，TRA）。TRA认为行为意向是行为的动因和直接决定因素，受到行为态度及主观规范的影响，受制于个体行为意志。1985年，阿杰恩在此理论基础上，增加了一个变量——知觉行为控制，提出了计划行为理论[135]。TPB被社会行为学研究人员证实可有效预测个体行为并应用于健康行为改变等较多领域。

TPB三个主要变量的概念如下：

（1）行为态度（Attitude toward the Behavior，AB）

行为态度被认为是TPB中最核心、争论最少的概念，是指个体对执行某种行为喜爱与否程度的评测。相较工具性-行为态度而言，情感性-行为态度与行为意向的关系更为显著。行为态度的测量主要由行为信念强度（b）及行为结果评估（e）进行测评，行为态度和行为信念之间的关系用数学函数公式表示为：

$$AB \propto \sum b_i e_i$$

（2）主观规范（Subject Norm，SN）

主观规范是指个体感知到亲人、朋友等重要他人对自己某种行为的社会支持和期待。主观规范取决于重要社会群体及个人的行为规范信念（n）以及

遵从动机(m)的共同影响,可以用数学函数公式表示为:

$$SN \propto \sum n_i m_i$$

(3) 知觉行为控制(Perceived Behavior Control,PBC)

知觉行为控制是指个体对自己有效执行某行为的难易感知,它取决于个体进行某行为可能遇到阻碍与促进因素的控制信念感知(c),以及个体感知阻碍与促进因素对行为影响的强度(p),可以用数学函数公式表示为:

$$PBC \propto \sum c_i p_i$$

同时,TPB 认为:第一,个体行为在受到行为意向影响的同时,还被个人能力、社会资源等内外控制条件制约,在对控制条件加以限制时,行为意向能够直接决定行为。第二,实际控制条件状况可以由知觉行为控制反映出来,故此,知觉行为控制可以直接预测行为可能性。第三,行为态度、主观规范及知觉行为控制三个变量决定个体行为。个体的积极态度和知觉行为控制以及朋友、家人、师长等的社会支持,可致使其行为意向加强;反之,则减弱。第四,拥有较高行为信念的个体在某些特定时空环境中依据要求可以获取某些凸显信念,从而形成行为态度、主观规范及知觉行为控制的认知基础。第五,个体的性格、智力、习惯经验等社会文化与背景因素均会通过其行为信念对行为态度、主观规范及知觉行为控制形成影响,并最终作用于其意向与行为。第六,行为态度、主观规范及知觉行为控制有着各自的概念,有时又彼此相关,拥有共同的信念基础。TPB 结构模型[135]如图 2-7 所示。

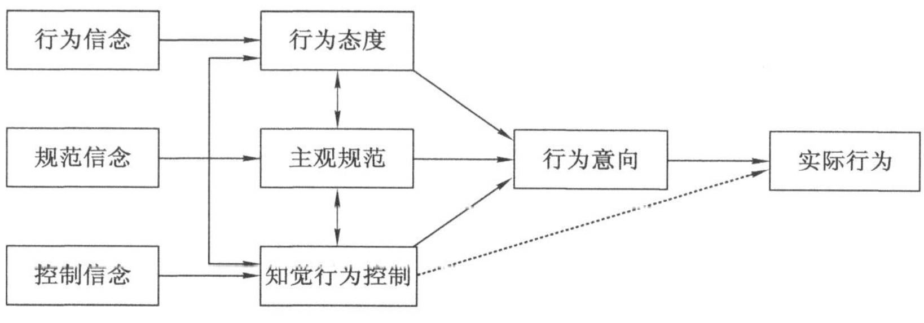

图 2-7　计划行为理论结构模型图

2.4.3.2　计划行为理论应用

TPB 被认为是社会心理学领域对个体意向性行为解释效力最高的模型之一。研究显示,通过态度、主观规范及行为控制感三个变量可以预测和干预个体身体锻炼的行为与意向改变。国内外较多研究证实 TPB 在身体锻炼、汽车安全带佩戴[136]、抽烟[137]、饮酒[138]等健康安全领域均具有较高的解释力。

国外学者 Moan 等[139]、Godin 等[140]通过 TPB 对健康戒烟行为研究认为,感知行为控制、态度和主观规范能够解释戒烟者戒烟意向,而感知行为控制和习惯是行为的最重要预测因子;吸烟者的戒烟意向主要受感知行为控制和态度的影响,而行为仅由知觉行为控制进行预测。White 等[141]则对 2 型糖尿病或心血管病人随机分组,进行了 4 周 TPB 干预,试验组被试者身体活动行为、意图、计划、感知行为控制和主观规范表现出显著的时间-条件效应,在体力活动和计划方面表现出短期的改善,TPB 有利于被试身体锻炼行为的发生。Chatzisarantis 等[142]以 TPB 结构问卷进行封闭式问卷测量,证实计划行为理论对个体休闲活动时间和休闲活动行为意向的预测效果显著,对身体锻炼行为的变化有促进作用,情感性-行为态度与行为意向及行为改变的关联性更强,同时指出 TPB 的应用应考虑情感因素,而不仅是行为的工具性决定因素。

国内众多学者以 TPB 为理论基础,研究微信运动 App 软件、可穿戴健康产品等使用的态度、主观规范以及知觉行为控制对个体运动意向的预测。结论提示我们,个体身体锻炼行为的数据化与社交化对个体健康行为有着一定的促进作用。苏荣海等[143]以 TPB 作为理论基础,对中老年人进行健康锻炼教育后,能够对中老年人使用或佩戴健康产品意愿产生正向的影响,同时家庭等主要社会环境要提供更多支持,提升其主观规范性。高小莲等[144]运用 TPB 架构对中青年群体非酒精性脂肪肝病(NAFLD)的疾病意识进行健康干预研究,被试者主观规范、负性态度、感知行为控制等因素对个体健康管理意向有影响,但不意味着实际行为的发生,提高个体对 NAFLD 的认知对被试者采取积极行动具有重要意义。

冯玉娟等[145]认为,TPB 对行为意向与个体行为的方差解释存在一定缺陷,同时,计划行为理论各变量与行为的发生存在不一致现象,TPB 的行为态度、主观规范与知觉行为控制感三个社会学变量是自我决定动机(Self-determined Motivation,SDM)与行为意向的中介效应量,TPB-SDM 假设模型对身体活动行为意向有较高的预测效力,但对身体活动行为的预测效力较低。周君华[146]认为,健康行为取向理论(Health Action Process Approach,HAPA)强调不同锻炼行为阶段个体锻炼行为的变化特点,根据阶段不同施加相应干预;把个体锻炼行为分成了决定前、意向阶段及行动阶段,使得干预变量选择受到影响,同时指出风险知觉变量会影响到个体锻炼,提出 HAPA 与 TPB 结合能够提高个体对身体锻炼行为的预测和干预效果。研究证实，青少年群体受父母锻炼行为的影响路径显著，HAPA-TPB 模型对成人群体身体锻炼行为有较好的预测效应。许昭等[147]研究认为，TPB 能够对身体活动意向有 45%的解释率，但对身体锻炼行为的解释率仅为 27%，身体活动意向与实际锻炼行为之间不能很好地转化。情感对个体身体锻炼会产生一定程度的影响。积极情感会带来个体身体锻炼的坚持性。TPB 结合情感因素对促进身体活动意向实际锻炼行为转化的态度、主观规范、主观控制行为，以及身体锻炼行为等变量因素能够提高 TPB 对个体锻炼行为的预测效率，加入了扩展变量的新模型能较好地对大学生身体锻炼行为进行预测[147]。在对大学生进行身体锻炼干预时，要制订合理方案，促进其对身体锻炼的社会认知，获得家庭、同伴等社会支持，增加锻炼趣味性，增强其心理幸福感，以获得长期坚持的动力。

2.4.3.3　计划行为理论评析

综上，TPB 较为重视行为态度对个体意向的动机影响，来自社会支持系统中的客观环境能够通过主观规范及行为控制感呈现，所以个体态度的改变可以通过社会支持系统来实现，进而促进其身体锻炼动机的产生。个体态度较主观规范对个体的行为意向的预测效应更高。个体在进行身体锻炼时，要摆正自己的锻炼态度，加强锻炼认知，进而增强锻炼意向。基于社会认知领域对个体行为改变的研究结果表明，TPB 具有量表较为简洁、预测效力较强的优势，显然运用 TPB 或以 TPB 为主增加解释变量，对个体锻炼行为意愿及实际行为进行预测有一定的效力，如增加自我效能变量能够对个体认知和行为的不一致做出解释，但在行为意愿与行为之间的转换存有不足。除此，计划行为理论的研究较为注重个体本身，对客观环境的影响有所忽视，显然为我们探索环境与社会等因素，从社会生态学理论视角审视锻炼行为打下了基础。

本研究基于社会环境、政策等视角，对大学生身体锻炼行为的长效促进机制进行研究，同时依据 TPB，设计大学生身体锻炼行为长效促进机制的学校环境及家庭环境层面实践路径。

2.4.4　跨理论模型与锻炼行为相关研究

2.4.4.1　跨理论模型概念与内涵

跨理论模型（Trans Theoretical Model，TTM）是 1979 年美国心理学家普罗查斯卡提出的一种社会认知理论，它综合了社会认知心理学的相关知识，与行为改变有机结合在一起，是阶段性改变人们行为的方法，又称为阶段性变化理论。TTM 认为，每个人行为的改变都需要经历一个动态、循环、阶段性发展过程，个体认知会根据阶段特征表现出一定程度的变化，其行为的干预方案要根据阶段不同而具有针对性，从而促使个体锻炼行为的转变[148]。

2.4.4.2　跨理论模型架构

TTM 包括四个相互联系的部分，即决策平衡、变化过程、自我效能以及变化阶段。变化阶段的向前或向后由其他三个因素共同作用而致(图 2-8)[149]。变化阶段又由前意向阶段、意向阶段、准备阶段、行动阶段及保持阶段五个阶段组成，它们之间可以相互转换，特定时间、空间及环境下各阶段处于一种动态的变化或相对稳态中[150]。

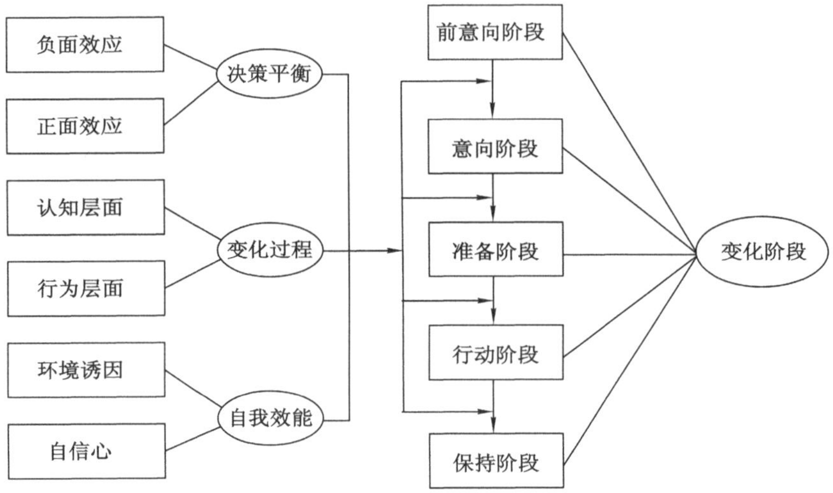

图 2-8　跨理论模型结构图

同时 TTM 认为，个体的行为变化在不同阶段转变中，会受到个体在行为正面效应及负面效应评估之后，做出行为改变及平衡策略[149]。通常，个体认为在前意向阶段及意向阶段身体锻炼行为的负面效应强于正面效应；处于准备阶段的锻炼行为会带给个体相等的正面效应及负面效应；个体在行动和保持阶段锻炼行为的正面效应强于负面效应。行为上的变化会导致个体认知及情绪上的改变，即人们在锻炼行为改变过程中，其情感、认知及行为策略也会随之改变。最后，个体自我效能在从低阶段到高阶段行为转变过程中，不断增强；反之，则减弱。

(1) 变化阶段

变化阶段是 TTM 的核心要素，它显示个体行为发生改变的时间序列状态特性。长期形成的个体行为习惯，要想改变需要经过较长时间、经历多个变化阶段。根据人们的认知，行为变化阶段可分为前意向阶段、意向阶段、准备阶段、行动阶段以及保持阶段(图 2-9)。

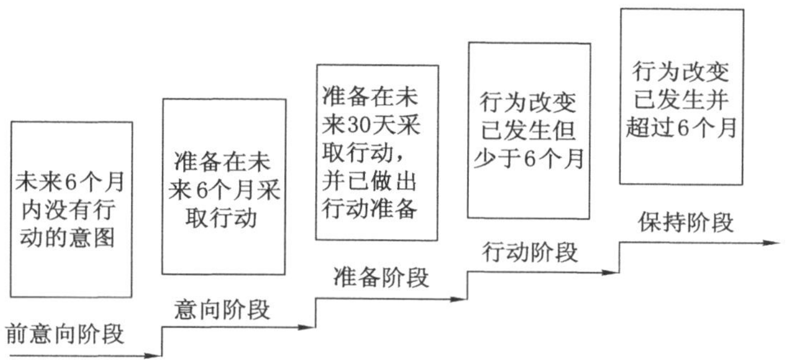

图 2-9　TTM 变化阶段发展及其定义图示

前意向阶段是指个体对自己的行为问题或行为后果还未有认知或尚未意识，在未来较长时间(一般是指 6 个月)不会有任何行动的阶段。对锻炼身体行为而言，就是指“在未来 6 个月内，不会进行体育锻炼”。处于此阶段的人们往往是因为对行为所致后果尚未认知或因相关知识缺乏而处于无特定行为的意识状态[151]。

意向阶段是指个体已经对自己的行为问题或行为后果有所意识，想要做出改变的阶段。对锻炼身体而言，是指“开始想要有规律地运动”。处于此阶段的人们已经权衡行为变化后的正面和负面效应，原有状态已经打破，权衡利弊后的矛盾情绪会使个体较长时间停留于此阶段。当然，个体在决策平衡后，其动机加强，将会进入下一变化阶段。

准备阶段是指个体已做出努力，做好试图进行行为改变的准备，通常在 30 天时限范围内要采取行动。对锻炼身体而言，处于此阶段的人们，会主动了解或学习相关锻炼知识和技能，制订相关计划或购买服装器材等。

行动阶段是指个体在行为方式上已经有了较大改变的阶段，此阶段行为变化还没有形成稳态，仍需要付出相当意志和努力，以防止阶段反复。对于体育锻炼身体而言，处于此阶段的人们，在过去相当时间内(一般是指 6 个月)，已经进行规律的身体锻炼。

保持阶段是指个体行为处于与外部环境、内部环境相适应的稳定阶段，处于此阶段个体行为习惯自我的适应与外部环境的适应达到稳态，受外部因素影响而退回到前一阶段的可能性较小，此行为习惯已经坚持 6 个月以上。对于体育锻炼而言，是指个体已经形成规律的身体锻炼习惯[152]。

(2) 变化过程

变化过程主要包括认知和行为 2 个层面 10 个变量因素[149]（图 2-10），是对个体行为改变发生程序及方式的描述，它为个体行为的改变提供策略和技巧[153]，是推进个体行为变化的决定因素，根据个体所处不同阶段采取恰当行为认知及变化程序促进其行为转变。

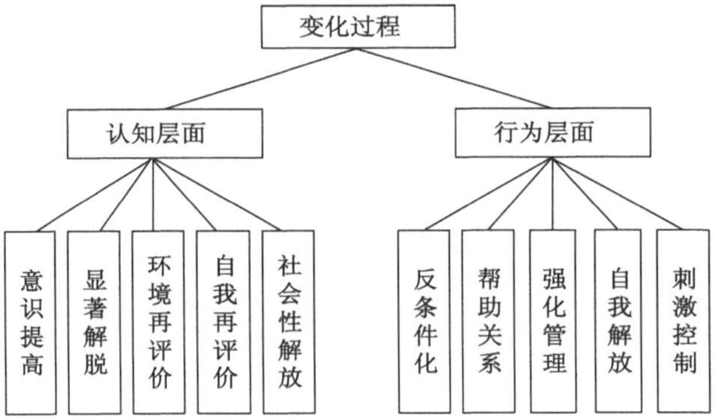

图 2-10　TTM 变化过程结构图

认知层面五个变量：意识提高是个体为获得其行为现状，利用媒体工具、重要他人等信息媒介获得行为改变的观念和策略；显著解脱是个体因经历某种行为的认知而产生的愉悦、悲伤、焦虑等积极和消极的强烈情感体验；环境再评价是指个体在行为改变后对其周边人文环境及物理环境积极或消极影响的评估；自我再评价是个人行为改变后对其行为本身及情绪等的认知评估；社会性解放是指个体行为的改变对社会接受度的主观认知。

行为层面五个变量：反条件化是指某种不健康或健康行为的替代性行为；帮助关系是指个体在行为改变过程中寻求亲友、朋友等社会支持的技巧与策略；强化管理是指个体采取奖励或惩罚等手段加强对某行为改变的认知管理；自我解放是指个体运用自我认同或公开宣示等手段做出行为改变的承诺；刺激控制是指个体对某行为刺激源的控制，以增强或削弱某行为的发生[149]。

TTM 认为，个体行为从低阶段跃进到高阶段，取决于个体对变化阶段和变化过程的综合认知，每个阶段跃进的认知过程因素存有较大差异。从前意向阶段到意向阶段的行为改进取决于对某行为本身及行为所致后果的情感体验、环境评估；个体行为改变从意向阶段向准备阶段的跃进取决于其对自我再评价、个体目标设置合理性的探索及自我行为改变所带来的价值权衡；个体对行为改变的自我认同或公开宣示等手段做出行为改变的承诺，能够促使其从准备阶段向行动阶段转变；从行动阶段到保持阶段转变的动力来源是个体采取奖励或惩罚等手段、某行为改变的认知管理和行为的控制以及社会对个体行为改变的接受度等[154]。

显然，认知层面的意识提高、环境再评价、自我评价、社会性解放以及显著解脱五因素多用于个体行为改变的前意向阶段、意向阶段及行动保持阶段，以强化其行为动机；行为层面的反条件化、帮助关系、强化管理及自我解放、刺激控制多用于个体行为改变准备阶段、行动阶段及保持阶段，以刺激强化其获得行为改变的自我效能，进一步促进其行为的转变[153]。当个体想要改变个体行为状况时，则需要合理运用阶段变化的特点，对变化过程进行科学控制和激发，选择合理的行为改变帮助策略，促使其行为不同阶段的良性转变。故而，TTM 指出，变化过程在五个变化阶段中根据个体需要可反复运用，以促使不同阶段行为变化的产生和改变，对应变化阶段相适的干预措施可以加强某种行为；同时，对其行为的干预应该是多元的、具有一定策略的技巧活动[154]。

(3) 决策平衡

决策平衡是个体对身体锻炼行为的改变进行可能效益的评价所做出的选择或策略取舍，包括感知益处和感知障碍，是 TTM 重要的中间变量之一，与变化阶段有着紧密、可预测的联系，是跨理论模型的基础，最早由贾尼斯提出。感知益处是指行为改变后，个体感知行为变化所致的益处；与感知益处相对应的概念是感知障碍，即个体行为改变后，感受到可能受到阻碍或影响其行为过程发生的消极因素。后经普罗查斯卡等的测试，形成了后来决策均衡较为稳定的两个维度。国内学者方敏等[155]利用决策平衡量表以及自我效能量表研究不同变化阶段被试者决策平衡及自我效能的特征，指出不同阶段个体在感知益处和感知障碍呈现阶段性的差异。司琦等[156]研究证明了锻炼感知益处和感知障碍以及变化过程因素可以预测听力障碍学生锻炼行为从意向阶段向准备阶段的转换。李桂玲等[157]以 TTM 为理论基础研究证实，自我效能及决策平衡对变化阶段具有显著作用。

(4) 自我效能

TTM 中的自我效能包括环境及自信心两个维度[158]。自信心是指行为个体积极面对不可预知、有一定挑战或危险情景下的信心。环境诱因是指个体在具有挑战环境或危险情境下参与某特定行为的欲望强度。跨理论模型指出，自我效能在行为变化阶段中起到润滑剂一样的中介作用。马占勇等[159]研究认为，自我效能以及变化阶段完全中介了变化过程与身体锻炼活动，变化过程经自我效能及变化阶段与身体锻炼行为之间的路径关系有三种。王东升等[160]研究体育锻炼情境下 TTM 内在结构的关系，结果显示锻炼感知益处、自我效能与变化阶段之间显著相关，自我效能完全中介作用于锻炼收益与变化阶段。自我效能部分中介于认知过程与变化阶段、行为过程与变化阶段。自我效能在 TTM 中的作用提示我们，TTM 对个体锻炼行为的干预作用在从内部各结构之间考量的同时，也要从整体上把握干预目标，方可提升干预的有效性。

2.4.4.3　跨理论模型的应用

TTM 起初被应用于医疗卫生(如艾滋病预防、药物滥用等)、护理学以及健康教育等领域，其应用价值体现出多元性，后来研究者把 TTM 运用于健身运动行为领域，逐渐使之在健身行为领域得到验证和广泛运用。

(1) TTM 在国外的应用

Bright 等[161]把 TTM 运用于戒烟行为和锻炼行为。研究认为，个体的戒烟行为与锻炼行为一样，不同改变阶段均需要根据个体所处阶段不同，针对性制定行为改变措施，方能最终在保持阶段逐渐形成行为自律。Cardinal[162]以纵向及横向的试验干预，研究了不同年龄段人群运动行为变化 TTM 的结构，探讨了变化阶段与变化过程、自我效能与决策平衡结构之间的关系，以及自我效能在不同锻炼行为变化阶段的作用与差异。结果表明，TTM 讨论的行为改变过程在不同的年龄组和文化中都适用。Woods 等[163]以 TTM 为研究基础探讨自我教育干预对大学生体育活动的有效性，试验组被试者效果显著。Claudio[164]以 TTM 为理论框架，评估 TTM 中运动变化阶段与变化过程中自我效能、感知益处和感知障碍。结果表明，个体行为在运动变化阶段与变化过程中，自我效能与感知益处、感知障碍具有明显的差异。值得注意的是，Hausenblas 等[165]在回顾跨理论模型研究基础上，探索性和验证性因素分析结果显示了标记性影响和竞争性需求两因素内部一致性较高，诱惑结构的附加有效性表现为情感和竞争需求得分在变化阶段显著下降，不同运动量表的诱惑结构可以成为跨理论模型的合理组成部分之一，有助于预测、解释个体运动行为。

（2）TTM 在国内的应用

国内学者对跨理论模型以不同人群为研究对象进行了描述性、预测性以及干预性研究。

描述性研究主要是指应用 TTM 研究身体锻炼行为，主要综合描述和归纳如锻炼自我效能、锻炼态度、锻炼意向、锻炼感知益处以及行为控制感等相关变量。尹博[148]研究了 TTM 对锻炼行为作用的进展，指出 TTM 优点和局限性，并分析了 TTM 应用于锻炼行为转变研究的未来趋势。段艳平[166]认为，TTM 是当前较为成熟的阶段性行为理论，描述了 TTM 主要结构及相关定义，指出 TTM 测量标准缺少，阶段划分缺乏充分依据，内部结构的关系逻辑不够严谨。马勇占等[159]梳理身体锻炼行为领域中 TTM 相关文献，指出 TTM 在变化阶段结构划分的理论不充分，各内部之间结构关系较为模糊，以及其对目标个体行为解释力不够等问题，最后提出了该理论应该与其他行为理论及社会生态环境等因素进行整合，以构建更加完善的行为改变理论或多层次行为理论模型，以提高其个体锻炼行为的解释效力。郭正茂等[149]对 TTM 的内涵、构成要素进行了梳理，归纳了其研究对象和研究类型，指出 TTM 从时间序列上对锻炼行为的影响，并认为 TTM 变化阶段的划分合理性依据不足，其理论架构存有缺陷。

预测性研究是指 TTM 能够对个体锻炼行为的阶段转变等进行预测，但更多的研究显示 TTM 难以预测个体锻炼行为转变。司琦等[156]基于 TTM 研究听力残障学生锻炼行为，指出锻炼感知益处、锻炼感知弊端以及变化过程因素对被试者锻炼行为阶段的转变能够予以解释，认为针对性的阶段因素干预能够有效影响个体不同阶段的心理决定因素及准备水平。高观福[154]以 TTM 模型为基础对个体身体锻炼运动行为改变阶段的期望信念、价值信念等特征以及影响因素进行分析，认为 TTM 能够较为有效地预测不同阶段身体锻炼行为的期望信念和价值信念状态。

干预性研究较多，主要是指运用 TTM 整体结构或某几个维度，选取研究对象分为试验组和对照组进行效果对比研究。高艳敏等[167-168]运用 TTM 阶段变化结构以肥胖小学生为被试者进行干预研究，表明 TTM 能够对肥胖小学生的体重进行一定的控制，其自我效能及自尊水平也会得到一定的提升。徐莉等[169]以中小学生，崔世君[170]以高职学生，郭文等[171]、包呼和[172]以大学生为被试者运用 TTM 对其锻炼行为进行干预研究，结果显示 TTM 对被试者的锻炼行为具有改善和促进作用，其锻炼行为具有阶段性行为特点，影响锻炼行为的自我管理因素与五个变化阶段相关性较高。

2.4.4.4 跨理论模型评析

综上，TTM 架构在众多学者不断的实践验证及理论检验下，其结构效度、再测信度及其各变量已经趋于稳定。跨理论模型用时间轴去考量个体健康行为，体现了其行为转变的动态过程，而非其他理论以某一时间点单纯二分为锻炼与不锻炼，同时根据个体及同处于某一阶段的群体针对性地设计干预策略，制订与之匹配的计划，促进其行为转变。该理论模型已被大量地以不同干预材料、不同试验人群的试验研究所证实，取得一定的数据成效。虽然 TTM 阶段变化结构被国内外学者一定程度上证实个体行为改变会经过多个阶段，但其阶段划分时间点的合理性受到中外学者的质疑，其时间限制的划分依据缺乏充分的客观依据。在 TTM 架构中有决策平衡、变化过程、自我效能、变化阶段四维度，而变化阶段与变化过程的关系模糊不清，在其整体结构上不够严谨，多数研究仅是从其变化阶段展开，对其结构中其他三个内容的研究较少，从整体上进行干预及预测研究的更少。因此，未来身体锻炼行为跨理论模型研究应该着重于均衡决策、自我效能及变化过程结构内容，进一步厘清变化阶段与变化过程之间的关系；同时，针对个体所处变化阶段的不同，应充分考虑并甄选所处环境、个体认知、社会准则等因素，采取针对性阶段干预手段。

显然，TTM 对个体认知过程有足够的重视，对于社会等环境因素给予个体行为改变的影响有所忽视。目前越来越多的文献研究显示，锻炼行为的改变在受到自我生理、心理因素等微观层面影响的同时，社会发展、政策准则、文化传统及个体所处物理环境等宏观因素的作用也不容忽视[159]。基于此，本研究将充分考量宏观的社会环境、政策及个体认知等因素对个体身体锻炼行为的影响，力求开展较为全面的研究，同时根据跨理论模型，设计锻炼行为长效促进机制个体认知层面的实践路径。

2.4.4.5 健康信念模型、自我效能理论、计划行为理论及跨理论模型综合评析

综上，健康信念模型、自我效能理论、计划行为理论以及跨理论模型等锻炼行为理论均一定程度上对个体的锻炼行为具有一定解释效力，对个体锻炼行为和健康促进具有帮助作用，但这些理论也均有各自的局限性。健康信念模型注重个体感知疾病威胁对个人健康行为的内在驱动，注重认知因素对人类行为的影响，却对锻炼兴趣、锻炼目标、锻炼需求等与锻炼行为密切相关的锻炼动机有所忽视；同时，模型中各维度变量的测量标准细化和标准化不够，从社会学视角对社会环境及社会准则、制度等因素考量不够，使得该理论模型

在理论建构上存有一定的缺陷，对于预测个体锻炼行为的效力相对有限。自我效能是个体在特定环境下实现某一具体任务时调动必需的认知资源而表现出的自信心，注重个体认知与结果期望因素的结合对健康行为的促进。自我效能在群体行为改变与环境之间的作用有限，个体行为与环境之间的作用还需要验证；在锻炼行为成为一种习惯后，其效用就会降低；同时身体锻炼自我效能问卷多是国外问卷，国外问卷本土化准确度还有待大量实践验证。计划行为理论注重个体态度与意向对行为的影响，对个体认知因素和环境因素有所忽视，多数研究仅从锻炼行为解释及预测效度上进行研究，在行为意愿与行为之间的转换存有不足，降低了其理论应用价值。跨理论模型阶段划分以 6 个月为时间节点缺乏充分的客观依据，其合理性受到质疑；在其理论架构中包含有变化阶段、变化过程及决策平衡、自我效能四维度结构，其中变化阶段与变化过程的关系模糊不清，而变化过程是由普罗查斯卡整合多个心理康复理论得出，均衡策略也是整合了其他行为理论。因此，未来身体锻炼行为跨理论模型研究应该着重于均衡决策、自我效能及变化过程结构内容，进一步厘清变化阶段与变化过程之间的关系；同时，应根据所处阶段个体行为和心理特点不同，充分考虑环境、个体基础认知、社会准则等因素对不同变化阶段的个体针对性的干预。

显然，行为改变仅依靠上述某个理论模型，效果不理想。在对单一理论进行相应验证及应用基础上，有研究对不同理论进行了一定程度的拓展。主要表现为，在某一理论基础之上增加不同变量，以增强原模型的解释与预测力。如计划行为理论与个人行为习惯相结合对身体锻炼行为效应进行解释，或结合过去的锻炼行为对大学生进行锻炼意愿和行为进行预测[173]。也有研究把计划行为理论与多个变量结合形成新的模型进行综合研究，考察新模型的效力，如美国学者 Beville 等[174]运用计划行为理论综合自我效能与描述规范因素来预测不同性别大学生闲暇时间体育活动的参与比率，对计划行为理论模型进行了验证。有学者运用跨理论模型结合信息行为理论考察不同锻炼行为阶段个体的信息行为处理上的差异，该研究提示我们，针对不同群体在进行身体锻炼行为的信息传播时需要有针对性[175]。也有以计划行为理论的整体模型为主结合跨理论模型的部分模型进行的研究，这种理论相互结合方式的研究逐渐成为热点。

归纳而言，上述身体锻炼行为模型从理论和实践上对青少年体质健康促进展开了一定程度的探讨和干预研究，虽然取得了一定的成效，但仅是从个体内部角度对个体行为进行改变，效果不甚理想；从群体视角仍缺乏说服力和长期效力。在认知心理学影响下提出的三元交互决定论告诉我们,个体、环境与行动三者之间有着复杂的关系,因为人是处于社会之中,社会环境会对人类的行为产生影响,故此,人们逐渐意识当前有关健康行为的改变,在关注个体内部因素的同时,也要应从多维因素、多层视角关注社会环境、组织、文化及政策等变量。本研究将从社会生态学理论视角出发,对大学生身体锻炼行为的长效促进机制展开研究,同时结合健康信念模型(HBM)、自我效能理论(SET)、计划行为理论(TPB)、跨理论模型(TTM)设计大学生身体锻炼行为长效促进机制的多层面实践路径。

2.4.5 社会生态学理论与锻炼行为相关研究

2.4.5.1 社会生态学理论的核心理念

根据前述核心概念的界定,社会生态学理论主要包括宏观系统、外围系统、中间系统、微观系统四个维度(图 2-11)。

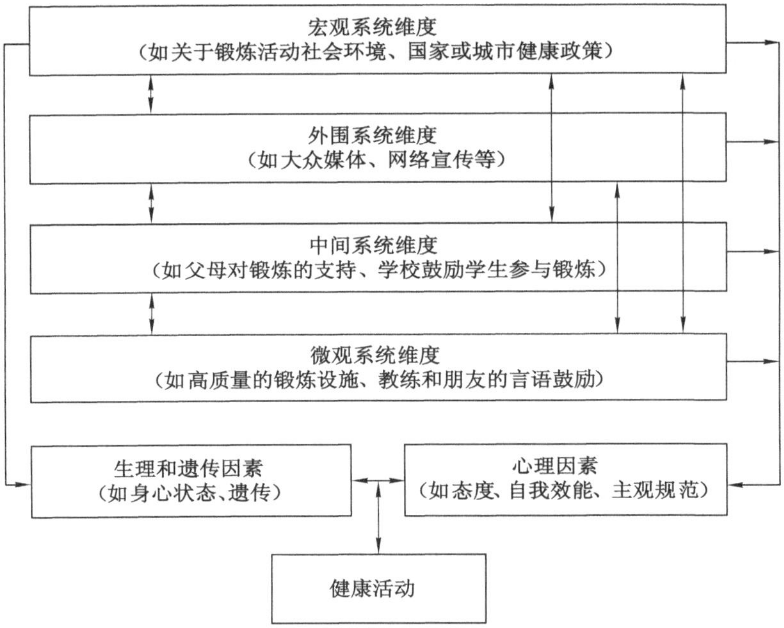

图 2-11 社会生态学理论健康行业系统观模型图

Sallis 等[176]认为,生态学模型包括个体、社会环境以及物理环境三个方面。个体方面包括个体生理学、认知心理学及行为学特征；社会环境方面包括社会文化、政策资源以及个体周围支持性的行为等；物理环境方面包括建筑环境等硬件设施以及锻炼场所器械的可及性等。从身体锻炼领域看，锻炼行为受到生物学、社会学及环境等因素的动态多层交互作用，即个体、家庭、社区、学校以及社会的多维影响[177]，故而，需要从个体生理心理、家庭、社区、学校及政策上进行调控和干预其锻炼行为的坚持与选择，从自然环境及社会环境要素理解其锻炼行为。我国学者代俊等[177]指出了健康行为社会生态学模型五层面因素，包括个体层面、人际层面、组织层面、社区层面及政策层面。其核心理念包括以下四个方面[177-178]：

第一，影响个体健康行为因素的多层面性。影响个体健康行为的因素体现在多个方面，包括个体层面、人际层面、组织层面、社会层面及政策层面[175]，这五个层面可以通过上述模型的四个系统以及社会环境和物理环境相对应。其他锻炼行为模型与社会生态学模型的主要不同在于：前者主要是针对个体行为某一层面或两个层面进行分析，而健康行为生态学模型着眼于多个层面根据不同系统和环境进行分析，体现出社会生态学的整体性原则、整体大于部分之和以及系统学理论“1＋1＞2”的非加和性原理。社会环境对人们的锻炼行为通过宏观系统的间接作用及个体生物学特征、心理因素等路径的调节作用产生影响。大学生体质问题及锻炼行为的缺乏是个体、学校以及家庭支持、政策、社会等多层面的综合性社会问题。

第二，系统间因素相互作用。个体行为表现为不同层面或系统间互相影响，社会生态学模型可以解释为不同层面间对个体行为相互影响，或不同系统共同作用的理论模型。每一层面又包含有多个要素，我们称这些不同的要素为影响变量。某一变量对个体行为的影响或作用大小，以及个体与系统环境的输入与输出的信息交换状态，需要从不同系统角度或层面把握其相互联系和作用。例如，国家政策给予学校大力支持，同时结合医疗体制改革以及保险制度的优惠，更有利于学生获得更好的体育教育及健身环境。

第三，个体行为改变的多层面干预。相较于单一层面研究个体行为影响的理论，社会生态学模型的多层面或多系统角度对个体或群体行为改变的可持续效果更佳，某一系统或层面的良好发展都是其系统或层面间良性协调运转的结果。例如，学校的教育手段在国家政策层面与环境层面共同作用于个体行为时，人们的健康理念和技能学习或将更有成效。某一层面施加于个体的效果需要和其他因素相结合，如某一社区内蔬菜水果便利店增加时（环境改变），不一定会使此社区的人们健康行为方式发生改变，需要结合社区教育、媒体宣传和引导等多因素共同作用于人们的健康行为方式才更加有效。

第四,社会生态学模型对人们某一特定行为进行干预时,能够效应最大化。当针对某一具体行为进行干预时,需要利用生态学模型理论中多层面、不同维度进行协同干预,建立与某一具体行为相适应的模型,使之效果持久而广泛。已有学者运用此理论对青少年学校健康行为等方面进行研究,但把此理论运用于大学生身体锻炼行为的机制研究鲜有报道。本研究将以大学生身体锻炼行为为特定行为,构建与之相适用的大学生身体锻炼行为的社会生态学促进机制模型。

2.4.5.2　社会生态学理论健康行为应用研究

社会生态学理论健康行为应用研究源于国外,目前,有关健康行为的社会生态学理论研究起步早,主要着重于理论的描述,干预性研究开展较滞后。我国关于锻炼行为社会生态学模型的研究处于借鉴起步阶段。

(1) 社会生态学理论健康行为应用描述性研究

社会生态学理论健康行为应用描述性研究主要是以概括与归纳个体锻炼行为影响因素为主,对变量因素间关系的研究不够深入。Trost 等[179]梳理了1998 年到 2000 年有关个体、社会及环境对其体育活动、锻炼行为影响的文献,证实了个体婚姻状况、肥胖、缺乏时间以及家庭、工作单位、朋友、锻炼文化氛围、社区环境、锻炼设施等环境变量与锻炼行为密切相关,在社会生态学视角下,将身体锻炼行为的影响因素分为个体生理心理因素、社会环境因素及政策因素三类;研究对象从青少年群体转向成人及残疾人群体,并指出该领域的研究需要从横断面研究向纵深方向和干预方向开展,进一步厘清各变量之间的因果关系。

就研究内容而言,文献显示国外学者研究社区因素对个体行为的影响占有相当比例。比如,通过对居民进行社区环境调查,讨论环境与社区居民身体活动、体重的关系,结果表明建筑环境[180]、社区居住密度、土地利用组合、街道连通性[181]、步行道设置、健身设施设置美观性和安全性[182]与社区居民体育锻炼行为和肥胖患病率有关。对城市规划与设计以及城市交通等因素对大众体育锻炼行为影响的认识,进一步拓宽了体育锻炼行为社会环境影响的研究。

在研究对象方面,国外与国内研究相似,以青少年学生群体为研究对象较多。以社会生态学为理论基础,对影响个体行为或集体行为[183]与特定环境存在的健康资源和制约因素、内在与外在的运动障碍[184]等开展研究,为学校环境下学生健康行为的促进和学生生活质量的提高提供了理论基础,对学生综合素养提升及高效率社会人才培养有着深远意义。

国内学者则注重以青少年为研究对象，分别围绕促进和影响锻炼行为的学校环境、家庭、组织、社会、人际、政策及个体内部与外部因素的相互关系展开研究[29,185-187]，从宏观或微观某一系统研究制约青少年学生身体锻炼行为或体力活动的生态学因素，提出相应干预对策。张加林等[188]以全球联盟(Active Health Kids Global Alliance，HKGA)构建的青少年身体活动评价指标体系开展我国儿童及青少年身体活动研究时，指出家庭与学校环境指标评价结果较好，社区与政策层的等级评定低于 AHKGA 国家或地区的平均水平。

上述研究借鉴国际相关研究成果，为探寻和了解儿童及青少年身体锻炼或体力活动的综合水平，搭建了青少年身体活动数据平台和评价指标体系，对促进其体质健康水平的提升及我国人才储备具有重要的影响。

(2) 社会生态学理论健康行为干预性研究

国外有关社会生态学理论健康行为干预性研究起步较早。从个体内外部因素、社会健康文化氛围[189]、自然环境与设施及相应的政策环境[190]、家庭环境[191]、学校健康教育、体育教学设施[192]对社区居民、青少年学生群体、特殊人群等为干预对象，对其锻炼行为进行干预。结果显示，被干预个体或群体的饮食调节等行为均有了明显的改善，说明一定层面和范围内的环境影响结合个体行为的干预对其身体不健康行为的约束和身体锻炼态度具有积极的效应。

国内学者就个体内部因素和外部因素[193]、学校教学环境因素[194-196]、家庭因素[81]以及政策因素[197]、互联网媒介支持[198]等多种层面因素结合或单个因素对大学生、中小学生群体进行干预或调查研究，有助于推动被试群体或个体锻炼水平和健康意识的提升，使其锻炼行为的生活化成为可能，指出了其干预路径的多种可能性。但还未出现结合个体、家庭、学校以及社会、政策等全方位、立体化促进机制的实践路径研究，可能原因是全方位研究需要消耗大量的人力、物力，以及政策与社会层面的干预需要顶层政府设计与监管的高难度、复杂性，这也反映了身体锻炼行为促进研究工作的复杂性。

2.4.5.3　社会生态学理论健康行为研究评析

社会生态学理论被认为是行为促进、身体活动及健康促进的理想理论，该理论用于研究身体锻炼行为的影响因素更具系统性及科学性，是目前身体锻炼领域的理论研究热点。社会生态学理论强调了社会环境以及自然环境因素与个体因素的交互作用，此种不同水平和层面的相互作用、以环境为导向的立体化行为干预模式，使得个体锻炼行为持续性效果更佳，避免了健康信念模型中环境与政策准则等因素对个体行为改变机制的割裂问题，整合了计划行为理论、自我效能理论的相关内容，把影响个体行为改变的因素分为不同层面。据此，本研究试图构建个体与环境间多层面、立体化的锻炼行为促进社会生态学理论模型。

我国学者运用社会生态学理论对个体锻炼行为进行研究时，多是以逻辑推演方式对锻炼行为影响变量因素进行概括，不同层面因素划分依据未形成共识，同时所使用量表多是国外量表，缺少与我国国情相适应的因素提炼，缺乏自下而上的影响因素质性研究。因此，本研究开展以大学生群体为研究对象、以社会生态学理论为指导，通过不同层面、全方位、整体化的锻炼行为促进机制的社会生态学理论模型构建与路径设计，确定不同层面的影响因素和各因素具体变量指标的影响权重，对构建与发展大学生锻炼行为社会生态学理论模型和大学生体质健康的提升具有深远意义。

2.5 长效促进机制研究理论分析框架

大学阶段养成的锻炼行为习惯对进入社会后的健康行为习惯有着持续影响，而大学生低锻炼行为导致的体质健康问题如运动猝死、低体质测试合格率被社会和国家相关部门极大关注，也常见于媒体报端评论。这种影响大学生体质健康的低锻炼行为是由多种因素导致的，无论是从提高体质健康问题根源考察，还是对大学生锻炼行为促进的研究，仅从个体视角或学校视角难以把握整体要素和进行系统性综合评价。

社会生态学理论强调多维性，个体锻炼行为会受到个体、社会环境及自然环境多维因素的相互影响，环境对个体行为的影响表现为多重水平。本研究旨在以我国大学生锻炼行为影响因素为切入点，基于社会生态学理论，从个体、家庭、学校、社会及政策多维层面系统探索大学生身体锻炼行为长效促进机制，寻求其内在规律，构建并验证大学生锻炼行为长效促进机制社会生态学模型，结合健康信念模型、自我效能理论、计划行为理论和跨理论模型等理论，设计大学生锻炼行为长效促进机制的多层面实践路径。基于此，构建大学生身体锻炼行为促进机制的理论分析框架，如图 2-12 所示。

第一，梳理相关文献及相关理论基础。解析身体锻炼行为概念，明晰目前大学生身体锻炼行为现状。

第二，通过质性研究方法，对大学生身体锻炼行为促进因素多层面选择和

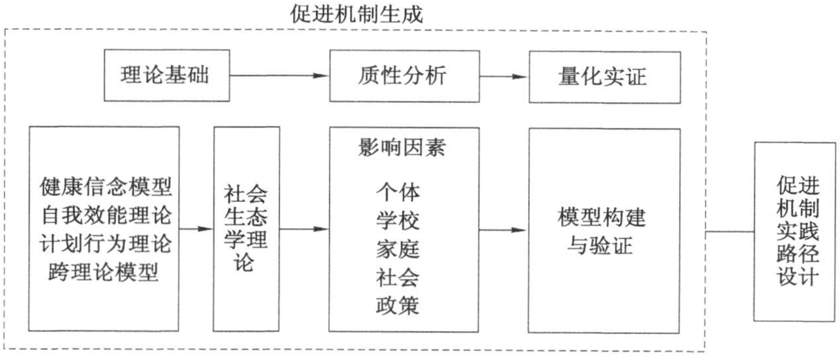

图 2-12　促进机制理论分析框架

界定。通过质性研究剖析影响大学生锻炼行为的核心要素的相互作用机制，形成大学生锻炼行为促进机制的社会生态学理论模型。

第三，大学生身体锻炼行为长效促进机制的社会生态学模型验证。基于社会生态学理论，结合健康信念模型、自我效能、计划行为理论、跨理论模型等理论，通过问卷调查法结合专家访谈法，从个体生理、心理、学校、家庭以及社会、政策等多层面、全方位探析大学生身体锻炼行为的影响因素及其各因素变量间的关系，对身体锻炼行为长效促进机制的社会生态学模型进行量化验证。

第四，根据模型分析与讨论，结合健康信念模型、自我效能、计划行为理论与跨理论模型设计大学生锻炼行为长效促进机制的实践路径。

2.6　本章小结

本章主要是对身体锻炼行为相关文献进行述评。首先，系统梳理了与身体锻炼行为密切相关的大学生体质健康的研究，指出身体锻炼行为之于体质健康的重要作用，进一步明确身体锻炼行为促进的研究意义；其次，对身体锻炼行为的相关研究进行了综述，评析身体锻炼行为的影响因素，同时对身体锻炼行为的促进机制与教育的关系进行了解读，并根据机制的概念、社会生态学理论与身体锻炼行为相关研究，概括了身体锻炼行为促进机制概念；最后，着重评述了锻炼行为的相关理论，引出贯穿全书的理论——社会生态学理论，对其内涵、核心理念及应用进行了评述，形成了身体锻炼行为长效促进机制的理论分析框架。

第3章　大学生身体锻炼行为长效促进机制理论模型构建与研究假设

3.1　长效促进机制的因素选择与界定

3.1.1　质性研究设计

质性研究是在自然情境下，利用访谈、观察等方法进行原始资料收集，从中深入挖掘、归纳分析不同社会现象及行为背后的深层次原因和意义，并对其行为建构理论假设的一种活动。

身体锻炼行为是指有计划、有组织、以一定强度和频度并持续一定时间以增强体质或身体素质为目的的身体活动。从研究样本选择的角度来看，大学生是具有一定特异性的群体，正如国外与国内相关学者研究显示，大学生锻炼行为因为现代网络、电子游戏、学业负担、就业压力、生活方式改变以及社会环境的变化等方面原因较之前有大幅减少的现象。身体锻炼行为具有动态性、复杂性特点，身体锻炼行为变化过程受多层次和多类型的因素影响，某一因素或某几个因素的干预均会对最终的行为结果产生影响[88]。大学生在学校期间养成的体育锻炼行为及态度直接会对其进入社会的健康身体活动行为具有深远影响和特殊意义。目前对大学生身体锻炼行为促进的理论研究范畴缺乏深度和深层质性探索。本研究旨在从社会生态学视角，对大学生身体锻炼行为驱动因素的机制进行深层次诠释和研究，在多次深入访谈结合文献研究基础上，多层面甄选大学生身体锻炼行为长效促进机制的因素，为后续的锻炼行为促进量表编制提供初测条目，为大学生身体锻炼行为的长效促进机制模型构建和实践路径形成提供理论基础。

3.1.1.1　资料收集

资料收集是质性研究的首要步骤。本研究质性调研样本的选择以笔者所在城市的大学为主进行开放式深度访谈，获取原始资料，即通过访谈初步探析大学生身体锻炼行为现状、影响因素及促进机制的实践路径。由于访谈对象对质性研究的结论具有重要的影响，因此访谈对象选取应具有代表性。本研究访谈对象选取大一到大四的学生，兼顾学科专业、生源地（农村、城镇）和性别比例；大一、大二开设体育课程，利用课上和课余时间进行访谈。样本量的选取按照理论饱和原则，即通过新样本的抽取所获得的信息已经不再显示有重要价值信息。

多数学者在进行质性研究时，一般采用面对面访谈进行相关资料与信息的获取。本研究在利用面对面访谈、班级整体访谈的同时，利用现代网络的便捷交流形式，如 QQ、微信交流平台进行资料信息的获取。现代网络交流形式使访谈双方无须见面，不受时空约束，更加方便快捷；同时，受访者对访谈问题可以经过一定时间的思考，不会受到访谈者的行为、语言等外在因素干扰，使得问题的回答更加自由、更趋逻辑性和更具真实性。故此，本研究运用质性面对面访谈时，借助 QQ、微信等现代网络聊天平台深度访谈，同时，引导访谈对象对相关问题从自身感知角度进行问题聚焦，以获取详细资料。在正式访谈开始前，向访谈者明确访谈主题及相关注意事项，以互动、开放的原则进行，并对访谈者相关信息保密；考虑到访谈对象的思考和表达等因素，设定深度访谈时间约为 1 小时。根据扎根理论，访谈一般不预设理论假设及范式，但为提高访谈效率，事先拟定访谈框架和提纲（见表 3-1）。

表 3-1　身体锻炼行为的影响因素访谈提纲

身体锻炼行为是指有计划、有组织，以一定强度和频度并持续一定时间，以增强体质或身体素质的身体活动。其运动量的大小以锻炼时间、锻炼频度、锻炼强度三者的乘积来表示。最高分为 100 分，得分≤19 分为小运动量，得分在 20～42 分为中等运动量，得分≥43 分为大运动量

访谈主题	主要提纲
锻炼行为现状	您经常参加身体锻炼吗？一周大概几次？
	您每次一般运动多长时间？您运动的强度如何？
	您经常进行身体锻炼的运动项目有哪些？

表 3-1(续)

访谈主题	主要提纲
影响锻炼行为个体层面的因素有哪些?	经常身体锻炼会有哪些好处?
	锻炼知识和锻炼技能对您的锻炼行为有哪些影响?
	您能够在锻炼后有酸痛或学业较重或情绪较为低落时也完成一定量的运动吗? 这种情况下完成运动会带给您怎样的影响或效应呢?
	从个人角度您认为有哪些情况会促使您进行身体锻炼?
	课程考核、评优等要求会对您的锻炼行为有哪些影响?
	您是基于何种动力坚持锻炼? 体育锻炼的价值有哪些?
影响锻炼行为学校层面的因素有哪些?	体育教师在哪些方面能够影响您进行身体锻炼?
	体育课堂中教学内容和组织方法对您进行身体锻炼有哪些影响?
	学校锻炼场馆与设施会在哪些方面影响到您参加体育锻炼?
	学校或班级会经常组织体育活动或运动会吗?
	学校对大学生的课外体育活动或社团体育活动是如何管理的?
	学校体育督导与管理对大学生锻炼行为及相关的活动有哪些影响?
影响锻炼行为家庭层面的因素有哪些?	您父母经常参加体育锻炼吗(频次、项目、时间等)?
	您父母会支持或鼓励您进行身体锻炼吗(如何支持)?
	您父母对您的体育锻炼行为持有怎样的态度?
	您认为父母受教育程度对您的锻炼行为会产生哪些影响? 表现在哪些方面?
	您父母锻炼行为会对您的身体锻炼行为产生哪些影响?
影响锻炼行为社会层面的因素有哪些?	社会上的健身场馆和一些体育组织对您的锻炼行为有哪些影响?
	社会体育文化环境对您的锻炼行为哪些作用?
	社会传播媒介对您的锻炼行为有哪些影响?
影响锻炼行为政策层面的因素有哪些?	您认为目前有关大学生体育锻炼政策制定的完备吗?
	您知晓哪些大学生体育锻炼条例政策? 您是通过何种方式了解的?
	大学生体育锻炼条例政策对您参加身体锻炼有哪些影响?
	您认为目前学校体育工作条例政策在执行时有哪些问题?
个体人口统计学特征对锻炼行为有哪些影响?	性别对大学锻炼行为有影响吗? 表现为哪些方面?
	年级对大学锻炼行为有影响吗? 表现为哪些方面?
	学科专业属性对大学锻炼行为有影响吗? 表现为哪些方面?
	生源地(农村和城市)属性对大学锻炼行为有影响吗? 表现为哪些方面?

表 3-1(续)

访谈主题	主要提纲
您认为应该从哪些方面对大学生锻炼行为进行干预和引导?	您认为该如何促进大学生的身体锻炼行为?
	您认为哪些措施或路径可以持续影响或促进大学生锻炼行为?
	家庭、学校、社会环境和体育相关法规措施等,哪一方面更能促进您的身体锻炼行为?

在围绕上述问题进行访谈时,对相关范畴进行跟进追踪提问,深层次延伸访谈内容,以便深入洞察受访人员的心理,捕捉到锻炼行为相关的内在规律及相关信息。例如,在问及"您认为目前有关大学生体育锻炼的政策制定完备吗?",若受访者认为不完备,可以继续追问"您觉得政府或学校应该继续完善哪些锻炼行为政策呢?"。又或者,在问及"社会传播媒介对你的健身行为有帮助或促进作用吗?",若受访者回答有帮助作用,可以追问"主要表现在哪些方面?"。根据扎根理论访谈饱和原则,本研究对班级整体进行访谈,共访谈有体育课程的大一到大三学生 35 人、大四学生 8 人,总共 43 人。受访人员基本信息见表 3-2。

表 3-2　受访人员基本信息

属性		人数	比例	属性		人数	比例
性别	男	26	60.47%	专业	文科	18	41.86%
	女	17	39.53%		理工科	25	58.14%
年级	一	14	32.56%	生源地	城镇	20	46.52%
	二	10	23.26%		农村	23	53.48%
	三	11	25.58%	访谈方式	面对面	21	48.84%
	四	8	18.60%		网络	22	51.16%

3.1.1.2　资料分析

资料分析是扎根理论多采用的一种探索性质化研究方法。扎根理论被认为是"社会科学领域研究中影响力最大的研究范式"[199],它是利用原始文字资料进行归纳分析。扎根理论的核心思想是指通过对收集的原始资料内容之间横向与纵向的持续比较分析,逐步归纳与提取与内容相关的概念及范畴要素,概括归纳资料内容属性,自下而上构建理论体系。扎根理论包括 3 个编码流程,如图 3-1 所示[200],包括开放式编码(Open Coding)、主轴编码(Axia Coding)、选择性编码(Selecting Coding)。

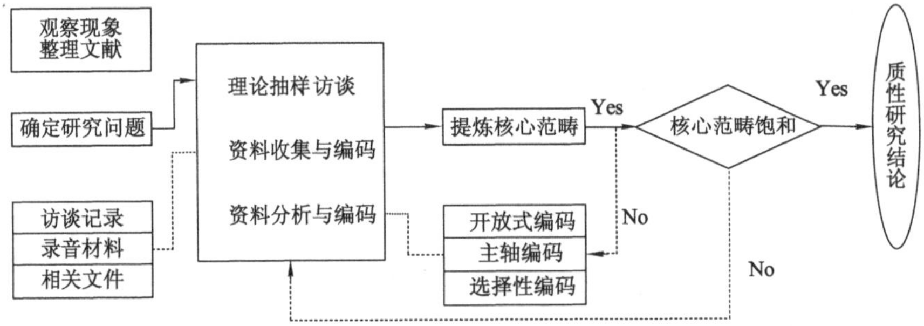

图 3-1　质性研究路径

本研究根据上述质性研究步骤，获取影响大学生身体锻炼行为长效促进机制的主要因素，在不同范畴要素之间建立联系，形成理论模型，即构建大学生锻炼行为长效促进机制理论模型。

3.1.2　基于扎根理论的长效促进机制因素甄选

首先，对访谈记录按照一定顺序及时进行整理；然后，随机选择其中三分之二的访谈记录用于扎根编码，剩余的访谈记录用于饱和度检验。为保证扎根编码具有较高效度，严格按照扎根理论的编码技术程序完成相关操作，为提高编码的客观性与科学性，避免个人偏见在编码过程中对编码结果的影响[200]，本研究将采用研究者本人编码结合专家咨询的综合方法。

3.1.2.1　开放式编码

开放式编码是扎根理论编码程序中的一级编码。本研究在进行开放式编码时，为确保研究的客观性，避免编码者个人的偏见，尽可能从访谈原话中抽取相关概念或直接命名。在 5 名相关领域研究者的参与协助下，整理收集了 1 216条“大学生身体锻炼行为影响因素”的表达记录。对访谈记录进行深度挖掘和整理，去除表达过于简单和回答较为模糊的表达语句，最终收集到 800 余条原始表达语句和初始概念的表达记录。同时，考虑到数量庞大的初始概念之间一定程度上的交叉与重合，本研究抽取重复 5 次以上频次的初始概念，并在剔除有一定矛盾的初始概念后进行范畴化。在访谈后进行开放式编码过程中，分析整理初始概念之间相关性，进而对相关概念进行范畴化，根据概念范畴化过程中的问题，再进行针对性访谈，直至相关概念、范畴不断出现在编码过程中，再进行下一级编码。本研究对原始访谈记录进行概念与范畴化的过程见表 3-3，范畴化结果即是对大学生身体锻炼行为影响因素的提炼概括。鉴于篇幅限制，表 3-3 中的范畴仅列举具有代表性的访谈记录和初始概念。

表 3-3 访谈记录开放式编码过程

原始资料(代表性语句)	范畴
S12 有时候锻炼后，常常会腰酸腿疼，不知该如何处理好得快，会让我不能坚持锻炼下去。 S01 我比较胖，想减肥，不知哪种运动更有效，不知该怎样锻炼效果更好。 S06 正确的方法进行体育锻炼很重要，不然会适得其反，身体没锻炼好，自己还容易受伤。你看那些社会上跑步过多，由于没有把握好跑多少对自己合适，反而使自己膝关节受伤了，还有力量练习，由于没有专业指导，使自己受伤的也有很多。 S14 我觉得专业运动知识很重要，能正确引导我参加锻炼。篮球、乒乓球等技能要求较高的运动项目我都不擅长，只能到操场上慢跑，刚开始只能跑 2 圈，慢慢坚持后现在都能跑上 10 圈了。 S07 虽然从小学上体育课就开始学习篮球技术，可还是不能很好地在场上运用自如，只会基本的投篮，也还投不好。	锻炼知识与技能
S03 我爱好篮球，这项运动让我明白竞争规则，很多事情都要求有规则，在规则竞争下才不失公平。 S14 运动能提升身体健康水平，提高身体抵抗疾病的能力。 S35 我以前很胖，坚持跑步后，在体育老师指导建议下注意饮食，恢复了正常体重，养成了运动的习惯，慢慢理解运动对一个人的重要性，就如同吃饭、睡觉一样。 S23 有段时间心理压力很大，和宿舍同学相约一起运动，心里明显感觉轻松了，体能也感觉比以前好很多，体育课身体素质考试也提升了一些，运动真的可以使自己承受更多压力。	体育价值观
S14 有时候心里郁闷，或是遇到不高兴的事，我自己就会去跑步，跑出一身汗，洗个澡，睡一觉，心情就会好起来。 S20 身体有酸痛或是学业较重时会减少运动，没人陪伴自己时也可完成运动，主要是感觉自己体态得到了纠正，有了自信。 S15 我常常在情绪低落时出去散步或打篮球，在宣泄后可以更积极地投入学习。 S19 锻炼时，不会想很多，一段时间后，发现自己变瘦了，可高兴了，然后，我就更加坚持身体锻炼，想让自己更好看。 S25 我原先很胖，经过自己网上搜索锻炼的方法，坚持一学期，再配合饮食，我瘦了 20 多斤，体育课身体素质成绩由不及格都考到 80 多分了，这给我很大信心坚持锻炼。 S31 即使没有人陪伴，我也会坚持锻炼。 S39 天气不好，我会选择在室内做些简单的运动完成锻炼，比如自重深蹲、开合跳或在手机上“百度”一下选择一些动作等。	锻炼自我效能

表 3-3(续)

原始资料(代表性语句)	范畴
S11 考试前一周只要有时间就练习,为了达到更好的分数。 S14 要不是保研有体育课绩点要求,我才不会这样努力锻炼呢。 S40 我锻炼主要是想减肥,改变自己的体型。 S43 运动能使我保持健康,精力充沛。 S25 锻炼能改善自己的气质形象,使我精力更加充沛。 S37 我平时很少运动,为应付体测,会在测试前进行运动项目的练习。 S32 我喜欢篮球场别人喊我的名字加油的感觉,想着就兴奋,所以会用特别多的时间去练习技术,享受那种在场上被人关注的感觉。 S42 学校的锻炼打卡制度,使我不得不每天进行跑步锻炼。 S21 教师讲述自己的锻炼经历,自己如何锻炼,锻炼多久,身体有哪些改善。	锻炼动机
S33 老师上课时优美的动作示范,我也想拥有,所以经常去练习提高。 S41 老师简单有效的动作讲解,可以使我很快掌握动作,能使我很快喜欢上这项运动。 S42 老师在要求我们进行身体素质练习时,他总可以给我们标准地示范,甚至还和我们一起做,比我们同学做的个数还多,而且年龄大我们那么多,都能完成,给了我很大的锻炼动力。 S10 老师的课堂风格我不喜欢,总是讲解完动作就不再说了,让我们自己练习,组织指导很少,甚至没有,导致很难理解,最后就学不会那项技术,很沮丧。	体育教师
S35 课堂内容新鲜有趣会使我更快接受和掌握运动技术,在这个过程中就会提升对这个项目的兴趣和身体素质。 S41 课堂上,老师的组织方法简单、有效,我更快掌握了喜欢的运动项目,课下就约同学一起运动。 S35 在课堂的氛围中,大家都在那儿运动,这种氛围下,我也会积极动起来。 S37 在课堂中我希望能学到如何瘦身、使自己身材更加优美的健身动作。	体育课堂
S19 说到锻炼设施,我认为足够多的锻炼场地总会让自己随时随地锻炼一会儿,若不能够抽出时间来锻炼,可以和同学边聊天边锻炼。 S31 有些场馆不能完全开放,而且还收费,让我无法尝试相关的项目进行锻炼。 S25 上排球课时,排球太硬,同学都不太敢用手臂做动作,直接影响到我们技术动作的掌握和以后利用排球锻炼身体。 S27 器材好坏直接会影响我对运动项目的兴趣,有些项目学校要是能提供器材在课下锻炼就好了。	体育场馆与设施

表 3-3(续)

原始资料(代表性语句)	范畴
S42 学校里经常在课余时间举行的大型比赛,像比较大型的马拉松、篮球、足球、乒乓球等比赛,对我有一种触动,我觉得学校承办一些比赛,能形成更好的运动氛围,能刺激、带动更多人尝试运动。 S17 学校每年举行的校运会还有一些趣味性比赛都能吸引很多人跃跃欲试,而且这些比赛若取得名次还能为学院争光,自己也能获得奖励。 S33 我觉得学校的课余运动氛围越好,越能促进、带动大家进行身体锻炼。 S16 班级和院系间利用周末等课余时间组织的比赛和各种趣味性的运动比赛,无形中带动了大家进行体育锻炼,容易形成一种愉快的锻炼环境和氛围。 S11 学校要求我们利用软件课外锻炼跑,但很多人都骑自行车甚至骑电车代替,没有很好地起到作用,得管理跟得上,比如有学校监督员可能就会好些。	课外体育
S09 有多次老师要求我们必须穿合适的运动鞋和服装,上课按照要求进行练习。因为学校督导老师检查时,就看运动鞋和服装合适不,上课是不是有组织、有纪律。 S02 利用各种运动 App 进行打卡练习,这种督导方式是否有一定的作用,还得要看学生自己运动的动机,有的学生是要减肥,有的学生是为了更高的学习绩点。	运动督导与管理
S15 我是农村的,爸妈体育锻炼意识一般,很少自己主动锻炼身体。 S24 在假期,我爸妈经常会要求我和他们一起出去到公园锻炼身体。 S31 我的爸爸妈妈很少主动锻炼身体,可能是因为工作太忙了,但经常督促我要锻炼身体。 S41 我家是农村的,父母亲都是在城市打工,根本顾不上锻炼身体。	父母体育态度与期望
S32 我觉得家庭收入高低或家庭经济水平对我锻炼的影响较小。 S33 家庭要是收入高些,我可能就会多买些好的运动衣和健身器材。 S37 父母收入允许我多买些运动衣,可以办个健身卡,甚至去外地观看运动比赛。 S10 我觉得收入不是影响参加体育锻炼的主要原因,更重要的是自己能不能认识到体育价值或感受到锻炼身体对自己的价值或影响。	家庭经济资本
S02 爸妈比较规律地锻炼身体,都不胖,我现在感觉得多向他们学习。 S06 我们家里有哑铃、跳绳,都是爸妈买的,在家里经常看到他们运动,还要和我进行比赛,以前在家经常利用哑铃和跳绳运动。 S07 我家是农村的,家里有个乒乓球水泥台,在家里经常跟我爸打乒乓球,我现在的技术都是跟他学的。	父母榜样行为

表 3-3(续)

原始资料(代表性语句)	范畴
S11 我爸妈学历虽然不高,但从小经常说,身体是革命的本钱,一定得把身体弄好,所以我比较注意锻炼身体,也喜欢锻炼。 S22 我爸妈是高中教师,本科毕业,经常督促我要多锻炼身体。 S37 我爸妈在城市打工,高中毕业,根本没有时间关注我锻炼的事情。 S41 我的家在农村,爸妈学历不高,经常说的就是要把学习搞好。	父母受教育水平
S33 关于体育相关的政策,我知道的不多,仅知道《国家学生体质健康标准》和《学校体育工作条例》。对我身体锻炼行为影响最大的就是,学校要求每年都要求进行体质测试,测试前都会努力练习,希望能测得好一点。 S10 我们学校要求体质测试要到 50 分以上才能毕业,大部分努力都能过。 S26 关于体育锻炼的政策,我只知道学生体质健康测试,其他不清楚,因为每年我们都要进行一次,测试成绩还行吧。 S07 我也仅知道学生体质健康测试,因为每年都要测试。要是在体育场周围多张贴一些体育政策或体质测试的宣传海报或者是图片,就更有利于大家了解相关政策,引导大家进行锻炼,大家也更能树立正确的价值观。	政策文本与宣传
S22 体测过程中,很多同学完成动作都不规范,比如引体向上,都没有完全放下来就算完成 1 个,仰卧起坐没有完全起来,手放脑后或是胸前的都有。 S29 我们在体质健康测试过程中,人很多,每次都要排很长队伍等待,有的项目需要 1 个小时以上,测试效果不好。 S37 我们体质测试时,有学生让别人替,测的成绩不是自己真实的成绩,我觉得效果一般。 S22 体育政策执行严格,肯定能促进我们进行体育锻炼,听我同学说他们学校执行的一点儿也不严格。 S11 每一年的测试有些人给人感觉在应付,很多同学也抱着无所谓的态度,甚至有替人测试的现象,管理上不够严。	政策执行与评估
S05 男生可能更喜欢剧烈的运动,比如篮球,当然女生也玩篮球,女生可能喜欢较为舒缓的、不那么激烈的项目。 S04 我是文科女生,可能平时喜欢静,不太爱运动。我们班也有女生喜欢带着跑步的,每次都能跑 10 圈。 S15 我觉得来自农村和城市的学生在运动上区别不是很大,班级上甚至来自山区的都有,也同样爱好运动,农村的有很爱运动的,城市也有不爱运动的。 S19 我要毕业,准备找工作或考研,所以锻炼时间会更少。 S23 我是工科的,平时实验特别多,再加上课程又多,根本没有时间锻炼,要不是强制要求课外锻炼打卡,真挤不出时间,每次都要到周末或者晚上 9 点多才行。	人口统计学特征

3.1.2.2　主轴编码

主轴编码是指在二级编码过程中探索和构建各范畴之间的相关联系。在编码过程中，研究人员需要深入分析每一个范畴，探析每个范畴之间的相关关系。同时，要对主范畴以及子范畴进行深入探究和逻辑分析以构建范畴之间的内在关系。本研究主轴编码过程见表 3-4。

表 3-4　主轴编码过程及结果

主范畴	子范畴	范畴关系与内涵
个体认知	锻炼知识与技能	锻炼知识与技能是个体所拥有的体育锻炼相关的知识与运动技能，是影响身体锻炼行为的个体认知因素
	体育价值观	体育价值是指支配个体主动参与体育活动的认知基础，是影响身体锻炼行为的个体认知
	锻炼自我效能	是个体对自我进行身体锻炼做出一定改变的能力信念，能对身体锻炼行为做出预测的个体心理认知
	锻炼动机	是促进和推动大学生进行身体锻炼行为的个体心理认知
学校环境	体育教师	体育教师在教学中展现的个人形象、行为及语言运用等对大学生身体锻炼技能、行为及个体体育认知影响的学校环境因素
	体育课堂	是指课堂中的教学内容及教学组织形式、方法等对个体锻炼行为等产生影响的学校环境因素
	体育场馆与设施	是影响个体进行身体锻炼行为的专业场馆、场地、设施与器材，属于学校环境因素
	课外体育	是指丰富的体育社团、课外体育及各种级别的运动比赛对大学生体育锻炼技能、行为等产生影响的学校环境因素
	运动督导与管理	是指学校相关工作人员以促进学校体育工作开展和学生身体健康为目的，用现代网络等技术和一定规章制度对体育课堂、课外体育及运动场馆设施使用等进行常态化管理，属于学校环境因素
家庭环境	父母体育态度与期望	是指父母对体育锻炼行为的价值认知、情感与行为的总和，属于家庭环境因素
	家庭经济资本	是指家庭收入对于个体锻炼行为影响的家庭环境因素
	父母榜样与行为	是指父母或家庭成员锻炼参与和行为支持对子女锻炼行为和态度产生影响的家庭环境因素
	父母受教育水平	父母受教育水平是影响个体体育锻炼行为的家庭层面因素

表 3-4(续)

主范畴	子范畴	范畴关系与内涵
社会环境	社会体育组织	社会体育组织是指独立于国家政府部门之外依法注册的体育社团、体育民办非企业单位、体育基金会或自发形成的群众体育组织等，以实现社会公众和成员利益为宗旨的非营利性社会体育团体
	社会体育文化环境	是指体育活动与社会文化相互融合形成的以运动项目为基础的社会现象总和，是影响个体参与身体锻炼行为的社会环境因素
	社会传播媒介	是指能够持续激励和影响人们对体育的态度、运动技术水平的提高，是影响个体参与身体锻炼行为的社会因素
政策效能	政策文本与宣传	是指对身体活动行为有激励和约束作用的法律法规，以及通过媒介宣传报道促进个体进行锻炼行为的政策层面因素
	政策执行与评估	体育相关政策的落实执行以及监管评估对个体锻炼行为的影响，属于政策层面因素
人口统计学特征	性别、年级、学科、生源地	可能对个体锻炼行为产生影响的社会人口学因素

(1) 个体认知范畴的形成

在对原始访谈资料进行编码过程中，发现多数受访者均表达出个体对于锻炼行为的认知是制约其进行身体锻炼的因素之一。例如，“S12 有时候锻炼后，常常会腰酸腿疼，不知该如何处理好得快，会让我不能坚持锻炼下去”“S06 正确的方法进行体育锻炼很重要，不然会适得其反，身体没锻炼好，自己还容易受伤。你看那些社会上跑步过多，由于没有把握好跑多少对自己合适，反而使自己膝关节受伤了，还有力量练习，由于没有专业指导，使自己受伤的也有很多”“S35 我以前很胖，我坚持跑步后，在体育老师指导建议下注意饮食，恢复了正常体重，养成了运动的习惯，慢慢理解运动对一个人的重要性，就如同吃饭、睡觉一样”“S23 有段时间心理压力很大，和宿舍同学相约一起运动，心里明显感觉轻松了，体能也感觉比以前好很多，体育课身体素质考试也提升了一些，运动真的可以使自己承受更多压力”“S25 我原先很胖，经过自己网上搜索锻炼的方法，坚持一学期，再配合饮食，我瘦了20多斤，体育课身体素质成绩由不及格都考到80多分了，这给我很大信心坚持锻炼”“S31即使没有人陪伴，我也会坚持锻炼”“S14要不是保研有体育课绩点要求，我才不会这样努力锻炼呢”“S40我锻炼主要是想减肥，改变自己的体型”。进一步对原始资料深入分析，个体认知主范畴可以细分为4个子范畴，分别是：锻炼知识与技能，即个体所拥有的体育锻炼相关的知识与运动技能，是个体对锻炼行为认知的知识储备，自然影响到个体对锻炼行为的认知；体育价值观，即支配个体主动参与体育活动的认知基础，是影响身体锻炼行为的基础要素；锻炼自我效能，即个体对自我进行身体锻炼做出一定改变的能力信念，能对身体锻炼行为做出预测的个体心理认知；锻炼动机，即促进和推动大学生进行身体锻炼行为的个体心理认知。在个体认知子范畴中，锻炼知识和技能、体育价值观是基础要素，个体拥有锻炼知识的正确性与认知水平很大程度上决定着个体锻炼行为范式与习惯，是形成体育价值观的基础要素，同时，二者对个体锻炼效能感和锻炼动机产生影响。提升的锻炼自我效能和正确的锻炼动机又会使个体进一步储备相关知识和形成更高层次的体育价值观，各子范畴之间相互作用。

(2) 学校环境范畴的形成

在对原始访谈资料进行编码过程中，发现多数受访者均认同学校环境会对其锻炼行为产生显著直接影响。例如，“S42老师在要求我们进行身体素质练习时，他总可以给我们标准地示范，甚至还和我们一起做，比我们同学做的个数还多，而且年龄大我们那么多，都能完成，给了我很大的锻炼动力”“S10老师的课堂风格我不喜欢，总是讲解完动作就不再说了，让我们自己练习，组织指导很少，甚至没有，导致我很难理解，最后就学不会那项技术，很有沮丧感”“S35课堂内容新鲜有趣会使我更快接受和掌握运动技术，在这个过程中就会提升对这个项目的兴趣和身体素质”“S41课堂上，老师的组织方法简单、有效，我更快掌握了喜欢的运动项目，课下就约同学一起运动”“S19说到锻炼设施，我认为足够多的锻炼场地总会让自己随时随地锻炼一会儿，若不能够抽出时间来锻炼，可以和同学边聊天边锻炼”“S31有些场馆不能完全开放，而且还收费，让我无法尝试相关项目进行锻炼”“S42学校里经常在课余时间举行的大型比赛，像比较大型的马拉松、篮球、足球、乒乓球等比赛，对我有一种触动，我觉得学校承办一些比赛，能形成更好的运动氛围，能刺激、带动更多人尝试运动”“S16班级和院系间利用周末等课余时间组织的比赛和各种趣味性的运动比赛，无形中带动了大家进行体育锻炼，容易形成一种愉快的锻炼环境和氛围”“S11 学校要求我们利用软件进行课外锻炼跑，但很多学生都是骑自行车甚至骑电车代替，没有很好地起到作用，要是管理跟得上，比如有学校监督员可能就会好些”“S09 有多次老师要求我们必须穿合适的运动鞋和服装，上课要按照要求进行练习，因为学校督导老师检查时，就看运动鞋和服装合适不，上课是不是有组织、有纪律”。进一步对原始资料深入分析，学校环境主范畴可以细分为 5 个子范畴中，分别是：体育教师，即在教学中展现个人形象、行为及语言运用等对大学生身体锻炼技能和行为产生影响的学校环境因素；体育课堂，即课堂中的教学内容及教学组织形式、方法等对个体锻炼行为等产生影响的学校环境因素；体育场馆与设施，即影响个体进行身体锻炼行为的专业场馆、场地、设施与器材，属于学校环境因素；课外体育，即指丰富的体育社团、课外活动及各种级别的运动比赛对大学生体育锻炼技能、行为等产生影响的学校环境因素；运动督导与管理，即学校相关工作人员以促进学校体育工作开展和学生身体健康为目的，以现代网络等技术手段，以一定规章制度对体育课堂、课外体育及运动场馆设施使用等进行常态化管理，属于学校环境因素。上述 5 个子范畴中，体育教师作为学校体育工作具体组织与实施者，是体育课程、课外体育的具体组织者，对个体运动知识和技能的掌握、锻炼动机、效能等个体认知均具有引导作用，学校课外体育及体育场馆设施能够为大学生身体锻炼行为提供氛围和物质保障，学校体育督导与管理对体育课堂内外、运动场地器材设施维护等工作能为大学生锻炼行为提供监督管理保障，共同构成影响身体锻炼行为的学校环境。

(3) 家庭环境范畴的形成

在对原始访谈资料进行编码过程中，发现多数受访者均认同家庭环境会对其锻炼行为产生直接影响。例如，“S15 我是农村的，爸妈体育锻炼意识一般，很少自己主动锻炼身体”“S24 在假期，我爸妈经常会要求我和他们一起出去到公园锻炼身体”“S31 我爸妈很少主动锻炼身体，可能是因为工作太忙了，但经常督促我要锻炼身体”“S02 爸妈比较规律地锻炼身体，都不胖，我现在感觉得多向他们学习”“S07 我家是农村的，家里有个乒乓球水泥台，在家里经常跟我爸打乒乓球，我现在的技术都是跟他学的”“S22 我爸妈是高中教师，本科毕业，经常督促我要多锻炼身体”“S41 我的家在农村，爸妈学历不高，经常说的就是要把学习搞好”。进一步对原始资料深入分析，家庭环境主范畴可以细分为 4 个子范畴，分别是：父母体育态度与期望，即父母对体育锻炼行为的价值认知、情感与行为的总和，属于家庭环境因素；家庭经济资本，即家庭收入是对个体锻炼行为产生影响的家庭环境因素；父母榜样行为，即父母或家庭成员锻炼参与和行为支持对子女锻炼行为和态度产生影响的家庭环境因素；父母受教育水平，即父母接受教育水平的高低对子女锻炼行为和态度产生影响的家庭环境因素。上述4个子范畴中，父母受教育水平一定程度上对其职业层次、家庭经济资本产生影响，进而对个体生活环境及事物的认知和个体行为产生影响，共同构成家庭环境。

(4) 社会环境范畴的形成

在对原始访谈资料进行编码过程中，发现多数受访者均认同社会环境会对其锻炼行为产生直接影响。例如，"S23 社会上，我作为志愿者，看到马拉松赛事参加的人越来越多，很多大学生，甚至小学生都有，他们参加那种 Mini 赛事，对意志力锻炼很有帮助，我也想试一下""S01 晚上你只要出来，在小区附近广场或空地上，能看到很多跳广场舞的大妈，我们那儿农村晚上也有一些人出来走路，边走边聊、边锻炼身体""S39 如果知名社会人士，比如科学家或明星，能够经常宣传他们进行体育锻炼的事情，对人进行身体锻炼肯定有积极引导作用，比如钟南山院士，那么大年龄，身体那么好，都是坚持锻炼的效果，无形中也会影响我们普通人"。进一步对原始资料深入分析，社会环境主范畴可以细分为3个子范畴，分别是：社会体育文化，即体育活动与社会文化相互融合形成的以运动项目为基础的社会现象总和；社会体育组织，即独立于国家政府部门之外依法注册的体育社团（包括项目及协会）、体育民办非企业单位、体育基金会或自发形成的群众体育组织（包括健身活动站点、健身团队等）等以实现社会公众和成员利益为宗旨的非营利性社会体育团体[214]；社会传播媒介是指通过现代不同媒体对体育文化、体育社团、个体锻炼效果以及专业竞赛等的报道宣传，引领人们对体育价值的认同，是锻炼知识与技巧掌握的载体。上述3个子范畴中，社会体育组织有利于社会体育文化形成，而社会传播媒介又有利于社会体育组织和社会体育文化的构建，共同构成社会体育环境。

(5) 政策效能范畴的形成

对原始访谈资料进行编码过程中，发现多数受访者均认同政策效能会对其锻炼行为产生显著的直接影响。例如，"S26 关于体育锻炼的政策，我知道学生体质健康测试，其他都不知道，因为每年我们都要进行一次，测试成绩还行吧""S07 我知道最多的就是学生体质健康测试，因为每年都要测试。要是在体育场周围多张贴一些体育政策或体质测试的宣传海报或者是图片，就更有利于大家了解相关政策，引导大家进行锻炼，大家也更能树立正确的价值观”“S22 体测过程中，很多同学完成动作都不规范，比如引体向上，都没有完全放下来就算完成 1 个，仰卧起坐没有完全起来，手放脑后或是胸前的都有”“S29 我们在体质健康测试过程中，人很多，每次都要排很长队伍等待，有的项目需要 1 个小时以上，测试效果不好”“S11 每一年的测试有些人给人感觉在应付，很多同学也抱着无所谓的态度，甚至有替人测试的现象，管理上不够严”。进一步对原始资料深入分析，政策效能主范畴可以细分为 2 个子范畴，分别是：政策文本与宣传，即对身体活动行为有激励和约束作用的法律法规，以及通过媒介宣传报道促进个体进行锻炼行为的政策效能因素；政策执行与评估，即体育相关政策的落实执行以及监管评估对个体锻炼行为影响的政策效能因素。上述 2 个子范畴中，体育相关政策文本宣传能引导和调动大学生积极参与体育活动，是促进其身心健康的基础，政策执行评估则是影响政策效能变量的核心要素，共同构成政策效能因素。

(6) 个体人口统计学范畴的形成

对原始访谈资料进行编码过程中，发现多数访谈者均认为个体属性也是影响锻炼行为的影响因素。例如，“S05 男生可能更喜欢剧烈的运动，比如篮球，当然女生玩篮球，女生可能喜欢较为舒缓的、不那么剧烈的项目”“S04 我是文科女生，可能平时喜欢静，不太爱运动。我们班也有女生喜欢带着跑步的，每次都能跑 10 圈”“S15 我觉得来自农村和城市的学生在运动上区别不是很大，班级上甚至来自山区的都有，也同样爱好运动，农村的有很爱运动的，城市也有不爱运动的”“S19 我要毕业，准备找工作或考研，所以锻炼时间会更少”“S23 我是工科的，平时实验特别多，再加上课程又多，没有时间锻炼，要不是强制要求课外锻炼打卡，真挤不出时间，每次都要到周末或者晚上 9 点多才行”。故此，把学生个体性别、年级、学科属性、生源地属性作为人口统计学特征因素。

3.1.2.3 选择性编码

选择性编码是在主轴编码基础上进行的三级编码，对选择性编码进行系统分析，旨在探寻核心范畴和深入探索核心范畴与主范畴及其他范畴之间的关系，并使它们之间建立联系。在对核心范畴进行分析过程中，要显示出核心范畴能够对其他范畴基本具有统领作用，能够与多数范畴建立关系。

本研究结合前人文献对主范畴进行选择性编码后显示出主范畴与子范畴之间的关系，见表 3-5。

表 3-5　选择性编码

<table>
<tr><th>核心范畴</th><th>主范畴</th><th>子范畴关系结构</th><th>关系结构内涵</th></tr>
<tr><td rowspan="6">身体锻炼行为长效促进机制</td><td>个体认知</td><td>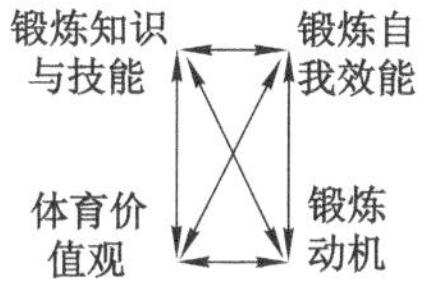</td><td>大学生个体体育锻炼知识与运动技能、体育价值观、锻炼自我效能、锻炼动机个体认知因素均会对身体锻炼行为产生影响，同时每个变量之间相互作用</td></tr>
<tr><td>学校环境</td><td>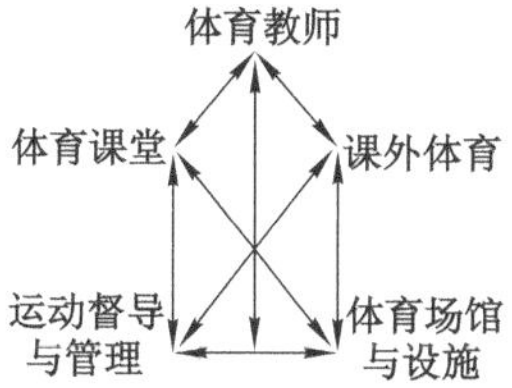</td><td>体育教师、体育课堂、课外体育、体育场馆与设施、运动督导与管理所属学校环境因素对大学生身体锻炼行为产生影响，同时每个变量之间相互作用</td></tr>
<tr><td>家庭环境</td><td></td><td>父母态度与期望、家庭经济资本、父母榜样行为、父母受教育水平相互作用，同时共同影响体育态度，组成家庭环境影响个体体育锻炼行为</td></tr>
<tr><td>社会环境</td><td></td><td>社会体育文化、社会体育组织与社会传播媒介相互作用，共同对锻炼行为产生影响</td></tr>
<tr><td>政策效能</td><td>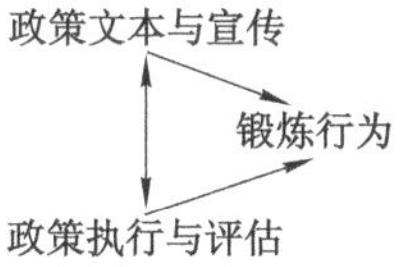</td><td>有激励、约束作用的法律法规及媒介宣传和体育相关政策的落实执行及监管评估相互作用对个体锻炼行为产生影响</td></tr>
<tr><td>人口统计学特征</td><td>性别、年级、专业属性及生源地</td><td>性别、年级、专业属性及生源地等社会人口学变量可能对个体锻炼行为产生影响</td></tr>
</table>

3.1.2.4　饱和度检验

理论饱和度检验是指无须进一步获取数据而对某一范畴特征能够进行提取，以作为停止对数据采样的标准[193]。本研究采用预先留置的 1/3 的访谈记录对理论饱和度进行检验。结果表明，模型中范畴发展与甄选已足够充分，对于大学生身体锻炼行为促进的主范畴未再产生新的范畴与关系，主范畴内部也未产生新的构成因子。故而，认为本研究所构建的大学生锻炼行为促进因素的扎根理论分析达到饱和。

3.1.3 研究变量界定

锻炼行为是个体认知与外部环境共同作用下表现出的健康躯体活动。在第2章文献评述中，我们对身体锻炼行为概念进行了界定，一般运用《身体活动等级量表》测量，以锻炼时间、锻炼频度、锻炼强度三者的乘积来表示。最高分为100分，得分≤19分为小运动量，得分在20～42分为中等运动量，得分≥43分为大运动量。大学生是具有一定特异性的群体，正如国外与国内相关学者研究揭示，大学生锻炼行为因为现代网络、电子游戏、学业负担、就业压力、生活方式改变以及社会环境的变化等原因较之前有大幅减少的现象[201]。大学生在学校期间养成的体育锻炼行为及态度直接会对毕业后体育参与行为有影响，对其进入社会坚持健康身体活动行为具有特殊意义。身体活动行为具有动态性、复杂性特点，身体锻炼行为变化过程受多层面、多类型环境因素影响，某一因素或某几个因素的干预均会对最终的行为结果产生影响[88]。故而，政策、社会、学校和家庭等多层面营造良好体育氛围，形成学生积极锻炼意识和积极体育行为的外在环境与刺激是非常必要的。显然，身体锻炼行为促进机制的实践路径设计需要以理论为先导，社会生态学理论强调了环境因素与个体因素的交互作用，此种不同水平和层面的相互作用、以环境为导向的立体化的行为促进模式，使得个体锻炼行为持续性效果更佳。故而，根据研究目的，在社会生态学视角下，对大学生身体锻炼行为促进的多层面环境因素予以归纳，同时，结合深度访谈及相关文献，本研究最终选择了大学生锻炼行为促进因素变量进行模型构建。

(1) 个体认知因素(Individual Cognitive Factors，ICF)

① 锻炼知识与技能(Exercise Knowledge and Skills，EKS)。体育知识与技能缺乏是制约大学生参与锻炼的重要因素，大学生个体所拥有的运动锻炼相关的知识与技能，能够对大学生锻炼行为产生影响。通过深度访谈结合相关文献，个体对锻炼相关知识了解和运动技能的掌握，对其锻炼行为积极参与具有影响。个体锻炼知识和运动技能的积累多来自教师课堂教学、现代媒体宣传及同伴相互传授等，同时，锻炼知识和技能的拥有对个体锻炼效能提升和锻炼动机的激发以及锻炼习惯的形成起到基础性保障作用，锻炼参与对学业、就业等形成的心理压力具有一定的缓解作用，能够促进学生对锻炼行为的正

确认知。熊明生等[202]研究指出，身体锻炼知识技能的习得会影响到个体对体育的认知以及体育锻炼的参与，锻炼知识的正确性与认知水平很大程度上决定着个体锻炼行为范式与习惯。

② 体育价值观(Sports Values，SV)。体育价值观是指支配个体主动参与体育活动的认知基础，是影响身体锻炼行为的个体认知因素，它对个体的行为具有支配性和指向性影响，被看作其他影响因素的源头，是支配人们锻炼参与的认知基础，是个体在一定环境中的动机、情感需要、自我效能和意志的综合体现[203]，即它也影响着个体锻炼效能感、锻炼动机等心理变量。随着社会不断发展，专家在体育价值观取向上虽有多种意见，但在健康、教育、社会交往价值取向上的观点是基本一致的。刘弘毅[204]研究认为，体育知识与技能是体育价值观的构成要素之一，而个体对锻炼的认知是不同运动信息的选择性输入，即对运动感知的加工处理、输出反馈与评价，与锻炼知识技能的多少密切相关。体育锻炼价值观影响着大学生个体的锻炼认知程度。体育价值观是个体从事体育活动时的基本价值倾向，直接影响着其锻炼参与度，它会随着时代发展、社会进步而不断发展，与个体所处社会环境密切相关。

③ 锻炼自我效能(Exercise Self-Efficacy，ESE)。锻炼自我效能是个体以自我发展为某种目标(保持或塑造健康形态、社会交往等)进行持续规律的身体锻炼而做出一定改变的能力信念，它是对身体锻炼行为做出预测的个体心理因素[205-206]。较高的体育锻炼自我效能可以正向预测个体锻炼满意感，为锻炼个体带来积极情绪体验[207]，而锻炼满意感和积极情绪体验是影响个体锻炼行为坚持的因素之一，因此，高锻炼自我效能会对个体锻炼行为和习惯养成产生积极影响，锻炼自我效能在社会支持与个体锻炼行为之间具有完全的中介效应，作为社会支持者角色的体育教师能够通过体育课堂的语言及组织行为促使大学生自我效能的提升，从而预测其锻炼行为的坚持。同时，锻炼效能对个体锻炼行为持续时间以及锻炼强度显著影响，并与锻炼动机呈显著相关[207]。

④ 锻炼动机(Exercise Motivation，EM)。锻炼动机是人们进行体育活动的内驱动因，对个体锻炼行为的目的、锻炼强度、锻炼频率及锻炼效果均会产生影响[208]，与锻炼效能具有密切关系，同时受个体锻炼知识与运动技能、家庭因素[209]、教师和同伴的支持及年龄、性别等人口统计学变量[210]影响。锻炼动机受个体的乐趣、能力、外貌、健康和社交等五个方面的内部及外部因素共同作用产生，我国学者陈善平等[210]据此研制了五维度锻炼动机量表。本书根据对大学生身体锻炼行为影响因素的深度访谈可知，大学生身体锻炼行

为与锻炼动机密切相关。

(2) 学校环境因素(School Environmental Factors,SEF)

① 体育教师(Physical Education Teacher,PET)。体育教师是影响大学生身体锻炼行为坚持的因素变量之一。第2章指出,体育教师是学校体育工作的具体组织与实施者,工作直接面向的群体多为学生,体育课程、课外体育、学校运动会等工作无不需要体育教师参与组织与实施。体育教师在体育课堂内外对教学内容细致的讲解、严密的组织、优美的动作示范、对学生的鼓励与支持等素养无不对学生运动技能的掌握以及锻炼行为具有积极影响和榜样引导作用[211]。

② 体育课堂(Physical Education Class,PEC)。体育课堂是学生锻炼参与获取运动技能的重要渠道,体育课学时数、课堂教学内容均会影响到学生的锻炼行为。课堂内容丰富、目标明确、教学方法适切、运动负荷安排、教学环境优美等因素对大学生正确体育价值观的培养及锻炼动机的激发乃至运动习惯的养成具有举足轻重的作用。体育课程项目设置的多样化、教学内容难度设置的合理性、课程考核难度的适切性均有利于学生运动技能水平的不断提升及运动兴趣的培养。

③ 课外体育(Extracurricular Sports,ES)。课外体育是学校体育环境和校园体育工作的重要组成部分,是利用课余时间以培养学生运动技能、促进其锻炼行为习惯养成及身心健康成长为目标的体育活动形式,是体育课堂的有益补充,包括校内及校外的各种社会体育组织等开展的各类健身锻炼活动[212]。由于大学生活与学习方式的相对自由、开放性特点,所以大学生课外体育活动也更具自主与灵活性,既有学校及个人组织的各种体育社团、单项协会、体育竞赛、体质测试等自主与强制参与的活动,也包括社会组织自主参与的各种比赛、商业表演、健身俱乐部等(如马拉松、单位商业性比赛等各种单项和团体赛事等),均视作大学生课外体育。这种形式多样的学校及社会性的课外体育活动,为大学生课外体育参与提供了良好氛围,保障了大学生运动兴趣培养、体育个性需求、体育知识技能及身体锻炼习惯的形成。

④ 体育场馆与设施(Sports Venues and Facilities,SVF)。学校体育场馆与器材设施的可及性、便捷性、安全性、优劣性及开放程度等因素直接影响到体育教师课堂教学效果、学生课堂及课外体育锻炼参与频率与热情;学校体育场馆设施与相关体育器材的高效利用是保障大学生体育锻炼积极参与和学校体育文化、浓厚运动氛围形成的物质基础,会影响到学生运动技能的掌握及锻炼行为习惯的养成。学校体育场馆及器材设施的布局合理性和多样性是学校

体育工作开展及学生身体素质提升的物质保障，是学校浓厚体育氛围形成的物质条件[213]。对身体锻炼行为的影响因素的深度访谈中，也反映出学校运动场馆及体育设施的多寡及收费等条件对大学生锻炼行为的影响。

⑤ 运动督导与管理(Sports Supervision and Management，SSM)。运动督导与管理是指学校相关工作人员以促进学校体育工作开展和学生身体健康为目的，以一定的规章制度配以现代网络技术等技术手段对体育课堂、课外体育以及运动场馆设施运行等实施督管行为的总和。学生健身行为常态化督导是保证学生课余体育参与的保证，器材设施的动态化管理是学生课堂、课外体育参与的物质保障。学校体育督导管理工作需要专业人员利用现代多媒体技术根据已有的规章制度对体育课堂内外工作，开展细致翔实的督导与管理工作，有利于学生健身行为的坚持及体质健康的提升[214]。根据深度访谈也发现，利用现代多媒体、网络技术对学校体育环境的常态化、动态化的督导与管理，有利于大学生运动习惯养成及身体素质的提升。

(3) 家庭环境因素(Family Environmental Factors，FEF)

① 父母态度与期望(Parents Attitude and Expectation，PAE)。父母态度与期望是指家庭主要成员中父母亲对体育锻炼行为所持的态度及行为倾向，它直接影响到子女对体育锻炼行为的态度。父母对青少年从情感上及心理上给予理解与支持能够对其身体锻炼意识及锻炼行为习惯的养成产生影响[215]，家长对子女体育锻炼行为的支持通过自身的认知因素作用于子女的锻炼行为，从而影响其体质健康[216]。研究指出，与大学生个体生活交集较多、沟通顺畅的家庭成员持有正确的体育认知，自己会更多参与锻炼，形成规律健康习惯，有助于引导大学生建立积极的生活观和健康观，从而形成良好的身体锻炼习惯。在深度访谈中，部分学生反映父母希望子女关注学习，只要学习好、不生病就行，从而导致子女极少主动锻炼身体和制订较为合理的锻炼计划。因此，本研究选择父母对体育的态度与期望因素作为衡量大学生锻炼行为的家庭环境影响变量。

② 家庭经济资本(Family Economic Capital，FEC)。家庭经济资本是指家庭的经济收入水平，是影响青少年教育投入的重要因素。王富百慧等[215]研究指出，家庭经济资本会对个体的体育态度及生活方式产生影响，进而影响其锻炼行为。研究显示，家庭经济水平的日益提高会使家庭成员的健康价值观发生改变，使其生活方式更加健康，通过购买相关书籍、体育器材和参与健身行为等营造家庭体育锻炼氛围，身体健康投资和锻炼意识增强，进而影响子女锻炼行为及生活方式。家庭压力模型显示，高收入家庭父母参与子女教育

的时间和物质投入会较大，更多地陪伴子女锻炼和为子女提供更多及更高质量健身器材和健身服务，而低收入家庭迫于收支平衡不得不高强度劳动和限制非迫切性需要开支。经济学投资理论认为，高收入家庭更可能对青少年身体健康发展、学习资源等高投入[217]。

③ 父母榜样行为(Family Example Behavior，FEB)。父母或家庭成员的锻炼参与和行为支持，会影响到子女对锻炼的行为和态度，最终影响其体质健康。教育经济学指出，学生个体的获得或所取得的成就与父母行为、经济、时间等教育行为投入具有相关性[218]。父母的锻炼参与榜样行为，对子女的锻炼行为产生了持久影响。研究指出，规律性身体锻炼行为的家庭成员生活方式，会对子女的生活方式产生影响，使其认识到锻炼是生活的重要组成部分，从而建立起正确的锻炼行为习惯。因此，本研究选择父母榜样行为作为衡量大学生锻炼行为的家庭环境影响变量。

④ 父母受教育水平(Educational Level of Parents，ELP)。个体受教育水平一定程度上会决定着人们的职业层次，一般而言，职业又会对多数人的经济收入水平产生影响，同时，职业也是个体重要的生活环境，对人们生活中的各种行为产生直接或间接的影响。受教育水平会影响着个体对事物的认知，受教育水平越高的父母对体育锻炼的功能和价值认知越深入、客观，在潜移默化中影响子女对体育的认知。研究显示，父母学历、文化水平越高，对子女的期望要求越全面，更加重视其健康体魄，督促其养成健康行为[219]。在深度访谈中发现，文化水平较高的父母对子女的身体锻炼要求、支持行为也较高。因此，本研究选取父母学历层次作为父母受教育水平对子女身体锻炼行为产生影响的家庭环境变量。

(4) 社会环境因素(Social Environmental Factors，SEF)

① 社会体育文化(Social Sports Culture，SSP)。社会体育文化是体育活动与社会文化相互融合形成的以运动项目为基础的社会现象总和[220]。社会上通过现代网络、报纸、手机等媒体对体育价值意义、优秀体育人物、不同项目赛事等进行广泛宣传，形成积极的社会体育文化氛围，促进社会大众强健体魄、陶冶情操，对人们形成正确的体育价值观和综合素养均有潜移默化的影响。高校是培养社会精英人才的重要场所，它可以通过校园体育文化制度建设、相关体育设施的完善、优秀体育人物宣传等提升大学生体育文化素养，促进其体育意识和正确体育价值观的形成。在深度访谈中，反映出浓厚的社会体育文化氛围有助于大学生正确体育价值观及身体锻炼行为习惯的形成与保持。因此，本书选择社会体育文化作为锻炼行为促进机制的大学生身体锻炼

行为的社会环境影响变量。

② 社会体育组织(Social Sports Organizations,SSO)。社会体育组织是指独立于国家政府部门之外依法注册的体育社团(包括单个项目及协会)、体育民办非企业单位、体育基金会或自发形成的群众体育组织(包括健身活动站点、健身团队等)等以实现社会公众和成员利益为宗旨的非营利性社会体育团体[221],它包括官方性质和民间性质两种类型。大学生可以利用课外时间参与到社会体育组织及学校的体育社团及单项体育协会等开展的活动中,以提高体质健康。大学生体育活动促进需要国家政府相关部门的政策制定及其引导与推进,形成学校及社会团体组织联动,产生大学生身体锻炼行为促进的组织机制[222]。社会上及学校的“夜跑团”“马拉松长跑团”“登山协会”“自行车协会”等单项协会和组织等通过活动开展和宣传,吸引大学生参与其中,进而提升其身心健康。可见,多元的社会体育组织有利于大学生身体锻炼行为的保持。因此,本研究把社会体育组织作为促进大学生锻炼行为的社会环境因素变量。

③ 社会传播媒介(Social Transmission Medium,STM)。现代社会媒介能够对社会大众的体育态度及运动技术水平提高及锻炼行为保持产生持续激励和影响。大众传播媒介特别是传播速度快、覆盖面广的现代网络电子媒介(如QQ、微信、各种视频App等)极大地吸引着人们的注意力。通过现代媒介的宣传对大众正确体育价值观建设具有促进作用,通过新闻媒体报道、体育知识科普讲座及竞赛欣赏等不同路径获取的体育知识,有助于人们深刻理解体育内涵,为体育参与及身体锻炼行为保持建立理论知识基础。通过现代媒介的运用和影响,可以增进大学生运动基础理论知识和技能,了解体育相关条例要求,增加其锻炼主动性,进而形成运动习惯的保持。因此,本研究选择社会传播媒介作为促进大学锻炼行为的社会环境变量。

(5) 体育政策效能因素(Policy Effectiveness Factors,PEF)

① 体育政策文本与宣传(Policy Text and Publicity,PTP)。体育锻炼行为相关的法规政策是国家或地方政府部门为保证体育秩序的正常运转,对个体身体活动行为有激励和约束作用的法律、条例及相关行为规范的文本。它影响着人们的身体活动行为,有助于大学生良好体育动机的形成,引导和调动学生积极参与体育活动,是促进大众身心健康的基础。如《中共中央 国务院关于加强青少年体育增强青少年体质的意见》《国务院办公厅关于强化学校体育促进学生身心健康全面发展的意见》《“健康中国2030”规划纲要》《国家学生体质健康标准》等,这些锻炼行为相关的法规文本宣传对大学生锻炼行为相

关场地器材完善、体育教学活动开展、大学校园锻炼及社会体育氛围提升均有促进作用[223]。通过前文的深度访谈可知，大学生对于政策文本的了解程度较低，因此，本研究以大学生对锻炼行为的政策知晓度作为政策文本宣传的效果来考查体育政策效能变量。

② 体育政策执行与评估(Policy Implementation and Evaluation，PIE)。政策执行与评估是影响政策效能变量的核心要素。政策的效能基于实践检验(执行)，是实现政策目标的途径，而实践检验(执行)过程需要制度评估的跟进与完善，能够促使政策的执行，保障体育政策效能发挥至最大限度，以全方位提高大学生锻炼参与度[224]。王阳等[225]认为，体育政策执行与评估以及协商机制有利于政策执行实体组织工作的效果凸显，有利于社会大众对学校体育、社会体育等领域的价值认同，形成政策执行的效益最大化。本书将政策执行与评估纳入政策效能变量，用以判断学校体育等相关政策、条例落实情况对大学生锻炼行为的影响。故而，本研究用政策执行与评估对政策效能变量进行衡量。

(6) 人口统计学特征(Demographic Characteristics，DC)

本研究从个体认知、学校环境因素、家庭环境因素、社会环境因素及政策效能因素多层面剖析影响大学生的身体锻炼行为，因此，在考虑影响大学生个体锻炼行为的个体属性变量时，不仅把性别、年级、学科属性(文科、理工科)作为个体的人口统计学变量，而且将大学生生源地(城市、农村)也纳入变量考虑范围。

3.2 长效促进机制理论模型构建与假设

3.2.1 长效促进机制理论模型构建

基于访谈及前文分析，本研究对影响大学生锻炼行为长效促进机制的核心要素的相互关系进行了剖析。具体促进因素分别是：个体认知因素、学校环境因素、家庭环境因素、社会环境因素、政策效能因素以及个体人口学特征因素。本研究基于前文分析构建了大学生身体锻炼行为长效促进机制的社会生态学理论模型，具体如图 3-2 所示。

3.2.2 长效促进机制理论模型阐释

在大学生身体锻炼行为长效促进机制核心范畴下，大学生个体认知、学校

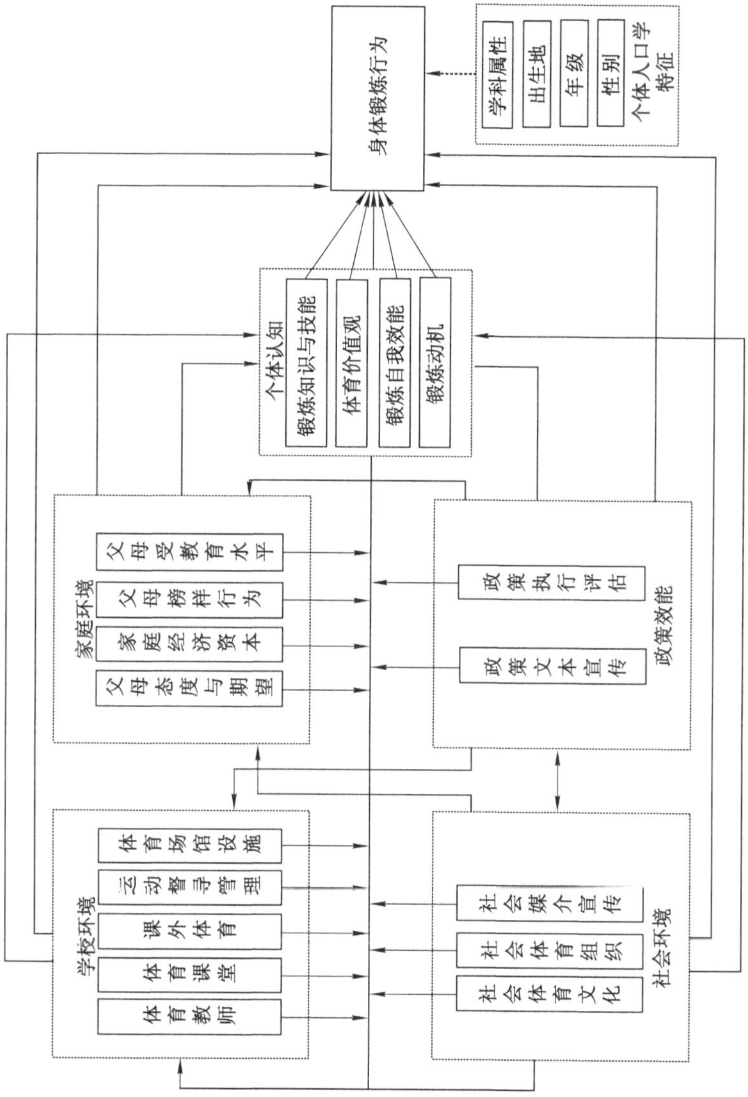

图3-2　大学生锻炼行为长效促进机制的社会生态学理论模型

环境、家庭环境、社会环境、政策效能以及个体人口学特征等六个主范畴是影响身体锻炼行为的主要因素，但每个范畴与范畴间相互作用对锻炼行为的影响机制有一定差异，具体如下：

(1) 个体认知与锻炼行为

个体认知是指个人与其所处环境相互作用过程中，个人对客观事物的态度和信息的加工行为。本研究的个体认知是指个体从周围环境所获得的体育相关信息对锻炼行为的态度和行为倾向，包括个体拥有的体育锻炼相关知识与技能、体育价值观、锻炼自我效能与锻炼动机四个方面。通过深度访谈结合相关文献可知，锻炼知识和运动技能的积累多来自体育教师、体育课堂、同伴传授、社会传播媒体等，同时，锻炼知识和技能对个体锻炼效能和锻炼动机的激发以及锻炼习惯的形成有促进作用，是构成锻炼价值观的重要组成部分。锻炼自我效能和锻炼动机是能对身体锻炼行为做出预测的个体心理因素[206]。高锻炼自我效能能够正向预测个体锻炼满意感，为锻炼个体带来积极情绪体验，而锻炼满意感和积极情绪体验是影响个体锻炼行为坚持的因素之一，因此，高锻炼自我效能影响个体锻炼行为和锻炼习惯的养成。锻炼动机在影响个体锻炼行为的目的、锻炼强度、锻炼频率及锻炼效果的同时[208]，与锻炼效能具有密切关系，它也受个体锻炼知识与运动技能、家庭因素、教师和同伴的支持及年龄、性别等人口统计学变量的影响。故而，个体认知会受到来自家庭、学校、社会环境的影响，个体作为社会生态系统的基本单位，个体认知在直接作用于锻炼行为的同时，社会生态系统中其他层面因素亦能够通过个体认知作用于其锻炼行为。

(2) 学校环境与锻炼行为

学校环境包括体育教师、体育课堂、课外体育、学校体育场馆与设施以及运动督导与管理五个方面。作为学校体育工作具体组织与实施者的体育教师，在体育课程、课外体育组织时，直接面向学生，在体育课堂内外对体育锻炼技能细致讲解、严密组织、优美示范，以及器材设施的合理运用等方面无不对学生运动技能掌握、锻炼行为激发与保持具有榜样引导作用。学校课外体育及体育场馆设施能够为大学生身体锻炼提供浓厚的运动氛围和物质基础。学校运动督导与管理机构或管理人员对体育课堂内外、运动场地器材设施的维护与动态化管理等工作对大学生锻炼行为提供学校体育运行监管保障。学校环境作为社会生态系统的中间系统，学校环境内部五因素直接作用于锻炼行为的同时，也与其他系统环境相互作用，共同影响个体锻炼行为[177]。

(3) 家庭环境与锻炼行为

家庭环境包括父母态度与期望、家庭经济资本、父母榜样行为及受教育水平四个方面。父母亲受教育水平决定着其职业层次，进而对其家庭经济资本产生影响，对个体生活环境产生影响的同时，也影响着其对事物的认知，文化水平越高的父母亲对体育锻炼的功能和价值认知越客观，在潜移默化中影响着子女对体育的认知。研究显示，父母学历、文化水平越高，收入越高，对健康投入相应也会更多，对子女的榜样作用也越强，同时，对子女的期望要求越全面，更加重视其健康体魄，督促其养成健康行为[219]。个体观念的形成均需要较长时间的积淀，大学生身体锻炼自觉行为受到家庭教育、个体成长经历等外在因素及内在因素相互作用而成[206]。家庭环境中，父母受教育水平、家庭经济资本、父母体育认知以及榜样行为相互影响，共同作用于个体，影响着其身体锻炼行为习惯的养成。家庭环境作为社会生态系统的重要组成单位，在作用于个体锻炼行为过程中，与生态系统其他层面因素相互影响，共同作用于个体锻炼行为[21]。

(4) 社会环境与锻炼行为

社会环境包括社会体育文化环境、社会体育组织及社会传播媒介。多元的社会体育组织开展的丰富多彩的体育活动，有利于社会体育文化氛围的形成；现代网络媒介对体育价值、社会体育组织、优秀体育人物、不同项目赛事等进行宣传，形成的社会体育文化氛围，能够促进社会大众及大学生进行身体锻炼，陶冶其运动情操，对高校大学生正确体育价值观形成和综合素养的提升有着潜移默化的影响。社会环境作为社会生态学理论的宏观系统，在与其他系统环境相互作用的同时，能够直接影响着大学生的锻炼行为[16,21]。

(5) 政策效能与锻炼行为

政策效能包括体育政策文本宣传与政策执行评估两个方面的内容。《国家学生体质健康标准》等锻炼行为相关的法规文本宣传普及程度对大学生锻炼行为场地器材完善、体育教学活动开展、校园锻炼氛围提升均有促进作用[223]。体育相关政策文本的宣传能引导和调动大学生积极参与体育活动，是促进其身心健康的基础。政策执行评估则是影响政策效能变量的核心要素。体育政策效能基于政策执行，执行过程需要制度评估的跟进与完善，以促使政策落实，保障体育政策效能发挥至最大限度，有利于社会大众对学校体育、社会体育等领域的价值认同，与社会环境、学校环境、家庭环境相互作用，共同影响着个体锻炼行为，全方位提高大学生锻炼的参与度[224-225]。

(6) 个体人口学特征与锻炼行为

个体人口学特征是影响锻炼行为的社会因素，包括性别、年级、学科（文科、理工科)、生源地(城市、农村)四个方面。通过深度访谈,男生更多展示为强度性运动行为,女生多表现为较为持久、相对强度不大的运动行为,不同年级和学科因为学习强度不同,一定程度上会对锻炼行为产生影响,不同生源地大学生可能表现出不同的运动行为。

3.2.3 研究假设提出

根据质性研究构建的身体锻炼行为长效促进机制理论模型及模型机制阐释,结合深度访谈,本研究提出七组大学生身体锻炼行为长效促进机制的路径关系假设:个体认知因素与大学生身体锻炼行为关系假设,学校环境因素与大学生身体锻炼行为的关系假设,家庭环境因素与大学生身体锻炼行为的关系假设,社会环境因素与大学生身体锻炼行为的关系假设,政策效能因素与大学生身体锻炼行为的关系假设,人口学特征因素与大学生身体锻炼行为的关系假设,以及不同层面因素在作用于大学生锻炼行为时具有多重中介效应和链式效应的假设。

(1) 个体认知与大学生身体锻炼行为的关系假设

根据现有文献及深度访谈,大学生身体锻炼行为知识与技能储备、体育价值观、锻炼效能感以及锻炼动机构成大学生锻炼行为的个体认知层面因素。大学生拥有的身体锻炼行为方式、时间、频度以及强度等方面的知识越多,其锻炼兴趣越浓厚,锻炼行为越容易保持[226]。体育价值观是在一定环境中个体拥有相关知识与技能以及行为实践下的行为倾向综合体现。人们在体育价值观影响下改变着其锻炼行为参与度,多元化的体育价值观是大学生体育活动参与的基础[201]。锻炼自我效能对锻炼行为存在直接和间接的作用[206],锻炼动机与锻炼效能密切相关,是影响个体锻炼行为的内驱动因。结合质性访谈,提出以下假设:

H1:个体认知对大学生身体锻炼行为存在显著影响。

H1a:锻炼知识与技能显著正向影响大学生身体锻炼行为。

H1b:体育价值观显著正向影响大学生身体锻炼行为。

H1c:锻炼效能显著正向影响大学生身体锻炼行为。

H1d:锻炼动机显著正向影响大学生锻炼行为。

(2) 学校环境与大学生身体锻炼行为的关系假设

根据现有文献,结合深度访谈,学校环境是影响学生身体锻炼行为最为重要的因素,包括体育教师、体育课堂、课外体育、体育场馆与设施以及运动督导与管理五个方面的内容。体育教师意味着体育课堂及课外体育组织的有效性，运动督导与管理使体育教师、体育课堂、校外体育及体育场馆设施的各环节作用效益最大化，学校环境五个变量之间相互作用、相互影响，形成学校体育环境。因此，本研究提出以下假设：

H2：学校环境因素对大学生身体锻炼行为存在显著影响。

H2a：体育教师显著影响大学生身体锻炼行为。

H2b：体育课堂显著影响大学生身体锻炼行为。

H2c：课外体育显著影响大学生身体锻炼行为。

H2d：体育场馆与设施显著影响大学生身体锻炼行为。

H2e：运动督导与管理显著影响大学身体锻炼行为。

(3) 家庭环境与大学生身体锻炼行为的关系假设

个体内因及外在环境交互作用的反复刺激使身体锻炼行为固化为行为习惯。国内外大量文献指出，家庭环境是个体锻炼行为的社会基础，包括父母体育认知、家庭经济资本、父母榜样行为及受教育水平四个方面。家庭经济资本受父母受教育层次影响，家庭体育支持及家庭体育氛围会伴随着家庭收入的增加而逐渐增加；受教育层次越高，对锻炼行为的功能和价值认知越客观、全面，家庭生活中锻炼需求越高，健康投入更多，同时，对子女的期望越全面，子女在潜移默化中模仿其父母的言行，建构锻炼意识，形成子女自己对体育的认知[219]。因此，本研究提出以下假设：

H3：家庭环境因素对大学生身体锻炼行为存在显著影响。

H3a：父母态度与期望显著影响大学生身体锻炼行为。

H3b：家庭经济资本显著影响大学生身体锻炼行为。

H3c：父母榜样行为显著影响大学生身体锻炼行为。

H3d：父母受教育水平显著影响大学生身体锻炼行为。

(4) 社会环境与大学生身体锻炼行为的关系假设

与个体认知、家庭环境、学校环境一样，社会环境同样被认为对个体锻炼行为产生影响[88]，前人文献从不同的侧面对社会体育环境所包含的内容进行归类。本研究从社会体育文化环境、社会体育组织及社会媒介宣传进行分类研究。社会环境中各种社会体育组织开展的体育活动，现代媒介对体育价值、优秀体育人物、不同项目赛事的宣传，有利于社会体育文化环境和社会体育文化氛围的形成，从而促进社会大众及大学生强健体魄、陶冶情操，对高校大学生正确体育价值观形成和综合素养的提升有着潜移默化的影响，从而有利于大学生身体锻炼行为的保持。因此，结合访谈，本研究提出以下假设：

H4：社会环境因素对大学生身体锻炼行为存在显著影响。

H4a:社会体育文化显著影响大学生身体锻炼行为。

H4b:社会体育组织显著影响大学生身体锻炼行为。

H4c:社会体育媒介宣传显著影响大学生身体锻炼行为。

(5) 政策效能与大学生身体锻炼行为的关系假设

政策效能包括体育政策文本宣传与政策执行评估两个方面的内容。"个体运动行为是体育政策效能的具象化表现"①,《学校体育工作条例》《国家学生体质健康标准》等体育相关的法规、条例文本宣传有利于社会体育环境规范化及大学生锻炼行为场地器材完善、体育教学活动开展、校园锻炼氛围提升,对引导和调动大学生积极参与体育活动具有重要的促进作用,是身心健康促进的法规基础[223];而政策执行评估则是影响政策效能变量的核心要素,能体现体育政策效能和目标的落实,有利于社会大众对学校体育、社会体育等领域的价值认同[223],有助于大学生正确锻炼动机的形成,以全方位提高大学生锻炼参与度[224-225],凸显政策效益。因此,本研究提出以下假设:

H5:体育政策效能因素对大学生身体锻炼行为存在显著影响。

H5a:体育政策文本宣传显著影响大学生身体锻炼行为。

H5b:体育政策执行与评估显著影响大学生身体锻炼行为。

(6) 个体人口学特征与大学生身体锻炼行为的关系假设

综合文献和质性研究,本书对大学生社会人口统计学变量可能对身体锻炼行为产生影响的个人特征因素进行统计分析,包括大学生性别、年级、学科属性(文科、理工科)、生源地(城市、农村)。本研究提出假设如下:

H6:个体人口学特征各维度对大学生锻炼行为存在显著影响。

H6a:大学生性别差异显著影响身体锻炼行为。

H6b:大学生年级差异显著影响身体锻炼行为。

H6c:大学生学科属性显著影响身体锻炼行为。

H6d:大学生生源地属性显著影响身体锻炼行为。

(7) 不同层面因素中介效应假设

个体的身体活动行为受到来自与之交互作用的环境直接或间接作用。社会支持等环境通过个体认知影响着体育锻炼行为[216],学校及家庭环境也需要通过个体认知作用于个体行为。社会生态学理论指出,不同系统因素之间交互作用,对微观个体系统健康行为产生影响[185]。作为生态系统的组成要

① 阎光才.政策情境、组织行动逻辑与个人行为选择:四十年来项目制的政策效应与高校组织变迁[J].高等教育研究,2019,40(7):33-45.

素，社会环境、政策等宏观系统在作用于个体行为的同时，也能通过学校、家庭等中间系统作用于个体行为[216]。因此，结合访谈，特提出以下中介效应假设：

H7：个体认知在其他生态系统因素作用于锻炼行为时具有中介效应，学校环境和家庭环境在宏观系统环境作用于锻炼行为时具有链式中介效应。

H7a：个体认知在学校环境、家庭环境、社会环境、政策效能作用于锻炼行为时具有中介效应。

H7b：政策效能依次通过学校环境、个体认知作用于锻炼行为。

H7c：政策效能依次通过家庭环境、个体认知作用于锻炼行为。

H7d：社会环境依次通过学校环境、个体认知作用于锻炼行为。

H7e：社会环境依次通过家庭环境、个体认知作用于锻炼行为。

3.3　本章小结

根据研究目标和内容，本章运用扎根理论分析对大学生身体锻炼行为的影响因素进行了质性研究。首先，介绍质性研究的资料收集和分析的基本方法，基于扎根理论对大学生身体锻炼行为长效促进机制进行了深入分析，主要包括开放式编码、主轴编码以及选择性编码过程，提炼出大学生身体锻炼行为长效促进机制的主要因素，并对其结构关系进行解析；然后，依据解析结果，初步构建了大学生身体锻炼行为长效促进机制理论模型，并提出研究假设。

第4章　大学生身体锻炼行为长效促进机制理论模型实证研究设计

问卷调查法是社会科学领域进行实证研究应用较为广泛的定量研究方法，该方法以合理设计的问卷为测量工具，被试者通过问卷回答相关问题，进而收集相关数据和资料，对数据资料采用一定的方法进行统计分析，以验证相关研究假设，最终取得研究成果和结论。从前文对相关文献梳理发现，问卷调查方法是教育及体育行为等领域研究较为广泛的方法，该方法适用领域宽泛，对个人或社会组织等均可进行具体描述，同时对研究对象的影响变量及其之间的关系进行统计和分析；调查过程易于实施与管理，在现代网络媒介作用下，易于控制，数据收集快速、经济、便捷，取值编码较为简单；不同变量、维度间关系的确定较为容易；在问卷设计规范、质量达到要求的情况下，抽样样本及所获取的数据若满足要求，那么所获取的数据质量就较为可靠，进而通过相关软件分析的结果就可靠，能够代表研究总体[227]。

量表是问卷的一种，是经过标准化的测量工具，需要以一定的理论架构为基础，就某一主题进行编制，且不同内容须与主题具有相关性。一般而言，量表需要经过初测以及正式测试等严格而规范的编制环节与过程，并进行项目分析、因子分析、信效度检验等而形成，最终需要以问卷的形式进行数据的收集，通常可以把经过一定标准化程序处理的问卷称为量表。

根据前文对大学生锻炼行为长效促进机制的因素分析，问卷调查方法对其研究具有较高的适用性，故而本研究运用问卷调查法收集相关数据。问卷调查法的基础环节在于问卷或量表的设计和研发，高质量的问卷量表设计及科学合理地发放、收集、统计分析是保证研究结果客观、有效的基础，一定程度上决定了相关研究效度。本研究严格按照量表的设计原则和程序进行问卷设计。

4.1　问卷设计与修订

4.1.1　问卷设计的步骤、原则及评价

(1) 设计步骤

本研究参照奥费曼等使用的方法，并遵循量表设计的一般程序(图 4-1)[200]，确保测量指标与所属变量间的一致性。首先根据研究目标，在文献查阅和深入访谈基础上，针对影响大学生身体锻炼行为的具体变量，设计相应测量指标，形成初测问卷，为确保问卷的效度，采用 QQ、微信小样本预调查，然后根据预调查数据，检验初始问卷的信、效度，遵循专家建议，结合文献研究，对未满足要求的题项予以修改和删除，形成最终正式的研究问卷。

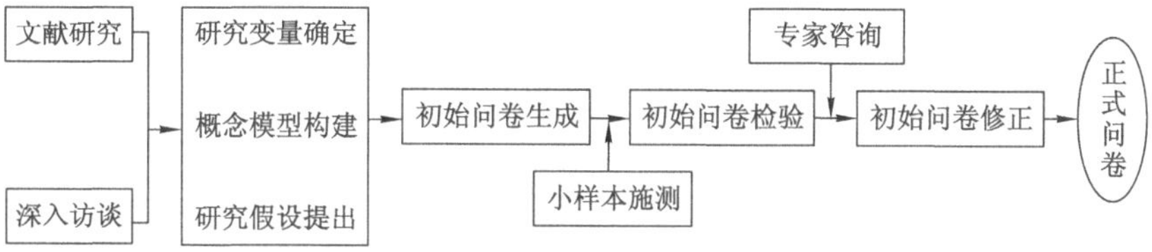

图 4-1　研究问卷修订形成过程

(2) 设计原则

问卷设计是以有效信息的最终获取为目标，因此，需要在问卷首页针对问卷填写给予清晰说明；问卷条目语言表达应通俗易懂；问卷结构设计应清晰明了，条目顺序可以根据具体需要进行安排，以调查结果的有效性为原则；问卷内容设计应力求题项同质性和相关性，尽可能使用封闭式问题，合理使用反向题，以最大可能降低反馈偏差，增加问卷效力；问卷长度设计，应力求被试者较小的工作量和高反馈率；Likert(李克特)量表点数设计以可靠性较高的 5 点量表法为本问卷研发的评分方式[227]。

(3) 问卷评价

① 问卷建构。一般而言，如果是基于成熟理论基础的现有量表，只需要进行验证性因子分析即可，如果是新问卷或基于原有量表或问卷的修订，均需要进行探索性因子分析。本研究选取的 CFA 拟合指数标准见表 4-1。

表 4-1 CFA 拟合指数标准

指数名称		评价标准
绝对拟合指数	x^2	越小越好
	x^2/df	小于 5,模型拟合尚可;小于 3,模型拟合理想
	GFI	大于 0.80,模型拟合尚可;大于 0.90 最佳,越接近 1 越好
	RMR	小于 0.05,越小越好;0.05～0.08 之间,模型拟合尚可
	RMSEA	小于 0.05,越小越好;0.05～0.08 之间,模型拟合尚可
相对拟合指数	NFI	大于 0.80,尚可;大于 0.90,越接近 1 越好
	TLI	大于 0.80,尚可;大于 0.90,越接近 1 越好
	CFI	大于 0.80,尚可;大于 0.90,越接近 1 越好

② KMO 检验及 Bartlett 球形检验。进行 EFA 之前,需要先进行 KMO 及 Bartlett 检验,当 KMO 值>0.5 时,可进行因子分析。在进行因子分析适合性检验后,再通过主成分分析以及最大变异法提取公因子,因子载荷 λ 大于 0.71 是优秀,可以解释观察变量 50%的变异量;因子载荷 λ 大于 0.63 是很好,可以解释观察变量 40%的变异量;因子载荷 λ 大于 0.55 是良好,可以解释观察变量 30%的变异量;因子载荷 λ 大于 0.45 被认为尚可接受,可以解释观察变量 20%的变异量;因子载荷 λ 低于 0.45 为较差,仅能解释观察变量 10%的变异量。一般而言,把 λ 低于 0.45 的题项予以删除,以提高整个因素的一致性[32]。进行 CFA 时,其拟合指标包括绝对拟合指标、相对拟合指标信息指数等。本研究根据易丹辉等[33]研究推荐,选取 7 个指标,具体见表 4-1。

③ 信度检验。信度,即可靠性,是指测量结果的一致性或稳定性程度,反映测量题项之间的关系,考察各题项是否测量了相同的内容,是保障研究结果科学性的前提。可以通过对同一受试群体以相同测量工具在不同时间点的重复测量,计算其结果可靠系数 Cronbach's α 值的大小,若问卷设计合理,其结果应具有一致性或高度相关,相关系数值 0.75 以上即可[33]。由于本研究不具备人群重测的空间和时间可能性,所以采用较为通用的内部一致性信度检验法,即测量各题项间的一致性,Item-to-total(每个题项与总体)相关系数以及每个因子 α 值进行评价。一般而言,Item-to-total 相关系数应大于 0.3,α 值应大于 0.6。

④ 效度检验。效度,即有效性,是指测量工具能够正确测量出所要测量问题或研究内容的程度,是反映测量结果的有效性和正确性问题。通常以内容效度、结构效度、聚合和区别效度评价指标进行评价。内容效度是指测量目标与测量内容的适切性,本书采用统计分析结合专家评估的方法进行评估。

结构效度是指测量工具的内容能够衡量抽象概念的能力，本书通过构建理论模型，以验证性因子分析模型拟合程度判定正式问卷结构效度。聚合与区别效度是对问卷不同维度间关联性强弱程度的判定。衡量聚合和区别效度常用问卷每个维度之间的相关系数与各维度的 Cronbach's α 值比较进行评价[33]。

4.1.2　问卷初始题项生成与修正

本书研究大学生身体锻炼行为长效促进机制问卷初始题项生成来源于以下两个方面：第一，在借鉴国内外有关大学生体育行为研究相关量表基础上，获取大学生身体锻炼行为研究变量及概念表述，对问卷测量条目进行整理，结合本书质性分析大学生身体锻炼行为长效促进机制的影响因素相关结果，根据大学生身体锻炼行为现实状况，对问卷进行改进与修订；第二，根据研究相关变量概念界定，对其进行操作化定义，同时结合扎根理论分析大学生锻炼影响因素及相关研究专家意见，对研究问卷进行开发设计。

运用结构方程对多变量模型进行检验时，过多的测量条目会对模型的拟合效度产生影响[32]，因此本研究尽可能缩减变量条目，减少测量误差。初始题项拟定生成后，邀请 5 名相关领域研究专家就问卷中变量的选择、概念化界定、操作化定义及具体题项设置的合理性进行讨论；邀请 7 位大学生就问卷初始题项的语言表述以及题项设计与日常身体锻炼行为是否相符进行修正，从而完成大学生身体锻炼行为长效促进机制的初始问卷，问卷具体题项见附录 2。同时，由于本研究的调查问卷均是通过改编相关问卷及自编题项的方式设计而成，相关题项的信度、效度等指标需要按照量表设计要求进行统计学检验，因此，本研究将通过项目分析、信效度分析、因子分析等方法验证初步设计问卷各题项的合理性。本研究利用项目分析法检验问卷题项的适切程度，将分析结果作为不当题项筛修的依据。初始问卷构成见表 4-2。

表 4-2　问卷初始题项构成

研究变量	维度或因素	对应题项	参考出处
大学生个体属性家庭基本情况	性别	Q1	Mao 等[228]，丁小燕等[229]，褚昕宇等[230]，张庆义等[231]，周伟等[232]，程维峰[233]，谷兰凌等[234]，王富百慧等[215,219]，邓小平等[217]
	年级	Q2	
	学科	Q3	
	生源地	Q4	
	父母学历	Q5	
	家庭收入	Q6	

表4-2(续)

研究变量	维度或因素	对应题项	参考出处
身体锻炼行为	强度、频度、时间	Q7～Q9	梁德清[47],朱秀清[235]
个体认知因素	锻炼知识与技能	Q10～Q13	熊明生等[202],陈英杰等[236],李俊等[203],陈开梅等[65],黄美蓉等[226],张中江等[237]
	体育价值观	Q14～Q16	
	锻炼效能感	Q17～Q20	
	锻炼动机	Q21～Q26	
学校环境因素	体育教师	Q27～Q29	张蓉[238],Victoria[211],朱婷婷等[239],赵霞等[240],陶成武等[212],郝海亭等[241],田霆[214],张蓉[238],赵霞等[240]
	体育课堂	Q30～Q32	
	课外体育	Q33～Q35	
	体育场馆与设施	Q36～Q38	
	运动督导与管理	Q39～Q41	
家庭环境因素	父母认知期望	Q42～Q44	王富百慧等[215],邓小平等[217],李佳丽等[218]
	家庭经济资本	Q45～Q47	
	父母榜样行为	Q48～Q51	
	父母受教育水平	Q52～Q54	
社会环境因素	社会体育文化	Q55～Q58	李爱群等[220],杨文刚等[221],付志华[242],陈莉等[243]
	社会体育组织	Q59～Q61	
	社会传播媒介	Q62～Q64	
政策效能因素	政策文本宣传	Q65～Q67	崔菱麟[223],毛浓选[224]
	政策执行与评估	Q68～Q71	

下面是对本研究问卷题项的具体设置。

(1) 大学生个体人口统计学特征及身体锻炼行为题项

本研究问卷调查的第一部分是对大学生个体人口统计学特征以及锻炼行为的调查。本研究借鉴国内外体质健康行为相关研究,结合本书研究目标,对个体人口统计学特征及身体锻炼行为设计具体题项。个体人口统计学特征包括：性别①男，②女；年级①一年级，②二年级，③三年级，④四年级；学科①文科，②理工科；生源地①城镇，②农村。

本研究根据研究目标需求选用以梁德清修订的 3 题项《体育活动等级量表》作为锻炼行为的测量工具，为更准确地测定锻炼行为，对锻炼持续时间题项的计分方式(Physical Activity Rating Scale-3，PARS)予以调整，分别测量锻炼强度、频度与持续时间，即：锻炼行为量＝锻炼强度×锻炼频度×(锻炼时间－1)。该量表锻炼频度与强度的计分是从 1 到 5，共 5 个等级计分；锻炼持续时间从 1 到 5，共 5 个等级计分，分别计作 0～4 分。得分最高与最低分值分别为 100 分和 0 分。锻炼行为活动量等级标准划分：得分≤19 分为小运动量，20～42 分为中等运动量，得分≥43 分为大运动量。对该量表题项的计分方式进行部分改良，如锻炼强度从小到大分为 5 个等级强度等。故此，需要对该量表的信度和效度重新进行验证。

(2) 个体认知因素题项

个体层面对于身体锻炼行为的影响研究较多，多是从个体内部心理认知因素研究对锻炼行为的影响，较有代表性的是戴霞等[244]、靳明等[245]就自我效能与锻炼行为，张中江等[237]、陆雯等[246]就锻炼动机与锻炼行为的关系进行研究，鲜有探讨个体外部认知因素对锻炼行为的影响以及个体内部与外部因素相互之间的关系。本研究借鉴前人研究，结合深度访谈，为验证个体认知因素包含的各因子关系，设计个体认知因素 4 维度问卷。锻炼知识与技能共 4 个题项：锻炼知识与技能有助于您身体锻炼行为的坚持；锻炼知识与技能有助于您建立正确体育价值观；锻炼知识与技能有助于您提高身体锻炼效能；锻炼知识与技能有助于加强身体锻炼动机。体育价值观共 3 个题项：运动能培养人的规则、纪律意识；运动能够强健体魄、促进心理健康；运动能增进社会交往、改善人际关系。锻炼效能感 4 个题项：您确信掌握了某一运动技术；您确信掌握了一定的身体锻炼知识；您确信能够平衡学业就业压力进行身体锻炼；您确信在身体酸痛不适时仍能坚持身体锻炼。锻炼动机 6 个题项：您锻炼是为了乐趣；您锻炼是为了结交朋友；您锻炼是为了身体健康或自我身体素质需要；您锻炼是为了体育考试学分需要；您锻炼是为了课外体育活动打卡考勤；您锻炼是来自朋友、家人、同伴压力或劝说。

个体认知因素包含的锻炼知识与技能、体育价值观、锻炼效能感及锻炼动机 4 个维度共 17 个题项，采用从 1 代表“非常不符合”到 5 代表“非常符合”的 Likert 5 分等级评价予以赋值，被试者依据自己的行为和认知进行评估。

(3) 学校环境因素题项

学校环境因素共包含体育教师、体育课堂、课外体育、体育场馆与设施及运动督导与管理5个维度共15个题项。主要以张蓉[238]、Victoria[211]、朱婷婷等[239]、赵霞等[240]、陶成武等[212]、郝海亭等[241]、田霆[214]的研究作为参考，结合深度访谈对每个维度的题项进行设计。体育教师3个题项：体育教师示范讲解和课堂组织能力有利于您的锻炼行为；体育教师的榜样行为有利于您的锻炼行为；体育教师的鼓励和关心有利于您的锻炼行为。体育课堂3个题项：体育课堂内容有利于您锻炼行为的坚持；体育课堂组织形式有利于您锻炼知识与技能的学习；体育课堂教学评价有利于您的锻炼行为。课外体育3个题项：您经常参与课外体育社团或俱乐部活动；课外体育组织管理促使您参与锻炼行为；课外体育氛围会影响到您参与锻炼行为。体育场馆与设施3个题项：学校体育场馆与设施能满足您身体锻炼的需要；学校体育场馆与设施丰富、便捷性促使您身体锻炼；学校体育场馆与设施的科学管理利于您身体锻炼技能的提升。运动督导与管理3个题项：运动督导与管理有助于学校体育教学、课外体育等工作的开展；运动督导与管理有助于您对身体锻炼行为的认知；运动督导与管理带给您身体锻炼行为积极的影响。

学校环境因素量表有15个题项，采用从1代表"非常不符合"到5代表"非常符合"的Likert 5分等级评价予以赋值，被试者依据自己的行为和认知进行评估。

(4) 家庭环境因素题项

家庭环境因素共包含父母认知期望、家庭经济资本、父母榜样行为及父母受教育水平4个维度共13个题项。主要以王富百慧等[215]、邓小平等[217]、李佳丽等[218]的研究作为参考，结合深度访谈对每个维度题项进行设计。父母态度与期望3个题项：您父母亲经常会要求您努力完成学业，只要不生病就行；您父母亲总是会要求您多进行体育锻炼；您父母亲经常关注体育运动健康相关知识。家庭经济资本包括3个题项：您父母经常引导您均衡运动与学习；您父母经常购买相关健身器材；您父母经常额外给您运动消费的开支。父母榜样行为包括4个题项：您父母经常进行规律性的身体锻炼；您父母有制订锻炼计划；您父母经常关注体育新闻或观看体育赛事；您父母经常与您共同进行身体锻炼。父母受教育水平越高，对个体锻炼行为的促进一般通过父母体育意识作用于锻炼行为。父母受教育水平越高意味着受到体育教育的积累也越多，对体育价值观的认识更加客观而全面，从而选择合理的体育行为，最终形成浓厚的家庭体育文化氛围，进而影响到子女体育认知和行为选择。故而设置3个题项：您父母经常与您讨论体育相关话题；您父母经常为您请运动(运动项目培训)私教;您父母能平衡身体锻炼、工作与生活。

家庭环境因素有 13 个题项,采用从 1 代表"非常不符合"到 5 代表"非常符合"的 Likert 5 分等级评价予以赋值,被试者依据自己的行为和认知进行评估。

(5) 社会环境因素题项

社会环境因素共包含社会体育环境、社会体育组织及社会传播媒介等 3 个维度 10 个题项。主要以李爱群等[220]、杨文刚等[221]、付志华[242]、陈莉等[243]的研究作为参考,结合深度访谈对每个维度的题项进行设计。社会体育环境维度 4 个题项:社会或学校中体育风云人物宣传促进您锻炼;交流时经常涉及体育健身话题;社会上的体育赛事宣传吸引您参与;社会或校园中锻炼空间布局吸引您锻炼参与或保持。社会体育组织维度 3 个题项:您会经常参与社会上组织的各种非专业赛事;您会经常参与学校的各种体育社团比赛;社会体育社团有助于您锻炼兴趣的保持与提升。社会传播媒介维度 3 个题项:您时常在社会上看到体育文化健身方面的宣传;您经常通过手机电子媒介学习体育锻炼相关知识和技能;您经常运用手机等电子媒介进行锻炼计划的制订和执行。

社会环境因素有 9 个题项,采用从 1 代表"非常不符合"到 5 代表"非常符合"的 Likert 5 分等级评价予以赋值,被试者依据自己的行为和认知进行评估。

(6) 政策效能因素题项

政策效能因素共包含政策文本宣传及政策执行与评估 2 个维度 7 个题项。主要以崔菱麟[223]、毛浓选[224]的研究作为参考,结合深度访谈对每个维度的题项进行设计。政策文本宣传维度 3 个题项:对体育相关政策的宣传影响到您的体育行为;对体育相关政策知晓程度影响到您的锻炼行为;对体育相关政策认同程度影响到您的锻炼行为。政策执行与评估维度 4 个题项:体育政策执行目标会影响到您的锻炼行为;体育相关政策执行过程监管会影响到您的锻炼行为;体育相关政策执行效果监测影响到您的锻炼行为;体育相关政策执行效果反馈机制影响到您的锻炼行为。

政策效能因素有 7 个题项,采用从 1 代表"非常不符合"到 5 代表"非常符合"的 Likert 5 分等级评价予以赋值,被试者依据自己的行为和认知进行评估。

4.1.3 预调研及初始问卷检验

初始问卷设计完成后，需要通过预调研检验问卷信度和效度，然后进一步修改初始问卷以形成正式问卷。根据朱建平等[247]的研究推荐，量表预调研被试者数量应该不少于量表中所含题项数最多分量表题项的5倍，且样本数量越多检验效果越客观。本研究初始调查问卷中题项最多的分量表是个体认知量表，该分量表共包含有17个题项，故此，预调研有效样本量应不少于85份。同时，为保障被试样本的代表性，依据年级、性别、专业属性等结构进行分层定向发放，以使得调研样本更具全面性，结果更具科学性。初始问卷的预调研方式通过网络“问卷星”专业问卷调查网站，借助于QQ、微信等现代网络通信工具对问卷链接及问卷二维码进行扩散发放。预调研实施周期为30天，于2019年11月1日至2019年11月30日共回收问卷546份，对选择连续8题以上同一评价题项值的74份问卷予以剔除[248]，最终有效问卷472份，是最大分量表包含题项数的28倍，有效问卷回收率为86.45%。预调研样本量符合问卷调查研究的条件和基本要求。

本研究通过SPSS 17.0应用统计软件对所收集数据归类，并对问卷的信效度予以检验。初始问卷信效度检验主要包括影响身体锻炼行为的个体认知因素、学校环境因素、家庭环境因素、社会环境因素、政策效能因素5个层面因素问卷以及锻炼行为问卷。

4.1.3.1 初始问卷信度检验

本研究相关问卷设计主要对同一变量以多个问题进行测量而构建问卷题项，因此，对其内部一致性的检验适宜采用一致性的信度检验方法。同时，由于问卷发放的形式、调查被试者来源范围及调查时间限制，决定了本研究无法对预试样本进行重复测试，故而，用内部一致性系数这一指标检验问卷题项间的一致性，即检验问卷中同一组题项设计体现同一范畴或概念的可靠性。根据相关研究结果[32,249]，本书问卷信度检验为Likert量表最为常用的Cronbach α 系数法，预试量表的Cronbach α 系数在0.5以上即可接受，正式问卷信度检验的Cronbach α 系数在0.7以上即可。

(1) 身体锻炼行为变量的信度检验

身体锻炼行为(PEB)变量的信度分析见表4-3。对于身体锻炼行为变量，初始量表题项与总体(Item-to-total)的相关系数值均大于0.3，在0.521～0.579($P<0.01$)之间，身体锻炼行为量表总体Cronbach's α 系数为0.796，在删除某一题项后，信度指标值Cronbach's α 系数均未有提高。因此，身体锻

炼行为变量内部一致性较好。

表 4-3　身体锻炼行为变量的信度分析

题项	该题与整体相关系数	多元相关平方系数	删去该题项后 α 变化	Cronbach's α
PEB1	0.521	0.516	0.749	0.796
PEB2	0.537	0.566	0.766	
PEB3	0.579	0.497	0.759	

(2) 个体认知变量的信度检验

个体认知变量的信度检验结果见表 4-4。对于个体认知变量锻炼知识、体育价值观、锻炼效能感及锻炼动机因素，初始问卷中大多维度题项与总体的相关系数值大于 0.3，多元相关平方系数多在 0.3 以上，个体认知变量锻炼知识与技能(EKS)、体育价值观(SV)、锻炼自我效能(ESE)及锻炼动机(EM)等变量的总体 Cronbach's α 信度指标值分别是 0.787、0.847、0.710、0.736，由此可以判断各变量所在分量表信度较高。

表 4-4　个体认知变量的信度分析

题项	该题与整体相关系数	多元相关平方系数	删去该题项后 α 变化	Cronbach's α
EKS1	0.533	0.478	0.796	0.787
EKS2	0.535	0.552	0.733	
EKS3	0.522	0.563	0.781	
EKS4	0.562	0.454	0.767	
SV1	0.641	0.421	0.876	0.847
SV2	0.545	0.398	0.865	
SV3	0.766	0.406	0.824	
ESE1	0.636	0.488	0.788	0.710
ESE2	0.635	0.476	0.816	
ESE3	0.658	0.389	0.807	
ESE4	0.286	0.289	0.681	

表 4-4(续)

题项	该题与整体相关系数	多元相关平方系数	删去该题项后α变化	Cronbach's α
EM1	0.789	0.522	0.755	0.736
EM2	0.299	0.279	0.709	
EM3	0.776	0.411	0.735	
EM4	0.665	0.359	0.722	
EM5	0.643	0.479	0.802	
EM6	0.679	0.399	0.816	

锻炼自我效能变量的信度分析结果显示，题项 ESE4“您确信在身体酸痛不适时仍能坚持锻炼”与题项总体相关，但信度指标仍未达到大于 0.3 的要求，删除该题项后，锻炼自我效能变量 Cronbach's α 值从 0.710 提升至 0.867；而锻炼动机变量的信度分析结果显示，题项 EM2“您锻炼是为了结交朋友”虽与总体相关，但没有达到信度指标大于 0.3 的要求，删除该题项后，锻炼动机变量 Cronbach's α 从 0.736 提升到 0.899(表 4-5)。

表 4-5　删除部分题项后锻炼动机变量信度分析

题项	该题与整体相关系数	多元相关平方系数	删去该题项后α变化	Cronbach's α
ESE1	0.701	0.429	0.864	0.867
ESE2	0.725	0.498	0.846	
ESE3	0.778	0.406	0.894	
EM1	0.789	0.522	0.755	0.899
EM3	0.776	0.411	0.735	
EM4	0.665	0.359	0.722	
EM5	0.643	0.479	0.802	
EM6	0.679	0.399	0.816	

与专家和被调查者讨论，“结交朋友”与“健康形象和身体素质需要”同属于锻炼的内部动机，属性一致，且多数学生未能认同；而“身体酸痛不适仍能坚持锻炼”作为锻炼自我效能的题项不适于大多数学生个体，因此 ESE4 和 EM2 题项删除后，锻炼动机(EM)和锻炼自我效能(ESE)变量的信度检验结

果见表 4-5。因此，个体认知变量具有较高的内部一致性及可靠性。

(3) 学校环境变量的信度检验

学校环境变量的信度检验结果见表 4-6。对于学校环境变量，初始问卷中不同维度题项与总体相关系数值均大于 0.3，在 0.486～0.676 之间，学校环境因素体育教师（PET）、体育课堂（PEC）、课外体育（ES）、体育场馆与设施（SVF）以及运动督导管理（SSM）变量的总体 Cronbach's α 系数分别为 0.768、0.822、0.836、0.789、0.826，在删除某一题项后，Cronbach's α 系数信度指标值均未提高。因此，学校环境因素变量具有较高的内部一致性及可靠性。

表 4-6　学校环境变量的信度分析

题项	该题与整体相关系数	多元相关平方系数	删去该题项后 α 变化	Cronbach's α
PET1	0.486	0.454	0.786	0.768
PET2	0.498	0.492	0.759	
PET3	0.512	0.571	0.788	
PEC1	0.535	0.439	0.779	0.822
PEC2	0.641	0.452	0.866	
PEC3	0.556	0.435	0.827	
ES1	0.676	0.416	0.839	0.836
ES2	0.665	0.393	0.767	
ES3	0.522	0.421	0.878	
SVF1	0.563	0.398	0.852	0.789
SVF2	0.652	0.521	0.750	
SVF3	0.622	0.416	0.759	
SSM1	0.544	0.399	0.830	0.826
SSM2	0.499	0.425	0.866	
SSM3	0.543	0.499	0.782	

(4) 家庭环境变量的信度检验

家庭环境变量的信度检验结果见表 4-7。对于家庭环境变量，初始问卷中不同维度题项与总体（Item-to-total）相关系数值均大于 0.3，在 0.442～0.636 之间，家庭环境因素父母态度与期望（PAE）、家庭经济（FEC）、父母榜样行为(PMB)及父母受教育水平(ELP)变量 Cronbach's α 系数分别是0.758、0.822、0.836、0.707,某一题项在被删除后,信度指标 Cronbach's α 系数值均未显著提高。因此,家庭环境因素变量具有较高的内部一致性及可靠性。

表 4-7　家庭环境变量的信度分析

题项	该题与整体相关系数	多元相关平方系数	删去该题项后α变化	Cronbach's α
PAE1	0.457	0.424	0.756	0.758
PAE2	0.486	0.522	0.766	
PAE3	0.533	0.536	0.772	
FEC1	0.526	0.485	0.749	0.822
FEC2	0.611	0.446	0.860	
FEC3	0.526	0.489	0.807	
PMB1	0.611	0.432	0.829	0.836
PMB2	0.636	0.363	0.784	
PMB3	0.531	0.451	0.837	
PMB4	0.442	0.366	0.844	
ELP1	0.510	0.493	0.707	0.707
ELP2	0.533	0.372	0.721	
ELP3	0.498	0.401	0.702	

(5) 社会环境变量的信度检验

社会环境因素变量的信度检验结果见表 4-8。对于社会环境变量,初始问卷中不同维度题项与总体(Item-to-total)相关系数值大于 0.3,在0.457~0.621 之间,社会体育文化(SSC)、社会体育组织(SSO)及社会传播媒介(STM)变量的 Cronbach's α 系数分别是 0.716、0.795、0.796,社会体育文化变量的信度分析结果显示,题项 SSC2"交流时经常涉及体育健身话题"与题项总体相关,但信度指标仍没有达到大于 0.3 的要求,删除该题项后,社会体育文化变量 Cronbach's α 值从 0.716 提升至 0.782。经专家认可,删除该题项后,社会体育文化(SSC)变量的信度检验结果见表 4-9。因此,社会环境因素变量内部一致性及可靠性较高。

表 4-8　社会环境变量的信度分析

题项	该题与整体相关系数	多元相关平方系数	删去该题项后 α 变化	Cronbach's α
SSC1	0.457	0.435	0.726	0.716
SSC2	0.279	0.286	0.702	
SSC3	0.521	0.512	0.726	
SSC4	0.541	0.589	0.723	
SSO1	0.534	0.468	0.849	0.795
SSO2	0.596	0.455	0.762	
SSO3	0.584	0.437	0.789	
STM1	0.604	0.481	0.811	0.796
STM2	0.632	0.482	0.778	
STM3	0.588	0.501	0.826	

表 4-9　删除部分题项后社会环境变量的信度分析

题项	该题与整体相关系数	多元相关平方系数	删去该题项后 α 变化	Cronbach's α
SSC1	0.439	0.446	0.738	0.782
SSC3	0.502	0.534	0.755	
SSC4	0.511	0.542	0.713	

（6）政策效能变量的信度检验

政策效能变量的信度检验结果见表 4-10。对于政策效能变量，初始量表中不同维度题项与总体（Item-to-total）相关系数值均大于 0.3，在 0.426～0.633 之间，政策文本与宣传（PTP）及政策执行与评估（PIE）的总体 Cronbach's α 系数分别是 0.766、0.795，某一题项在被删除后，信度指标 Cronbach's α 系数值均未见显著变化。因此，政策效能因素变量具有较高的内部一致性及可靠性。

表 4-10　政策效能变量的信度分析

题项	该题与整体相关系数	多元相关平方系数	删去该题项后 α 变化	Cronbach's α
PTP1	0.446	0.425	0.736	0.766
PTP2	0.511	0.536	0.744	
PTP3	0.426	0.535	0.802	
PIE1	0.526	0.494	0.826	0.784
PIE2	0.512	0.489	0.716	
PIE3	0.575	0.466	0.758	
PIE4	0.498	0.530	0.789	

4.1.3.2　初始问卷效度检验

本书中问卷设计基于大学生锻炼行为长效促进机制的影响因素深度访谈，并根据 5 位相关研究专家的建议进行修订生成，同时，在预调研后对问卷进行修订与进一步检验，由此可以确定本研究问卷具有较为理想的内容效度。

用因子分析法检验预测量表的结构效度，以考查量表设计时所假设的基本结构，即从量表设计的全部题项中提取公因子，如果各公因子与特定变量的相关性较高，表明提取的公因子能够体现出量表的基本结构。原则上，应将所有变量的测量一并纳入因子分析中，模型中的研究变量较多时，为使研究内容和结果更加清晰有效，可以将模型中的变量分组分别进行因子分析[32]。本研究问卷包含研究变量较多，故而初始量表结构效度检验可以分为身体锻炼行为变量、个体认知变量、学校环境变量、家庭环境变量、社会环境变量及政策效能变量 6 个部分。其中，身体锻炼行为变量为因变量，其他变量为自变量。

进行探索性因子分析（EFA）之前，需要对各量表收集的数据进行 KMO 及 Bartlett 球形检验，以判断是否适合 EFA。各变量量表数据的 KMO 均在 0.7 以上（表 4-11），Bartlett 球形检验卡方值统计结果显著（Sig＝0.000＜0.05），说明初始量表适合进行 EFA。本研究以 SPSS 17.0 统计软件进行 EFA，以特征值大于 1 作为提取标准，对各变量提取主成分，以方差最大化正交旋转作为旋转方式。

表 4-11　初始问卷 KMO 和 Bartlett 检验

量表变量	KMO Measure	Bartlett's Test Sphericity		
		Approx.Chi-Square	df	Sig.
身体锻炼行为	0.735	1 031.765	1	0.000
个体认知层面	0.766	2 420.543	168	0.000
学校环境层面	0.832	2 354.379	129	0.000
家庭环境层面	0.742	1 543.236	72	0.000
社会环境层面	0.754	1 765.368	61	0.000
政策效能层面	0.816	2 653.682	32	0.000

(1) 身体锻炼行为探索性因子分析

本书身体锻炼行为变量问卷共包含锻炼强度、锻炼时间、锻炼频度 3 个题项，总方差解释率见表 4-12，因子负荷矩阵见表 4-13。

表 4-12　身体锻炼行为变量初始题项因子解释总方差

成分	初始特征值			提取平方和载入			旋转平方和载入		
	合计	方差/%	累计/%	合计	方差/%	累计/%	合计	方差/%	累计/%
1	2.698	71.566	71.566	2.698	71.566	71.566	2.698	69.572	69.572

表 4-13　身体锻炼行为变量初始题项正交旋转成分矩阵

题项	成分
	1
PEB1	0.862
PEB2	0.782
PEB3	0.792

(2) 个体认知变量探索性因子分析

个体认知变量包括锻炼知识与技能、体育价值观、锻炼效能感、锻炼动机 4 个维度 17 个题项，在前文信度检验时删除个体效能和锻炼动机变量各 1 个题项，还剩 15 个题项。总方差解释率见表 4-14，因子负荷矩阵见表 4-15。

表 4-14　个体认知变量初始题项因子解释总方差

成分	初始特征值			提取平方和载入			旋转平方和载入		
	合计	方差/%	累计/%	合计	方差/%	累计/%	合计	方差/%	累计/%
1	2.592	17.466	17.466	2.592	17.466	17.466	2.487	16.769	16.769
2	1.985	18.546	36.012	1.985	18.546	36.012	1.899	18.986	35.755
3	2.546	17.568	53.580	2.546	17.568	53.580	2.232	16.553	53.308
4	2.151	18.316	71.896	2.151	18.316	71.896	2.356	19.588	71.896

表 4-15　个体认知变量初始题项正交旋转成分矩阵

题项	成分			
	1	2	3	4
EKS1	0.135	0.256	0.322	0.836
EKS2	0.151	0.361	0.256	0.757
EKS1	0.135	0.256	0.322	0.836
EKS2	0.151	0.361	0.256	0.757
EKS3	0.136	0.164	0.158	0.652
EKS4	0.265	0.420	0.167	0.531
SV1	0.268	0.124	0.764	0.401
SV2	0.321	0.354	0.658	0.325
SV3	0.264	0.146	0.589	0.214
ESE1	0.313	0.793	0.375	0.401
ESE2	0.232	0.776	0.124	0.312
ESE3	0.450	0.812	0.361	0.211
EM1	0.669	0.231	0.373	0.205
EM3	0.731	0.254	0.256	0.320
EM4	0.812	0.224	0.266	0.106
EM5	0.567	0.363	0.371	0.172
EM6	0.559	0.257	0.269	0.166

由表 4-14 可知，个体认知变量共提取 4 个公因子，即锻炼知识与技能、体育价值观、锻炼效能感、锻炼动机，符合本研究设计的理论模型，同时提取的 4 个公因子总方差解释率为最高的是 71.896%，解释率较高。

由表 4-15 可知，个体认知变量的 15 个题项较好地分布于 4 个公因子上，且各公因子载荷值达到大于 0.5 的要求，同时，其他因子载荷值均小于 0.5。故此，可以认为个体认知变量问卷的收敛效度与区别效度较好，达到要求。

(3) 学校环境变量探索性因子分析

学校环境变量探索性因子分析的维度共 5 个，分别是体育教师、体育课堂、课外体育、体育场馆与设施及运动督导与管理。5 个维度的总方差解释率见表 4-16，因子负荷矩阵分布见表 4-17。

表 4-16　学校环境变量初始题项因子解释总方差

成分	初始特征值			提取平方和载入			旋转平方和载入		
	合计	方差/%	累计/%	合计	方差/%	累计/%	合计	方差/%	累计/%
1	4.433	15.436	15.436	4.433	15.436	15.436	3.869	14.866	14.866
2	3.165	14.516	29.952	3.165	14.516	29.952	2.036	13.705	28.571
3	1.966	13.568	43.520	1.966	13.568	43.520	2.177	13.536	42.107
4	2.021	12.562	57.776	2.021	12.562	57.776	1.986	14.535	56.542
5	1.967	14.173	69.949	1.967	14.173	69.949	1.213	13.307	69.949

表 4-17　学校环境变量初始题项正交旋转成分矩阵

题项	成分				
	1	2	3	4	5
PET1	0.206	0.136	0.312	0.234	0.782
PET2	0.147	0.216	0.236	0.155	0.645
PET3	0.203	0.156	0.228	0.236	0.711
PEC1	0.207	0.354	0.177	0.598	0.203
PEC2	0.221	0.225	0.202	0.621	0.122
PEC3	0.126	0.334	0.168	0.597	0.164
ES1	0.302	0.265	0.589	0.125	0.214
ES2	0.223	0.203	0.677	0.339	0.105
ES3	0.212	0.166	0.634	0.301	0.133
SVF1	0.369	0.812	0.301	0.211	0.206
SVF2	0.329	0.780	0.203	0.205	0.198
SVF3	0.261	0.692	0.163	0.220	0.164

表 4-17(续)

题项	成分				
	1	2	3	4	5
SSM1	0.712	0.134	0.126	0.131	0.207
SSM2	0.607	0.211	0.201	0.142	0.146
SSM3	0.621	0.203	0.232	0.133	0.160

表 4-16 数据显示,学校环境变量共提取 5 个公因子,5 个公因子分别是体育教师、体育课堂、课外体育、体育场馆与设施、运动督导与管理,符合本研究设计的理论模型,提取的公因子总方差解释率为 69.949%,显示较高的解释率。

表 4-17 数据显示,15 个题项较好地分布于 5 个公因子上,且因子载荷值均到达大于 0.5 的要求,同时,其他因子载荷值小于 0.5,故此,可以确定学校环境变量问卷的收敛效度和区别效度达到要求。

(4) 家庭环境变量探索性因子分析

家庭环境变量探索性因子分析的维度共 4 个,分别是父母态度与期望、家庭经济资本、父母榜样行为、父母受教育水平。4 个维度变量的总方差解释率见表 4-18,因子负荷矩阵分布见表 4-19。

表 4-18 家庭环境变量初始题项因子解释总方差

成分	初始特征值			提取平方和载入			旋转平方和载入		
	合计	方差/%	累计/%	合计	方差/%	累计/%	合计	方差/%	累计/%
1	5.032	19.132	19.132	5.032	19.132	19.132	4.265	17.656	17.656
2	4.132	16.206	35.338	4.132	16.206	35.338	2.355	14.115	31.771
3	2.655	13.286	48.624	2.655	13.286	48.624	1.986	15.766	47.537
4	1.896	12.012	60.636	1.896	12.012	60.636	1.435	13.099	60.636

表 4-19 家庭环境变量初始题项正交旋转成分矩阵

题项	成分			
	1	2	3	4
PAE1	0.116	0.116	0.162	0.796
PAE2	0.120	0.256	0.203	0.835
PAE3	0.146	0.147	0.114	0.766

表4-19(续)

题项	成分			
	1	2	3	4
FEC1	0.181	0.350	0.765	0.254
FEC2	0.255	0.203	0.778	0.299
FEC3	0.202	0.244	0.682	0.311
PMB1	0.305	0.583	0.125	0.167
PMB2	0.299	0.675	0.302	0.302
PMB3	0.134	0.688	0.221	0.267
PMB4	0.122	0.459	0.144	0.154
ELP1	0.529	0.143	0.253	0.109
ELP2	0.519	0.135	0.233	0.113
ELP3	0.419	0.129	0.152	0.134

表 4-18 数据显示，家庭环境变量共提取 4 个公因子，符合本研究设计的理论模型，4 个公因子分别是父母态度与期望、家庭经济资本、父母行为、父母受教育水平，提取的公因子总方差解释率为 60.636%，显示较高的解释率。

表 4-19 数据显示，10 个题项较好地分布于 4 个公因子上。题项“PMB4：您父母经常与您共同进行身体锻炼”的因子载荷值小于 0.5。分析原因，大学生上学期间与父母共同生活时间较少，同时大学生更愿意和自己年龄、经历相仿的人共同进行锻炼；与专家讨论后，结合被调查者意见，该题项不适合作为家庭环境对个体锻炼行为促进的考察因素，因此该题项被删除后，家庭环境变量提取的 4 个公因子总方差解释效率值提升为 69.276%(表 4-20)，剩余题项较好地分布于 4 个公因子上，各因子载荷值均达到高于 0.5 的要求(表 4-21)，故此，可以确定家庭环境变量问卷的收敛效度和区别效度达到要求。

表 4-20　删除部分题项后家庭环境变量初始题项因子解释总方差

成分	初始特征值			提取平方和载入			旋转平方和载入		
	合计	方差/%	累计/%	合计	方差/%	累计/%	合计	方差/%	累计/%
1	5.011	19.266	19.266	5.011	19.266	19.266	4.174	18.233	18.233
2	4.022	18.113	37.379	4.022	18.113	37.379	2.235	17.954	37.187

表4-20(续)

成分	初始特征值			提取平方和载入			旋转平方和载入		
	合计	方差/%	累计/%	合计	方差/%	累计/%	合计	方差/%	累计/%
3	2.365	17.126	54.505	2.365	17.126	54.505	1.735	16.876	54.063
4	1.256	14.774	69.276	1.256	14.774	69.276	1.422	15.213	69.276

表 4-21　删除部分题项后家庭环境变量初始题项正交旋转成分矩阵

题项	成分			
	1	2	3	4
PAE1	0.109	0.110	0.151	0.764
PAE2	0.114	0.243	0.193	0.721
PAE3	0.125	0.139	0.122	0.753
FEC1	0.169	0.322	0.736	0.201
FEC2	0.215	0.195	0.751	0.233
FEC3	0.199	0.213	0.647	0.299
PMB1	0.287	0.566	0.127	0.131
PMB2	0.265	0.636	0.287	0.266
PMB3	0.127	0.616	0.214	0.241
ELP1	0.514	0.127	0.206	0.104
ELP2	0.544	0.112	0.201	0.131
ELP3	0.501	0.125	0.192	0.113

(5) 社会环境变量探索性因子分析

社会环境变量探索性因子分析的维度共 3 个,分别是社会体育文化、社会体育组织和社会传播媒介。3 个维度变量的总方差解释率见表 4-22,因子负荷矩阵分布见表 4-23。

表 4-22　社会环境变量初始题项因子解释总方差

成分	初始特征值			提取平方和载入			旋转平方和载入		
	合计	方差/%	累计/%	合计	方差/%	累计/%	合计	方差/%	累计/%
1	4.266	19.658	20.658	4.266	19.658	20.658	4.021	19.373	19.373
2	3.579	22.577	42.235	3.579	22.577	42.235	3.263	20.236	39.639
3	1.747	20.342	62.577	1.747	20.342	62.577	1.266	22.968	62.577

表 4-23　社会环境变量初始题项正交旋转成分矩阵

题项	成分		
	1	2	3
SSC1	0.124	0.172	0.756
SSC3	0.122	0.133	0.815
SSC4	0.131	0.121	0.799
SSO1	0.164	0.765	0.204
SSO2	0.212	0.787	0.179
SSO3	0.244	0.791	0.172
STM1	0.698	0.133	0.211
STM2	0.735	0.142	0.106
STM3	0.801	0.163	0.141

表 4-22 数据显示，社会环境变量共提取 3 个公因子，符合本研究设计的理论模型，3 个公因子分别是社会体育文化、社会体育组织和社会传播媒介，提取的公因子的总方差解释率为 62.577%，显示较高的解释率。

表 4-23 数据显示，9 个题项较好地分布在 3 个公因子上，因子载荷值均大于 0.5，且其他因子载荷值小于 0.5，故此，可以确定社会环境变量问卷的收敛效度和区别效度较好，达到要求。

(6) 政策效能变量探索性因子分析

政策效能变量探索性因子分析的维度分别是政策文本与宣传、政策执行与评估。2 个维度变量的总方差解释率见表 4-24，因子负荷矩阵分布见表 4-25。

表 4-24　政策效能因素初始题项因子解释总方差

成分	初始特征值			提取平方和载入			旋转平方和载入		
	合计	方差/%	累计/%	合计	方差/%	累计/%	合计	方差/%	累计/%
1	3.975	23.754	23.754	3.975	23.754	23.754	3.377	22.201	22.201
2	1.199	28.268	51.022	1.199	28.268	51.022	1.996	28.821	51.022

表 4-25　政策效能变量初始题项正交旋转成分矩阵

题项	成分	
	1	2
PTP1	0.121	0.856
PTP2	0.106	0.812
PTP3	0.132	0.798
PIE1	0.431	0.135
PIE2	0.527	0.116
PIE3	0.604	0.213
PIE4	0.736	0.109

表 4-24 数据显示，政策效能变量共提取 2 个公因子，符合本研究的理论模型，2 个公因子分别是政策文本与宣传、政策执行与评估，提取的公因子的总方差解释率为 51.022%，显示较高的解释率。

表 4-25 数据显示，7 个题项较好地分布于 2 个潜在公因子上。

研究发现，题项"PIE1：体育政策执行目标影响到您的锻炼行为"的因子载荷值小于 0.5，通过分析，体育政策执行目标整体上是为了大众健康身心，但涉及个人锻炼行为时，力效不足；专家指出，体育政策执行目标仅是政策上要达到的总体目标，对个体行为的影响甚微，结合被调查者意见，该题项不适合考察政策效能对个体锻炼行为促进的考察因素，因此将本题项删除。在该题项被删除后，政策效能变量提取的 2 个公因子总方差解释效率得到提升，值为 64.228%（表 4-26）。剩余的 6 个题项较好地分布于 2 个公因子上，各自因子载荷值均达到高于 0.5 的要求，同时，其他因子载荷值均低于 0.5（表 4-27），故此，可以确定政策效能变量问卷的收敛效度和区别效度较好，达到要求。

表 4-26　删除部分题项后政策效能变量因子解释总方差

成分	初始特征值			提取平方和载入			旋转平方和载入		
	合计	方差/%	累计/%	合计	方差/%	累计/%	合计	方差/%	累计/%
1	4.262	30.693	39.693	4.262	30.693	39.693	3.252	29.272	29.272
2	2.252	33.535	64.228	2.252	33.535	64.228	1.774	34.956	64.228

表 4-27　删除部分题项后政策效能变量正交旋转成分矩阵

题项	成分	
	1	2
PTP1	0.119	0.821
PTP2	0.120	0.833
PTP3	0.122	0.767
PIE2	0.533	0.141
PIE3	0.622	0.201
PIE4	0.747	0.113

4.1.4　初始问卷修订及正式问卷生成

根据上述对初始量表信度及效度的检验，同时依据专家与调查被试者的意见，对初始问卷修订如下：

（1）信度检验结果

个体认知因素锻炼自我效能变量、锻炼动机变量 Cronbach's α 值虽然都高于 0.7，但变量所对应题项（ESE4 和 EM1）的"项目与总体相关系数"与"多元相关平方系数"均低于 0.3，在删除 ESE4 和 EM1 题项后，Cronbach's α 值显著提高，分别提高至 0.867、0.899；社会环境因素体育环境变量 Cronbach's α 系数虽然都高于 0.7，但变量所对应的题项（SSC2）的"项目与总体相关系数"和"多元相关平方系数"均低于 0.3，在删除 SSC2 题项后，Cronbach's α 值明显提高，其值为 0.782。经讨论，3 个题项予以删除。

（2）探索性因子分析结果

家庭环境父母榜样行为变量题项 PMB4 及体育政策效能因素的政策执行与监管题项 PIE1 在各自因子上的载荷值低于 0.5，该题被删除项后，总方差解释率提升，同时，因子载荷值高于 0.5，故该项予以删除。

（3）专家头脑风暴结果

经专家头脑风暴，身体锻炼行为题项全部采用 5 级评分法，正式问卷中增加身体锻炼行为强度题项的选项为 5 级标准。

修正和调整后，形成正式问卷，具体见附录 3，正式问卷中共有题项 66 个。各变量所对应的题项见表 4-28。

表 4-28 问卷修正过程

变量	原有题项	删除题项	增加题项	现有题项	对应题号
个体属性基本情况	6	0	0	6	Q1～Q6
锻炼行为	3	0	0	3	Q7～Q9
锻炼知识与技能	4	0	0	4	Q10～Q13
体育价值观	3	0	0	3	Q14～Q16
锻炼效能	4	1	0	3	Q17～Q19
锻炼动机	6	1	0	5	Q20～Q24
体育教师	3	0	0	3	Q25～Q27
体育课堂	3	0	0	3	Q28～Q30
课外体育	3	0	0	3	Q31～Q33
体育场馆与设施	3	0	0	3	Q34～Q36
运动督导与管理	3	0	0	3	Q37～Q39
父母态度与期望	3	0	0	3	Q40～Q42
家庭经济资本	3	0	0	3	Q43～Q45
父母榜样行为	4	1	0	3	Q46～Q48
父母受教育水平	3	0	0	3	Q49～Q51
社会体育文化	4	1	0	3	Q52～Q54
社会体育组织	3	0	0	3	Q55～Q57
社会传播媒介	3	0	0	3	Q58～Q60
政策文本与宣传	3	0	0	3	Q61～Q63
政策执行与评估	4	4	0	3	Q64～Q66

4.2 正式调研与样本特征

4.2.1 数据收集

本研究正式问卷的发放主要通过网络以QQ、微信等通信平台借助于“问卷星”问卷调查网站进行问卷网址和问卷二维码滚雪球式转发，通过本人同学、朋友及其相互的关系在全国不同省市、不同层次的本科院校进行问卷发放与回收，其中双一流本科院校15所、一般本科院校20所，包括华东师范大学、上海大学、东华大学、浙江工业大学、台州学院、闽南师范大学、厦门大学、华中师范大学、安徽财经大学、安徽大学、阜阳师范大学、安徽科技学院、淮北师范大学、东南大学、盐城师范学院、中国矿业大学、徐州医科大学、河南理工大学、洛阳理工学院、河北工程大学、黑龙江八一农垦大学、山东青年政治学院、太原理工大学、运城学院、西安交通大学、陕西师范大学、长安大学、西安外国语大学、西安文理学院、重庆大学、西南交通大学、电子科技大学、成都理工大学、南昌大学、桂林航天工业学院等 35 所全日制本科院校。实地调研主要在山东、上海、陕西等地进行。问卷发放时间为 2020 年 10 月 15 日至 2020 年 11 月 10 日，共发放网络问卷 6 321 份，按照无连续 8 题及以上统一评价原则、无答题遗漏的筛选原则[266]，最终回收有效问卷 5 345 份，有效回收率 84.6%。

4.2.2　样本特征

对有效问卷样本性别、年级、学科属性（文科、理工科）以及生源地属性（城镇、农村）等特征进行分析，具体见表 4-29。

表 4-29　样本社会人口学属性特征统计

人口统计学题项		人数	比例
性别	男	2 790	52.2%
	女	2 555	47.8%
年级	一	1 470	27.5%
	二	1 561	29.2%
	三	1 358	25.4%
	四	956	17.9%
学科属性	文科	2 480	46.4%
	理工科	2 865	53.6%
生源地属性	城镇	2 806	52.5%
	农村	2 539	47.5%

样本社会人口学属性特征数据显示，有效样本在性别分布上基本均衡，一年级、二年级和三年级基本均衡，四年级有效样本较少，可能与大四学生多数处在实习期、考研准备及工作准备期原因；有效样本在文科和理工科学科属性以及生源地属性上占比相对较为均衡，说明本调查研究的样本总体具有较好的代表性。

4.3 正式问卷的检验

4.3.1 正态性检验

本研究对问卷数据主要采用结构方程模型(SEM)对构建的理论模型进行验证与分析,故此,在 SEM 分析之前,须对收集的有效数据是否符合正态分布进行验证。对多维量表数据的正态性检验通常通过偏度和峰度系数进行验证,且峰度与偏度系数绝对值达到小于 2 的检验标准,说明所调查数据符合正态性检验要求[16-17],即数据符合正态分布。根据上述要求,本书运用 SPSS 17.0 数理统计软件对各研究变量进行正态性检验,结果显示,各变量调查指标题项的偏度与峰度系数绝对值符合正态性检验标准,呈近似正态分布,具体结果见表 4-30。

表 4-30 正式问卷的正态性检验

题项	偏度		峰度		题项	偏度		峰度	
	统计量	标准误	统计量	标准误		统计量	标准误	统计量	标准误
PEB1	0.145	0.043	0.164	0.106	SSM1	0.542	0.043	0.021	0.106
PEB2	0.163	0.043	0.134	0.106	SSM2	0.209	0.043	0.064	0.106
PEB3	0.176	0.043	0.155	0.106	SSM3	0.305	0.043	0.033	0.106
EKS1	0.142	0.043	0.089	0.106	PEC1	−0.101	0.043	0.303	0.106
EKS2	0.171	0.043	0.213	0.106	PEC2	−0.121	0.043	−0.109	0.106
EKS3	−0.153	0.043	0.321	0.106	PEC3	−0.113	0.043	0.321	0.106
EKS4	−0.132	0.043	−0.114	0.106	FEC1	0.042	0.043	0.116	0.106
SV1	0.131	0.043	0.561	0.106	FEC2	0.039	0.043	0.012	0.106
SV2	0.266	0.043	0.215	0.106	FEC3	0.040	0.043	0.022	0.106
SV3	0.151	0.043	−0.103	0.106	PMB1	0.021	0.043	0.068	0.106
ESE1	−0.254	0.043	0.105	0.106	PMB2	0.103	0.043	−0.013	0.106
ESE2	−0.325	0.043	−0.115	0.106	PMB3	0.202	0.043	0.055	0.106

表 4-30(续)

题项	偏度		峰度		题项	偏度		峰度	
	统计量	标准误	统计量	标准误		统计量	标准误	统计量	标准误
ESE3	−0.122	0.043	−0.124	0.106	ELP1	0.040	0.043	0.067	0.106
EM1	0.432	0.043	0.501	0.106	ELP2	0.205	0.043	0.032	0.106
EM2	0.121	0.043	0.367	0.106	ELP3	0.124	0.043	0.011	0.106
EM3	0.166	0.043	−0.221	0.106	SSC1	−0.110	0.043	0.042	0.106
EM4	0.178	0.043	−0.202	0.106	SSC2	−0.032	0.043	0.105	0.106
EM5	−0.121	0.043	−0.022	0.106	SSC3	0.154	0.043	0.224	0.106
PET1	0.561	0.043	0.055	0.106	SSO1	−0.350	0.043	0.117	0.106
PET2	0.425	0.043	0.203	0.106	SSO2	0.024	0.043	0.215	0.106
PET3	0.213	0.043	−0.055	0.106	SSO3	0.541	0.043	0.227	0.106
PEC1	−0.042	0.043	−0.035	0.106	STM1	−0.252	0.043	0.108	0.106
PEC2	0.236	0.043	0.166	0.106	STM2	0.135	0.043	0.127	0.106
PEC3	0.231	0.043	0.343	0.106	STM3	0.056	0.043	0.151	0.106
ES1	0.025	0.043	−0.021	0.106	PTP1	0.129	0.043	−0.021	0.106
ES2	0.124	0.043	0.036	0.106	PTP2	0.062	0.043	0.157	0.106
ES3	0.221	0.043	−0.265	0.106	PTP3	0.354	0.043	0.265	0.106
SVF1	0.202	0.043	0.067	0.106	PIE1	0.126	0.043	0.171	0.106
SVF2	0.331	0.043	0.047	0.106	PIE2	0.303	0.043	0.162	0.106
SVF3	0.112	0.043	0.054	0.106	PIE3	0.207	0.043	0.134	0.106

4.3.2　正式问卷信度与效度检验

通过对预试问卷的检验和分析，确认了锻炼行为及其影响变量问卷的构成，依据检验结果，对初始问卷进行修订，形成正式问卷。为确保大数据统计的有效性，需要对正式问卷的信度与效度进行检验。

4.3.2.1 信度检验

正式问卷信度检验见表 4-31。由表中检验数据可知，正式问卷各分量表 Cronbach's α 值均高于 0.6，不同指标题项与整体相关系数以及多元平方系数均高于 0.3。同时，在删去任一题项后，Cronbach's α 值无明显变化，表明问卷信度较高，可以接受。

表 4-31 正式问卷信度检验

变量	题项	该题与整体相关系数	多元平方相关系数	删去该题 α 变化	Cronbach's α
锻炼行为	PEB1	0.523	0.520	0.752	0.799
	PEB2	0.536	0.567	0.767	
	PEB3	0.566	0.503	0.754	
	EKS1	0.535	0.469	0.797	0.786
	EKS2	0.540	0.554	0.743	
	EKS3	0.525	0.561	0.786	
	EKS4	0.566	0.459	0.764	
个体认知层面	SV1	0.643	0.433	0.877	0.851
	SV2	0.547	0.401	0.862	
	SV3	0.768	0.412	0.830	
	ESE1	0.711	0.426	0.866	0.863
	ESE2	0.724	0.492	0.843	
	ESE3	0.769	0.411	0.889	
	EM1	0.790	0.524	0.757	0.879
	EM2	0.778	0.434	0.763	
	EM3	0.674	0.361	0.741	
	EM4	0.652	0.482	0.815	
	EM5	0.681	0.408	0.820	

表 4-31(续)

变量	题项	该题与整体相关系数	多元平方相关系数	删去该题 α 变化	Cronbach's α
学校环境层面	PET1	0.487	0.466	0.783	0.773
	PET2	0.479	0.495	0.762	
	PET3	0.522	0.573	0.784	
	PEC1	0.537	0.443	0.781	0.773
	PEC2	0.652	0.463	0.858	
	PEC3	0.560	0.439	0.831	
	ES1	0.671	0.421	0.837	0.821
	ES2	0.659	0.397	0.778	
	ES3	0.534	0.433	0.876	
	SVF1	0.566	0.397	0.861	0.841
	SVF2	0.662	0.530	0.749	
	SVF3	0.634	0.423	0.764	
	SSM1	0.551	0.389	0.832	0.783
	SSM2	0.489	0.435	0.870	
	SSM3	0.551	0.498	0.779	
	PEC1	0.461	0.426	0.756	0.789
	PEC2	0.483	0.531	0.766	
	PEC3	0.542	0.534	0.772	
家庭环境层面	FEC1	0.527	0.492	0.751	0.761
	FEC2	0.673	0.452	0.863	
	FEC3	0.534	0.479	0.812	
	PMB1	0.621	0.436	0.834	0.834
	PMB2	0.641	0.378	0.784	
	PMB3	0.529	0.462	0.846	
	ELP1	0.522	0.496	0.713	0.838
	ELP2	0.615	0.463	0.711	
	ELP3	0.583	0.368	0.725	

表 4-31(续)

变量	题项	该题与整体相关系数	多元平方相关系数	删去该题α变化	Cronbach's α
社会环境层面	SSC1	0.442	0.454	0.735	0.713
	SSC2	0.513	0.542	0.764	
	SSC3	0.521	0.535	0.721	
	SSO1	0.544	0.466	0.851	0.709
	SSO2	0.591	0.459	0.764	
	SSO3	0.586	0.442	0.786	
	STM1	0.612	0.485	0.832	0.795
	STM2	0.631	0.484	0.768	
	STM3	0.586	0.510	0.825	
政策效能层面	PTP1	0.457	0.435	0.742	0.771
	PTP2	0.522	0.542	0.749	
	PTP3	0.435	0.531	0.813	
	PIE1	0.538	0.496	0.828	0.766
	PIE2	0.519	0.492	0.727	
	PIE3	0.569	0.473	0.761	

4.3.2.2 效度检验

正式问卷在进行效度检验时，在内容效度上，问卷在设计之初首先参照运用较为广泛的量表或问卷，根据预调查数据与研究目标以及专家意见进行了一定修正，因此，可以认为本问卷内容效度较高。故而，本研究仅对问卷不同变量分别进行探索性因子分析(EFA)与验证性因子分析(CFA)的建构效度检验。

(1) 身体锻炼行为变量的建构效度检验

本研究身体锻炼行为变量是单维度，因此，通过 EFA 对该量表的单维性进行验证。若分析结果显示数据聚合成为 1 个因子，那么该变量就是单维的，同时可以进行区别效度检验[250]。专家建议，增加身体锻炼行为变量强度题项的选项，因此需要重新检验其建构效度。

身体锻炼行为变量 KMO 值为 0.784(表 4-32)，大于 0.7 的标准要求，Bartlett 球形检验显示，其卡方值较大，具有显著性(Sig＝0.000＜0.05)，说明该变量适合 EFA。

表 4-32　身体锻炼行为变量的 KMO 及 Bartlett 检验

KMO Measure of Sampling Adequacy	度量	0.784
Bartlett Test of Sphericity	Prox.Chi-Square	5 215.266
	df	1
	Sig.	0.000

采用 Virmax 正交旋转法提取一个公因素，累计解释率为 72.858%（表 4-33）。同时，身体锻炼行为变量设计锻炼强度、锻炼时间、锻炼频度 3 个题项的因子负荷值均大于 0.7（表 4-34），锻炼行为变量的单维性得到验证。

表 4-33　身体锻炼行为变量题项因子解释总方差

成分	初始特征值			提取平方和载入			旋转平方和载入		
	合计	方差/%	累计/%	合计	方差/%	累计/%	合计	方差/%	累计/%
1	2.734	72.858	72.858	2.734	72.858	72.858	2.205	69.368	69.368

表 4-34　身体锻炼行为变量题项正交旋转成分矩阵

题项	成分
	1
PEB1	0.863
PEB2	0.794
PEB3	0.801

(2) 个体认知变量的建构效度检验

通过预调查阶段个体认知因素探索性因子分析表明，个体认知变量包括锻炼知识与技能、体育价值观、锻炼效能感、锻炼动机 4 个维度，但在 EFA 后调整个体认知变量相关题项，因此需要重新检验其建构效度。

个体认知变量的 KMO 值大于 0.7，Bartlett 球形检验显示，其卡方值较大，具有显著性（Sig=0.000<0.05），表明个体认知变量适合 EFA（表 4-35）。

采用主成分分析对个体认知变量提取主成分，由表 4-36 可知，个体认知影响变量共提取 4 个公因子，总方差解释率较高，最高为 74.703%。

表 4-35 个体认知变量的 KMO 及 Bartlett 检验

KMO Measure of Sampling Adequacy	度量	0.761
Bartlett Test of Sphericity	Prox.Chi-Square	5 326.242
	d*f*	130
	Sig.	0.000

表 4-36 个体认知变量解释总方差

成分	初始特征值			提取平方和载入			旋转平方和载入		
	合计	方差/%	累计/%	合计	方差/%	累计/%	合计	方差/%	累计/%
1	3.594	18.506	18.506	3.594	18.506	18.506	2.517	17.809	17.809
2	1.969	19.268	37.774	1.969	19.268	37.774	1.889	18.287	36.069
3	2.636	17.624	54.398	2.636	17.624	54.398	2.241	19.621	55.717
4	2.212	20.305	74.703	2.212	20.305	74.703	2.347	18.990	74.703

对提取标准大于 1 的特征值进行最大正交旋转，个体认知变量因子载荷结果(表 4-37)显示，个体认知变量 15 个题项较好地分布于 4 个潜在因子上，各因子载荷值均达到大于 0.5 的要求，同时，其他因子载荷值均小于 0.5。故此，可以认为个体认知变量的收敛效度和区别效度较好，即此问卷建构效度较好。

表 4-37 个体认知变量题项正交旋转成分矩阵

题项	成分			
	1	2	3	4
EKS1	0.131	0.254	0.321	0.834
EKS2	0.152	0.359	0.257	0.758
EKS3	0.138	0.161	0.154	0.656
EKS4	0.263	0.423	0.165	0.532
SV1	0.266	0.127	0.766	0.391
SV2	0.319	0.351	0.657	0.324
SV3	0.263	0.145	0.587	0.203

表 4-37(续)

题项	成分			
	1	2	3	4
ESE1	0.322	0.796	0.373	0.386
ESE2	0.234	0.775	0.121	0.302
ESE3	0.452	0.816	0.357	0.212
EM1	0.671	0.235	0.371	0.203
EM2	0.729	0.251	0.254	0.322
EM3	0.814	0.223	0.265	0.104
EM4	0.569	0.365	0.370	0.175
EM5	0.557	0.254	0.267	0.164

EFA 是基于数据本身探索问卷中的潜在因子结构，在 EFA 后需要再进行 CFA，即检验数据对所建构的理论模型的拟合度。通常而言，CFA 是由结构方程模型实现。为提高数据与模型拟合程度准确性，在运用结构方程进行验证性分析时多采用拟合指数作为评价依据(拟合优度指数评价标准见表 4-1)。同时，允许因模型数据较多而无法达到理想数值时，模型可以存有少量误差[17]。

对个体认知变量进行验证性因子分析后，从输出的拟合优度指标数据(表 4-38)可知，均能达到要求，故此，该模型拟合度可以接受。

表 4-38　个体认知变量的拟合优度指数

指标值	Chi-Square	df	P-value	RMSEA	RMR	SRMR
	152.680	130	0.000	0.072	0.085	0.072
指标值	CFI	IFI	NFI	NNFI	GFI	AGFI
	0.941	0.942	0.941	0.920	0.953	0.910

个体认知变量 CFA 结果显示，个体认知变量的 4 个潜在因子题项的因子载荷满足要求，即因子载荷值大于 0.4 的标准要求，表明个体认知问卷建构效度良好(表 4-39)。

表 4-39　个体认知变量验证性因子分析(标准化)

		Estimate	S.E.	C.R.	P
EKS	EKS1	0.861	0.033	26.091	* * *
	EKS2	0.842	0.035	24.057	* * *
	EKS3	0.885	0.041	15.096	* * *
	EKS4	0.612	0.044	13.909	* * *
SV	SV1	0.694	0.039	13.795	* * *
	SV2	0.713	0.040	17.825	* * *
	SV3	0.751	0.068	11.075	* * *
ESE	ESE1	0.822	0.041	20.048	* * *
	ESE2	0.776	0.044	17.803	* * *
	ESE3	0.740	0.050	14.881	* * *
EM	EM1	0.811	0.049	16.551	* * *
	EM2	0.833	0.050	16.524	* * *
	EM3	0.863	0.041	21.049	* * *
	EM4	0.891	0.053	16.906	* * *
	EM5	0.682	0.042	16.238	* * *

注：* * * 代表在 0.01 水平上显著相关，下同。

表 4-40 是个体认知变量维度间的相关性检验，显示各维度间呈显著相关，需构建二阶模型进一步验证高阶因子的存在，即验证个体认知因素分类方式的合理性。二阶模型 CFA 输出的拟合优度指数显示该模型拟合度良好(表 4-41)。

表 4-40　个体认知变量维度间相关性分析

	EKS	SV	ESE	EM
EKS	1.000			
SV	0.523***	1.000		
ESE	0.484***	0.501***	1.000	
EM	0.552***	0.463***	0.564***	1.000

表 4-41　个体认知变量二阶模型的拟合优度指数

指标值	Chi-Square	d*f*	P-value	RMSEA	RMR	SRMR
	152.681	130	0.000	0.069	0.081	0.074
指标值	CFI	IFI	NFI	NNFI	GFI	AGFI
	0.932	0.930	0.934	0.940	0.921	0.931

相比一阶模型，个体认知变量二阶模型更为简洁，各一阶因子载荷值均大于 0.5（图 4-2）。个体认知变量二阶模型得以构建，表明锻炼知识与技能（EKS）、体育价值观（SV）、锻炼效能感（ESE）、锻炼动机（EM）能够较好地解释个体认知（ICL）。该二阶模型证明了个体认知变量的分类较为合理。

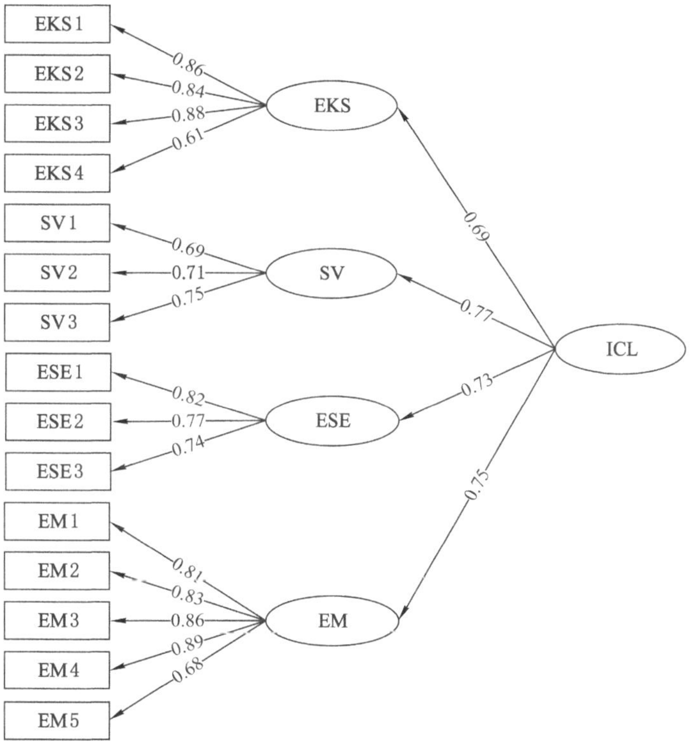

图 4-2　个体认知变量二阶模型路径图

（3）学校环境变量的建构效度检验

预测调研阶段对学校环境变量的探索性因子结果表明，学校环境因素分为 5 个维度，分别是体育教师、体育课堂、课外体育、体育场馆与设施、运动督导与管理。因为在探索性因子分析后，修正了变量中的相关题项，因此需要重新检验正式问卷学校环境变量的建构效度。

学校环境变量的 KMO 值为 0.822，达到大于 0.7 的标准要求，Bartlett 球形检验显示，其卡方值较大，统计结果显示，具有显著性（Sig＝0.000＜0.05），符合要求，说明适合 EFA（表 4-42）。总方差解释率见表 4-43，因子负荷矩阵见表 4-44。

表 4-42　学校环境变量的 KMO 及 Bartlett 检验

KMO Measure of Sampling Adequacy	度量	0.822
Bartlett Test of Sphericity	Prox.Chi-Square	12 562.366
	df	129
	Sig.	0.000

表 4-43　学校环境变量解释总方差

成分	初始特征值			提取平方和载入			旋转平方和载入		
	合计	方差/%	累计/%	合计	方差/%	累计/%	合计	方差/%	累计/%
1	4.552	16.216	16.216	4.552	16.216	16.216	3.826	14.787	14.787
2	3.156	14.478	30.694	3.156	14.478	30.694	2.143	12.685	27.472
3	1.898	11.685	42.379	1.898	11.685	42.379	2.166	12.625	40.097
4	2.201	12.625	55.004	2.201	12.625	55.004	1.869	14.345	54.442
5	1.796	14.657	69.661	1.796	14.657	69.661	1.312	15.219	69.661

表 4-44　学校环境变量题项正交旋转成分矩阵

题项	成分				
	1	2	3	4	5
PET1	0.202	0.131	0.311	0.223	0.779
PET2	0.144	0.212	0.224	0.149	0.657
PET3	0.201	0.154	0.231	0.217	0.724
PEC1	0.203	0.345	0.165	0.596	0.196

表 4-44(续)

题项	成分				
	1	2	3	4	5
PEC2	0.219	0.213	0.213	0.633	0.132
PEC3	0.122	0.327	0.157	0.595	0.146
ES1	0.301	0.251	0.598	0.122	0.203
ES2	0.232	0.211	0.686	0.326	0.114
ES3	0.221	0.162	0.653	0.313	0.124
SVF1	0.353	0.821	0.321	0.206	0.235
SVF2	0.317	0.783	0.214	0.211	0.173
SVF3	0.215	0.695	0.152	0.214	0.151
SSM1	0.724	0.134	0.122	0.127	0.211
SSM2	0.615	0.224	0.216	0.135	0.139
SSM3	0.625	0.210	0.215	0.141	0.154

采用主成分分析对学校环境变量提取主成分，由表 4-43 可知，学校环境变量共提取 5 个公因子，总方差解释率较高，最大值为 69.661%。

对提取标准大于 1 的特征值进行最大正交旋转，学校环境变量因子载荷结果(表 4-44)显示，学校环境变量的 15 个题项较好地分布于 5 个潜在因子上，各自因子载荷值均大于 0.5，同时，其他因子载荷值均小于 0.5。故此，可以认为学校环境变量的收敛效度与区别效度较好，即此问卷建构效度较好。

对学校环境层面变量进行验证性因子分析后，从输出的拟合优度指标数据(表 4-45)均能达到要求，故该模型拟合度可以接受。

表 4-45　学校环境变量的拟合优度指数

指标值	Chi-Square	df	P-value	RMSEA	RMR	SRMR
	168.392	129	0.000	0.075	0.082	0.074
指标值	CFI	IFI	NFI	NNFI	GFI	AGFI
	0.920	0.924	0.921	0.932	0.924	0.905

学校环境变量 CFA 结果显示，学校环境变量的 5 因子题项的因子载荷满足要求，即因子载荷值大于 0.4 的标准，表明学校环境变量问卷建构效度良好(表 4-46)。

表 4-46　学校环境变量验证性因子分析(标准化)

		Estimate	S.E.	C.R.	P
PET	PET	10.833	0.041	20.317	* * *
	PET2	0.813	0.039	20.846	* * *
	PET3	0.841	0.038	22.132	* * *
PEC	PEC1	0.824	0.044	18.727	* * *
	PEC2	0.793	0.042	18.880	* * *
	PEC3	0.815	0.039	20.897	* * *
ES	ES1	0.831	0.033	22.711	* * *
	ES2	0.863	0.037	23.324	* * *
	ES3	0.814	0.036	22.611	* * *
SVF	SVF1	0.750	0.031	24.194	* * *
	SVF2	0.832	0.041	20.293	* * *
	SVF3	0.792	0.039	20.308	* * *
SSM	SSM1	0.843	0.045	18.733	* * *
	SSM2	0.651	0.039	16.692	* * *
	SSM3	0.764	0.036	21.222	* * *

学校环境变量维度间的相关性检验(表 4-47)显示,各维度呈显著相关,需要构建二阶模型进一步验证高阶因子的存在,即验证学校环境因素分类方式的合理性。

表 4-47　学校环境变量维度间相关性分析

	PET	PEC	ES	SVF	SSM
PET	1.000				
PEC	0.562***	1.000			
ES	0.661***	0.36***	1.000		
SVF	0.460***	0.515***	0.383***	1.000***	
SSM	0.515***	0.322***	0.522***	0.392***	1.000

二阶模型 CFA 输出的拟合优度指数(表 4-48)显示,该二阶模型的拟合度达到要求。

表 4-48　学校环境变量二阶模型的拟合优度指数

	Chi-Square	df	P-value	RMSEA	RMR	SRMR
指标值	179.962	129	0.000	0.070	0.079	0.072
	CFI	IFI	NFI	NNFI	GFI	AGFI
指标值	0.951	0.952	0.950	0.942	0.931	0.940

相比一阶模型，学校环境（SEL）变量二阶模型更为简洁（图 4-3），各一阶因子载荷值均大于 0.5，因此个体认知变量二阶模型得以构建，表明体育教师（PET）、体育课堂（PES）、课外体育（ES）、体育场馆与设施（SVF）及运动督导与管理（SSM）能够较好地解释学校环境变量。同时，该二阶模型证明了学校环境变量的分类较为合理。

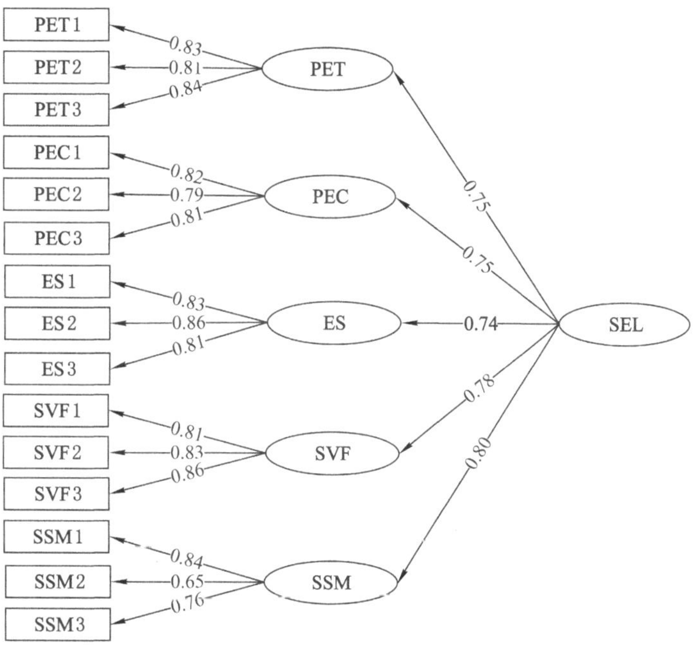

图 4-3　学校环境变量二阶模型路径图

（4）家庭环境变量的建构效度检验

预测调研阶段对家庭环境变量的探索性因子结果表明，家庭环境变量分为 4 个维度，分别是父母态度与期望、家庭经济资本、父母榜样行为、父母受教育水平。在 EFA 后，修正了变量中的相关题项，因此需要重新检验正式量表家庭环境变量的建构效度。

家庭环境变量的 KMO 值为 0.801，达到大于 0.7 的标准要求，Bartlett 球形检验显示，其卡方值较大，呈显著性（Sig=0.000<0.05）（表 4-49），说明适合因子分析。总方差解释率见表 4-50，因子负荷矩阵见表 4-51。

表 4-49 家庭环境变量的 KMO 及 Bartlett 检验

KMO Measure of Sampling Adequacy	度量	0.801
Bartlett Test of Sphericity	Prox.Chi-Square	9 862.262
	d*f*	60
	Sig.	0.000

表 4-50 家庭环境变量解释总方差

成分	初始特征值			提取平方和载入			旋转平方和载入		
	合计	方差/%	累计/%	合计	方差/%	累计/%	合计	方差/%	累计/%
1	5.023	19.626	19.625	5.023	19.626	19.625	4.416	17.326	17.326
2	4.031	16.312	35.938	4.031	16.312	35.938	2.326	14.523	31.851
3	2.537	12.211	48.149	2.537	12.211	48.149	1.536	14.782	46.633
4	1.327	12.122	60.271	1.327	12.122	60.271	1.249	13.638	60.271

表 4-51 家庭环境变量题项正交旋转成分矩阵

题项	成分			
	1	2	3	4
PAE1	0.107	0.109	0.146	0.761
PAE2	0.115	0.241	0.187	0.728
PAE3	0.122	0.135	0.116	0.755
FEC1	0.167	0.312	0.734	0.214
FEC2	0.211	0.179	0.753	0.224
FEC3	0.197	0.201	0.675	0.276
PMB1	0.278	0.568	0.122	0.122
PMB2	0.256	0.663	0.276	0.254

表 4-51(续)

题项	成分			
	1	2	3	4
PMB3	0.123	0.621	0.231	0.214
ELP1	0.517	0.124	0.202	0.101
ELP2	0.522	0.111	0.114	0.153
ELP2	0.563	0.135	0.201	0.124

采用主成分分析对家庭环境变量提取主成分，由表 4-50 可知，家庭环境变量共提取 4 个公因子，总方差解释率较高，最大值为 60.271%。

对提取标准大于 1 的特征值进行最大正交旋转，学校环境变量因子载荷结果(表 4-51)显示，家庭环境变量的 12 个题项较好地分布在 4 个潜在因子上，各自因子载荷值均大于 0.5，同时，其他因子载荷值均小于 0.5。故此，可以认为家庭环境变量的收敛效度与区别效度较好，即此问卷建构效度较好。

对家庭环境变量进行验证性因子分析后，从输出的拟合优度指标数据(表 4-52)可知，均能达到要求，故此，该模型拟合度可以接受。

表 4-52　家庭环境变量的拟合优度指数

指标值	Chi-Square	df	P-value	RMSEA	RMR	SRMR
	154.38	60	0.000	0.077	0.084	0.076
指标值	CFI	IFI	NFI	NNFI	GFI	AGFI
	0.910	0.912	0.914	0.925	0.914	0.912

家庭环境变量 CFA 结果显示，家庭环境变量问卷的 4 个潜在因子题项的因子载荷满足要求，即因子载荷值大于 0.4 的标准，表明家庭变量问卷建构效度良好(表 4-53)。

表 4-53　家庭环境变量验证性因子分析(标准化)

		Estimate	S.E.	C.R.	P
PAE	PAE1	0.711	0.039	18.231	***
	PAE2	0.680	0.036	18.889	***
	PAE3	0.552	0.037	14.919	***

表 4-53(续)

		Estimate	S.E.	C.R.	P
FEC	FEC1	0.583	0.041	14.219	* * *
	FEC2	0.663	0.038	17.447	* * *
	FEC3	0.703	0.040	17.575	* * *
PMB	PMB1	0.742	0.036	20.611	* * *
	PMB2	0.620	0.035	17.714	* * *
	PMB3	0.554	0.032	22.611	* * *
ELP	ELP1	0.605	0.042	14.405	* * *
	ELP2	0.574	0.044	13.045	* * *
	ELP3	0.711	0.039	18.231	* * *

家庭环境变量维度间的相关性检验见表 4-54，显示各维度呈显著相关，需要构建二阶模型进一步验证高阶因子的存在，即验证家庭环境变量分类方式的合理性。二阶模型 CFA 输出的拟合优度指数显示该二阶模型的拟合度良好(表 4-55)。

表 4-54 家庭环境变量维度间相关性分析

	PAE	FEC	PMB	PEL
PAE	1.000			
FEC	0.362***	1.000		
PMB	0.521***	0.560***	1.000	
ELP	0.560***	0.502***	0.572***	1.000

表 4-55 家庭环境变量二阶模型的拟合优度指数

指标值	Chi-Square	df	P-value	RMSEA	RMR	SRMR
	170.58	60	0.000	0.070	0.077	0.074
指标值	CFI	IFI	NFI	NNFI	GFI	AGFI
	0.931	0.933	0.931	0.914	0.922	0.920

相比一阶模型，家庭环境(FEL)变量二阶模型更为简洁，各一阶因子载荷值均大于 0.5。家庭环境变量二阶模型得以构建(图 4-4)，表明父母态度与期望(PAE)、家庭经济资本(FEC)、父母榜样行为(PMB)、父母受教育水平

(ELP)能够较好地解释学校环境变量。同时,该二阶模型证明了家庭环境变量的分类较为合理。

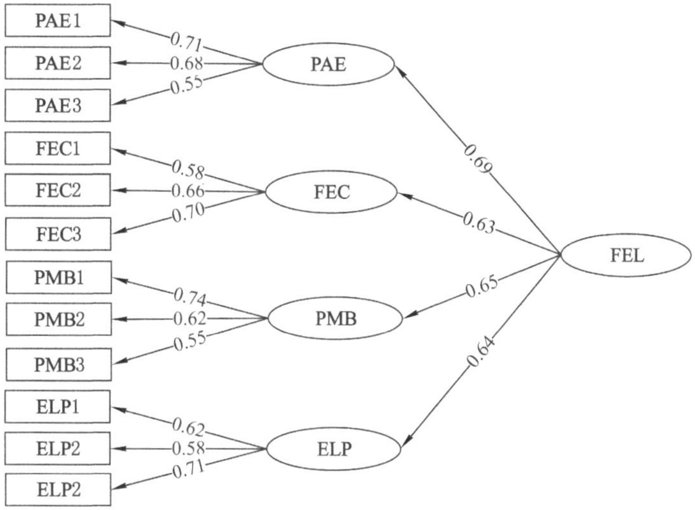

图 4-4　家庭环境变量二阶模型路径图

(5) 社会环境变量的建构效度检验

预测调研阶段对社会环境变量的探索性因子结果表明,社会环境变量共提取 3 个公因子,符合本研究的理论模型,3 个公因子分别是社会体育文化、社会体育组织和社会传播媒介,提取公因子的总方差解释率为 62.577%,显示较高的解释率。因子符合矩阵分布显示 9 个题项较好地分布在 3 个公因子上,因子载荷值均大于 0.5,且其他因子载荷值小于 0.5,故此,可以确定社会环境变量问卷的收敛效度与区别效度较好,即此问卷建构效度较好。因其没有条目增减,故无须再检验其建构效度。

对社会环境变量进行验证性因子分析后,从输出的拟合优度指标数据(表 4-56)可知,均能达到要求,故此,该模型拟合度可以接受。

表 4-56　社会环境变量的拟合优度指数

指标值	Chi-Square	d*f*	P-value	RMSEA	RMR	SRMR
	154.38	50	0.000	0.075	0.081	0.078
指标值	CFI	IFI	NFI	NNFI	GFI	AGFI
	0.920	0.924	0.921	0.931	0.924	0.943

社会环境变量CFA结果显示，社会环境变量问卷的3个潜在因子题项的因子载荷满足要求，即因子载荷值大于0.4的标准(表4-57)。

表4-57　社会环境因素变量验证性因子分析(标准化)

		Estimate	S.E.	C.R.	P
SSC	SSC1	0.740	0.036	20.556	***
	SSC2	0.653	0.034	19.206	***
	SSC3	0.701	0.037	18.946	***
SSO	SSO1	0.643	0.040	16.075	***
	SSO2	0.692	0.039	17.744	***
	SSO3	0.722	0.041	17.609	***
STM	STM1	0.715	0.041	17.439	***
	STM2	0.724	0.045	16.089	***
	STM3	0.681	0.042	16.214	***

社会环境变量维度间的相关性检验见表4-58，表明各维度呈显著相关，需要构建二阶模型进一步验证高阶因子的存在，即验证社会变量分类方式的合理性。二阶模型CFA输出的拟合优度指数显示该二阶模型的拟合度良好(表4-59)。

表4-58　社会环境变量维度间相关性分析

	SSC	SSO	SMP
SSC	1.000		
SSO	0.390***	1.000	
STM	0.431***	0.405***	1.000

表4-59　社会环境变量二阶模型的拟合优度指数

	Chi-Square	*df*	P-value	RMSEA	RMR	SRMR
指标值	166.586	50	0.000	0.073	0.075	0.071
	CFI	IFI	NFI	NNFI	GFI	AGFI
指标值	0.922	0.924	0.921	0.910	0.923	0.931

相比一阶模型，社会环境(SEL)变量二阶模型更为简洁，各一阶因子载荷值均大于 0.5。社会环境变量二阶模型得以构建(图 4-5)，表明社会体育文化(SSC)、社会体育组织(SSO)、社会媒介宣传(STM)能够较好地解释社会环境变量。同时，该二阶模型证明了社会环境变量的分类较为合理。

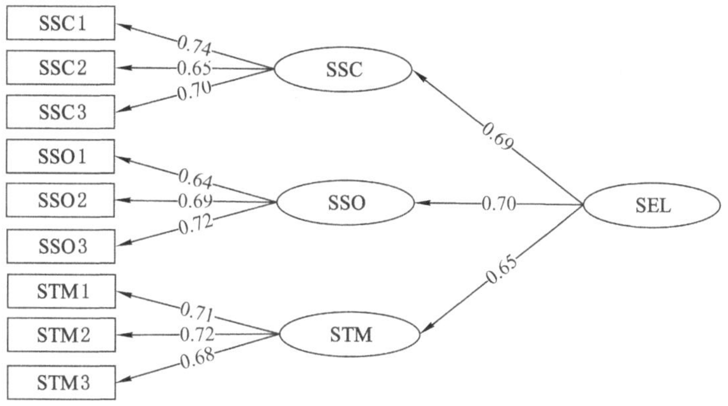

图 4-5　社会环境变量二阶模型路径图

(6) 政策效能变量的建构效度检验

预测调研阶段对政策效能因素变量的探索性因子结果表明，政策效能变量分为 2 个维度，分别是政策文本与宣传、政策执行与评估。在 EFA 后，修正了相关题项，因此需要重新检验正式问卷政策效能变量的建构效度。

政策效能变量的 KMO 值为 0.833，达到大于 0.7 的标准要求，Bartlett 球形检验表明，其卡方值较大，呈显著性(Sig＝0.000＜0.05)，说明适合 EFA(表 4-60)。

表 4-60　政策效能变量的 KMO 及 Bartlett 检验

KMO Measure of Sampling Adequacy	度量	0.833
Bartlett Test of Sphericity	Prox.Chi-Square	9 526.656
	df	24
	Sig.	0.000

对政策效能变量提取主成分，由表 4-61 可知，政策效能变量共提取 2 个公因子，总方差解释率较高，最大值是 65.391%。

表 4-61 政策效能变量解释总方差

成分	初始特征值			提取平方和载入			旋转平方和载入		
	合计	方差/%	累计/%	合计	方差/%	累计/%	合计	方差/%	累计/%
1	4.623	30.936	30.396	4.623	30.936	30.396	3.525	29.394	29.394
2	2.527	34.455	65.391	2.527	34.455	65.391	1.746	35.997	65.391

对提取标准大于 1 的特征值进行最大正交旋转，政策效能变量因子载荷结果(表 4-62)显示，政策效能变量 6 个题项较好地分布于 2 个潜在因子上，各因子载荷值均大于 0.5，同时，其他因子载荷值均小于 0.5。故此，可以认为政策效能变量问卷的收敛效度和区别效度较好，即此问卷建构效度较好。

表 4-62 政策效能变量正交旋转成分矩阵

题项	成分	
	1	2
PTP1	0.116	0.832
PTP2	0.124	0.835
PTP3	0.121	0.783
PIE2	0.537	0.135
PIE3	0.631	0.203
PIE4	0.756	0.109

对政策效能变量进行验证性因子分析后，从输出的拟合优度指标数据(表 4-63)可知，均能达到要求，故此，该模型拟合度可以接受。

表 4-63 政策效能变量的拟合优度指数

指标值	Chi-Square	df	P-value	RMSEA	RMR	SRMR
	148.263	24	0.000	0.078	0.082	0.073
指标值	CFI	IFI	NFI	NNFI	GFI	AGFI
	0.931	0.931	0.933	0.942	0.934	0.925

政策效能变量 CFA 结果显示，政策效能变量问卷 2 个潜在因子题项的因子载荷满足要求，即因子载荷值大于 0.4 的标准，表明政策效能变量问卷建构效度良好(表 4-64)。

表 4-64 政策效能变量验证性因子分析(标准化)

		Estimate	S.E.	C.R.	P
PTP	PTP1	0.692	0.034	20.352	***
	PTP2	0.751	0.037	20.297	***
	PTP3	0.724	0.032	22.625	***
PIE	PIE1	0.673	0.039	17.256	***
	PIE2	0.801	0.043	18.628	***
	PIE3	0.824	0.047	17.532	***

政策效能变量维度间的相关性检验见表 4-65，显示政策效能 2 个维度间呈显著相关，需要构建二阶模型进一步验证高阶因子的存在，即验证政策效能变量分类方式的合理性。二阶验证性因子分析输出的拟合优度指数显示该二阶模型的拟合度良好(表 4-66)。

表 4-65 政策效能变量维度间相关性分析

	PTP	PIE
PTP	1.000	
PIE	0.461***	1.000

表 4-66 政策效能变量二阶模型的拟合优度指数

指标值	Chi-Square	df	P-value	RMSEA	RMR	SRMR
	155.366	24	0.000	0.073	0.075	0.075
指标值	CFI	IFI	NFI	NNFI	GFI	AGFI
	0.951	0.953	0.952	0.922	0.941	0.913

相比一阶模型，政策效能(PEL)变量二阶模型更为简洁，各一阶因子载荷值均大于 0.5。政策效能变量二阶模型得以构建(图 4-6)，表明政策文本宣传(PTP)、政策执行与评估(PIE)能够较好地解释政策效能变量。同时，该二阶模型证明了政策效能变量的分类较为合理。

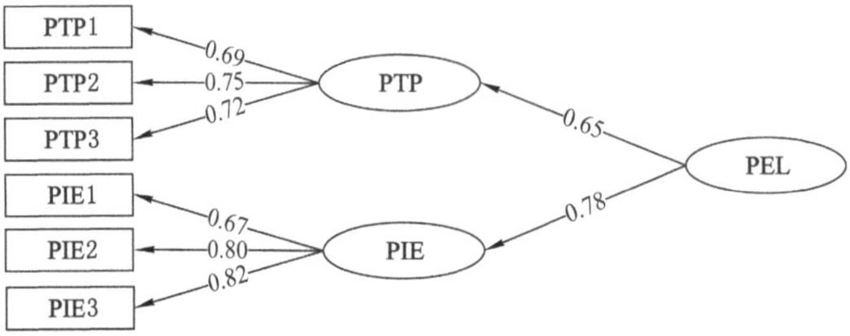

图 4-6　政策效能变量二阶模型路径图

4.4　本章小结

本章简要阐述了相关问卷量表设计的原则与研发步骤，基于前一章构建的理论模型与研究假设，梳理国内外相关文献中广泛运用的成熟量表，并结合专家建议与访谈数据，设计完成初始问卷题项，并进行一定范围的预调查。根据预调查采集的数据，完成初始问卷的信效度检验，以修正初始问卷题项，最后形成正式问卷。通过正式问卷对我国浙江、海南、江苏、上海、安徽、山东、山西、河南、河北、北京、黑龙江、陕西、江西、广东、广西、云南等省(区)市的 35 所本科院校展开调研，回收正式调研有效问卷 5 345 份，并基于这一数据对正式问卷的信效度进行了检验，为后续实证分析结果的有效性打下坚实基础。

第 5 章　大学生身体锻炼行为长效促进机制理论模型实证研究分析

5.1　因变量描述性统计分析

5.1.1　身体锻炼行为描述性分析

本研究对大学生身体锻炼行为采用 1 维 3 个题项的量表进行测量，包括身体锻炼强度（PEB1）、锻炼频度（PEB2）、锻炼持续时间（PEB3）。为统计方便和保证量表统一，对原量表中锻炼强度（PEB1）题项由 4 个选项调整为 5 点等级计分制（1～5），锻炼频度按照从 1 到 5 的 5 点等级计分，锻炼时间按照从 0 到 4 的 5 点计分调整为从 1 到 5 的 5 点等级计分，通过公式“锻炼量＝锻炼强度×（锻炼时间－1）×锻炼频率”计算身体锻炼的总量。

身体锻炼行为各题项描述性统计分析结果（表 5-1）显示，身体锻炼行为强度题项 PEB1 均值为 3.164，大学生运动强度为“微运动”的占比 27.3％，符合小强度的选项占比 25.9％，中等强度占比 23.5％，出汗多、呼吸较急促的大强度以及非常剧烈的大强度运动占比分别是 17.2％和 6.1％。应该说大学生身体锻炼强度表现一般。从锻炼行为频度题项 PEB2 统计结果可以看出，每周锻炼次数为 1～2 次的人数占比为 41.5％，排在第二位的是赋值为 4 每周锻炼 3～5 次，占比为 25.7％，每天均有身体锻炼行为的仅为 14.2％，身体锻炼行为次数低于 3 次的人数总占比为 60.1％。锻炼负荷与锻炼持续时间、强度紧密相关，锻炼负荷＝锻炼强度×锻炼时间，身体锻炼效果取决于锻炼总量[231]，当锻炼强度不变，影响锻炼效果的要素只有锻炼持续时间。本研究发现，大学生身体锻炼行为持续时间在 30 min 以下（即赋值为 1 和 2）占比 20.9％，赋值 2 是指锻炼持续时间为 21～30 min，赋值为 4 和 5 是指锻炼持续时间分别为 31～60 min 和 60 min 以上，这部分同学占到半数，为50.4%，显然好于强度和频度选项。分析原因，可能存在少数个体对自己的身体锻炼行为持续时间多估算的情况。只有规律性身体锻炼行为多表现为固定的持续时间长度，所以不能排除不规律运动个体在估算自己锻炼持续时间时，出于美化自己的锻炼行为而高估实际发生的时间，从而导致锻炼行为持续时间赋值高的题项选择频度稍高。

表 5-1　身体锻炼行为题项得分统计分析(n=5 345)

题项	均值	标准差	赋值				
			1	2	3	4	5
PEB1	3.164	1.204	27.3	25.9	23.5	17.2	6.1
PEB2	3.242	1.122	4.8	13.8	41.5	25.7	14.2
PEB3	3.562	1.015	6.4	14.5	28.7	29.3	21.1
PEB	3.323	0.916	—	—	—	—	—

根据中等强度以上、每周锻炼频度不少于 3 次、持续时间不少于 30 min 的体育人口定义，显然大学生体育人口数较低。身体锻炼行为持续时间(PEB3)的均值为 3.562，大于锻炼强度(PEB1)与锻炼频度(PEB2)，且锻炼持续时间标准差为 1.015，小于锻炼强度与频度，在选项内部一致性上也高于锻炼强度与频度指标，从均值和标准差也反映出大学生在身体锻炼行为持续时间指标略好。但根据运动量公式，大学生小锻炼量的占比 55.54%(图 5-1)，可见大学生身体锻炼行为总体情况不理想。

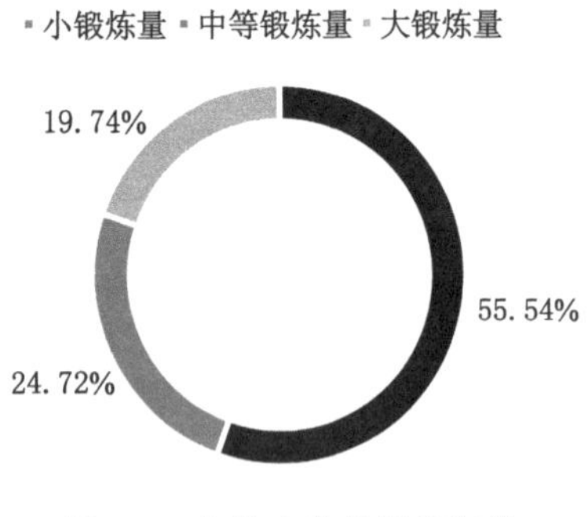

图 5-1　大学生身体锻炼行为

5.1.2　大学生社会人口属性作用下锻炼行为描述性统计分析

采用多因素方差分析身体锻炼行为在大学生性别、年级、学科、生源地等人口学属性方面的差异，具体如下。

(1) 性别

根据表 5-2 多因素方差结果表明，不同性别大学生锻炼强度(PEB1)在 0.01水平上呈现非常显著性差异，锻炼频次(PEB2)、持续时间(PEB3)在 0.05 水平上呈显著差异。

表 5-2　性别因素下大学生身体锻炼行为差异

题项	类别	M	SD	F 值	Sig
PEB1	1	3.115	0.496	6.321**	0.000
	2	2.867	0.516		
PEB2	1	3.126	1.032	9.656*	0.022
	2	3.027	0.866		
PEB3	1	3.351	0.968	7.355*	0.015
	2	3.019	1.051		

注：1 代表男生；2 代表女生；** 代表在 0.01 水平显著相关；* 代表在 0.05 水平显著相关。

上述研究一定程度上验证了张庆义等[231]有关男大学生与女大学生锻炼行为差异的研究结果，即男大学生锻炼强度上好于女大学生。之所以出现这样的现象，可能与“男性应承担较大社会责任”的中国传统文化是分不开的。随着社会的发展进步，人们的思想意识也随之向前推进，提倡男女平等，但受男生和女生生理条件的差异及传统文化的影响，男生要比女生承担更多的责任，要求男生要拥有更加强壮的身体，促使男大学生在身体锻炼强度上差异较为明显，而在频度及持续时间上与女大学生的差异不具显著性差异，本研究与董志豪等有关女大学生体育锻炼行为的低强度表现的研究结果一致。

(2) 年级

多因素方差分析结果(表 5-3)显示，不同年级学生身体锻炼行为在锻炼强度、频度、持续时间上均未显示统计学意义。均数反映大一、大二年级高于其他年级组，说明大一、大二学生身体锻炼行为情况稍好于其他组别，大一、大二年级组标准差也小于其他组别，说明内部一致性程度稍高于其他组别。此结果可能与多数学校在大一、大二开设体育课程，而大三、大四未设置体育课程有一定关系。此外，大三、大四学生对大学校园生活完全适应的同时，逐渐感受到学习和就业压力，开始专业方向的学习，需要更多精力投身于学业、考研、就业准备而无暇锻炼。此结果也提示，体育课程设置学期的多少会对大学生锻炼行为带来影响。

表 5-3　年级因素下大学生身体锻炼行为差异

题项	类别	M	SD	F 值	Sig
PEB1	1	3.356	0.725	1.365	0.050
	2	3.339	0.862		
	3	2.989	1.166		
	4	3.465	1.268		
PEB1	1	3.356	0.725	1.365	0.050
	2	3.339	0.862		
	3	2.989	1.166		
	4	3.465	1.268		
PEB2	1	3.537	0.765	2.023	0.061
	2	3.422	0.821		
	3	3.066	1.225		
	4	3.166	1.064		
PEB3	1	3.295	1.129	2.963	0.052
	2	3.124	1.165		
	3	3.261	1.202		
	4	3.168	1.223		

注：1 代表大一；2 代表大二；3 代表大三；4 代表大四。

（3）学科属性

多因素方差分析结果（表 5-4）显示，文科和理工科专业大学生在锻炼行为强度、频度、持续时间上均未呈显著性差异，与形象中理工科学生锻炼行为应该好于文科类学生不一致。究其原因，可能是理工科学生学业较为繁重，没有充裕时间进行体育锻炼造成的。在实际调研中，有理工科类学生反映其课业、实验较多，加之目前高竞争社会环境中的就业前景不乐观，所以锻炼时间不充裕，锻炼行为减少。

表 5-4　学科属性因素下大学生身体锻炼行为差异

题项	类别	M	SD	F 值	Sig
PEB1	1	3.171	1.061	4.652	0.051
	2	3.056	1.122		
PEB2	1	3.015	1.055	2.663	0.059
	2	3.060	1.114		
PEB3	1	3.156	1.212	2.382	0.071
	2	3.201	1.116		

注:1 代表文科;2 代表理工科。

(4) 生源地属性

多因素方差分析结果(表 5-5)表明,生源地属性城乡大学生在锻炼行为强度、频度、持续时间上均未呈现统计学意义。验证了谷兰凌等[234]有关城乡大学生健康生活方式的比较研究,即城乡学生在锻炼强度、频度和持续时间上差异不显著。个体身体锻炼行为习惯和体育价值观形成一定程度上取决于父母亲对体育的认知和支持,而这种认知一定程度上由经济基础决定,农村经济发展虽然还不能完全与城市相比,但城乡生活方式差异等逐渐缩小,加之较多农村父母亲在城市打工,接受了更好的生活理念,导致城乡学生在身体锻炼习惯等生活方式方面差异在逐渐缩小。再者,互联网在农村的普及,使得城乡居民对健康的认知趋于一致。另外,同一校园锻炼氛围和锻炼要求的一致性使得城乡学生个体的校园生活方式差异变小,故而,导致城乡大学生锻炼行为差异不显著。

表 5-5　生源地属性因素下大学生身体锻炼行为差异

题项	类别	M	SD	F 值	Sig
PEB1	1	3.221	1.021	4.251	0.053
	2	3.016	1.122		
PEB2	1	3.057	1.036	3.654	0.057
	2	3.021	1.108		
PEB3	1	3.196	1.115	2.466	0.064
	2	3.105	1.127		

注:1 代表城镇;2 代表农村。

综上，个体人口统计学特征作用于大学生身体锻炼行为的影响，仅性别属性在锻炼强度上呈显著差异，锻炼频度、持续时间在0.05水平上具有差异，而年级、专业属性、生源地属性上均未呈现显著的统计学意义。

5.2 自变量描述性统计分析

5.2.1 个体认知变量描述性分析

根据前文研究，个人认知变量问卷共有4个维度，包括锻炼知识与技能(EKS)、体育价值观(SV)、锻炼自我效能(ESE)、锻炼动机(EM)。身体锻炼行为个体认知变量描述性统计分析结果(表5-6)表明，锻炼动机的均值最高，为4.208；其次是锻炼知识与技能，为4.199；体育价值观和锻炼效能感比较低，分别为3.750和3.149，表明个体认知因素中对大学生锻炼行为认知影响最为深远的是锻炼动机，其次是锻炼知识和技能。锻炼自我效能相对较低，根据相关研究显示锻炼自我效能对个体锻炼行为的影响主要表现为中介效应，故而，要加强大学生锻炼动机的激发，以及锻炼知识和技能的传授，同时注重其体育价值观和锻炼自我效能的培养，以促进其锻炼行为的保持。

表5-6 个体认知变量描述性统计分析

变量	均值	标准差	题项	均值	标准差
EKS	4.199	0.781	EKS1	4.153	0.563
			EKS2	4.223	0.642
			EKS3	4.056	0.921
			EKS4	4.364	0.953
SV	3.750	0.866	SV1	3.762	0.936
			SV2	3.721	0.951
			SV3	3.766	0.934
ESE	3.149	0.797	ESE1	3.235	1.089
			ESE2	3.146	0.962
			ESE3	3.065	0.867

表 5-6(续)

变量	均值	标准差	题项	均值	标准差
EM	4.208	0.771	EM1	3.915	0.765
			EM2	4.356	0.675
			EM3	4.565	0.521
			EM4	4.679	0.632
			EM5	3.525	0.902

进一步对身体锻炼行为个体认知变量的题项进行分析发现(表 5-6 和图 5-2),锻炼知识与技能和锻炼动机的具体指标得分相对较高,选择“基本符合”赋值为 4、“完全符合”赋值为 5 的题项占比较高,体育价值观和锻炼自我效能的具体指标得分相对较低,选择赋值为 3 的“部分符合”选项占比较高。值得注意的是,锻炼知识与技能(EKS4)题项“锻炼知识与技能有助于降低学业就业压力”选择“部分符合”占比为 30.89%,说明大学生对于体育锻炼能够缓解心理压力的功能认识不清;锻炼动机(EM5)题项“您锻炼是来自朋友、家人、同伴的压力或劝说”选择“部分符合”占比为 36.34%,说明个体行为易受到较为亲近的人的行为态度影响,提示大学生身体锻炼要结伴而行,有助于锻炼行为的坚持和习惯的培养。

5.2.2　学校环境变量描述性分析

根据前文研究,学校环境变量问卷共有 5 个维度 15 个题项,包括体育教师(PET)、体育课堂(PEC)、课外体育(ES)、体育场馆与设施(SVF)、运动督导与管理(SSM)。身体锻炼行为学校环境变量描述性统计分析结果(表 5-7)表明,体育教师的均值最高,为 4.227;其次是课外体育和运动督导与管理,均值为 3.971 和 3.937;最低的是体育课堂及体育场馆与设施,均值为3.433 和 3.385,表明学校环境因素中对大学生锻炼行为产生影响较为深远的是体育教师及运动督导与管理因素,故而,我们要加强体育教师人才能力培养,同时运动督导管理要能够与新时代大学生学习与生活不断网络化的特点匹配,以利于对其锻炼行为的有效引导。同时,体育课堂和体育场馆与设施均值相对较低,分别是 3.433 和 3.385,说明需要加强课堂内容的开发和课堂教学组织以及运动场馆设施的建设,以利于大学生运动技能学习及运动习惯养成。

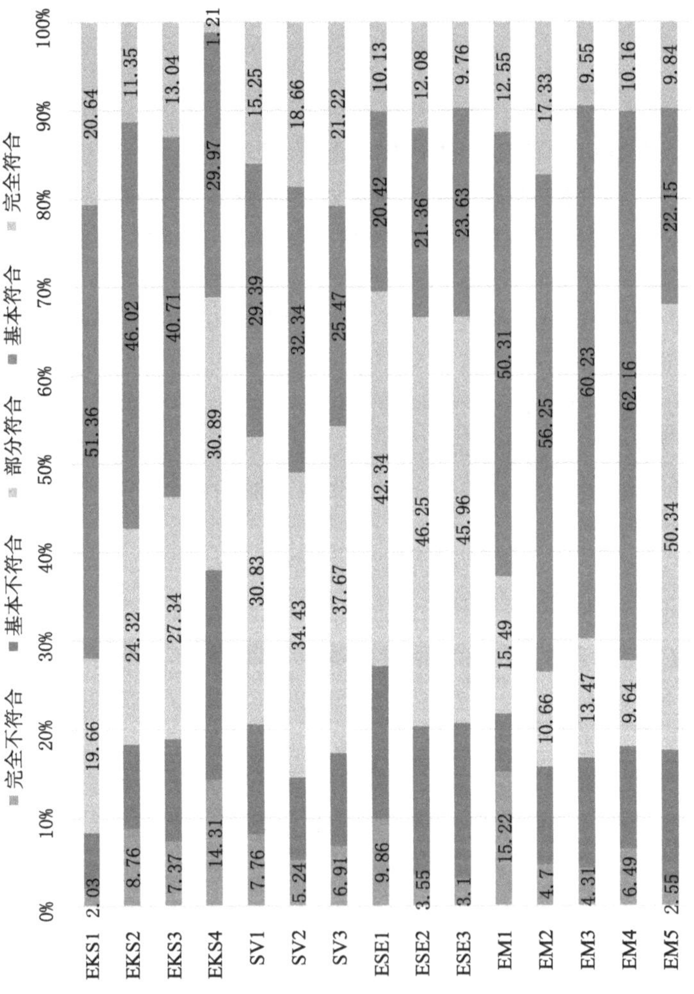

图5-2　个体认知变量具体题项得分频度统计

表 5-7　学校环境变量描述性统计分析

变量	均值	标准差	题项	均值	标准差
PET	4.227	0.671	PET1	4.213	0.546
			PET2	4.345	0.611
			PET3	4.122	0.855
PEC	3.433	1.038	PEC1	3.155	1.101
			PEC2	3.021	1.054
			PEC3	4.122	1.124
ES	3.971	0.747	ES1	3.535	0.889
			ES2	4.366	0.602
			ES3	4.011	0.751
SVF	3.385	0.834	SVF1	3.012	0.765
			SVF2	3.915	0.824
			SVF3	3.227	0.913
SSM	3.934	0.885	SSM1	3.475	0.954
			SSM2	3.967	0.781
			SSM3	4.361	0.921

进一步对身体锻炼行为学校环境变量的题项进行分析发现(表 5-7 和图 5-3),体育教师维度 PET1、PET2、PET3 题项多数被试选择赋值为 4 和 5,总占比为 80%以上,此题项均值为 4.227,标准差为 0.671,说明内部一致性程度较高。体育课堂维度题项 PEC1、PEC2、PEC3 中,被试选择赋值为 3 的占比均接近 25%,说明体育课堂无论从内容、组织形式以及教学评价上,均还有一定的提升空间,需要加强,以利于大学生运动技能的掌握及锻炼行为的坚持。课外体育显然有助于大学生锻炼行为的坚持,但题项 ES1、ES2、ES3 中,有超过 20%的学生选择赋值为 3 的"部分符合"选项,这可能与部分高校课外体育的规制及管理不到位相关。一定程度上,体育课堂和课外体育的开展依赖于体育场馆设施。SVF1 题项均值为 3.012,相对较低,且有超过 40%被试者选择了赋值为 2 和 3 的选项,结合 SVF2 选项,有超过 70%的被试者认为场馆的丰富便捷性会影响其锻炼行为,说明部分高校的体育场馆设施不足够丰富。值得注意的是,有超过 30%的被试者在 SVF3 题项选择赋值为 3、2 或 1,也说明体育场馆不是学生形成锻炼行为习惯的必要条件。运动督导与管理均值为 3.934,相对较高,结合题项 SSM3 均值为 4.361,近 80%的被试者认为督

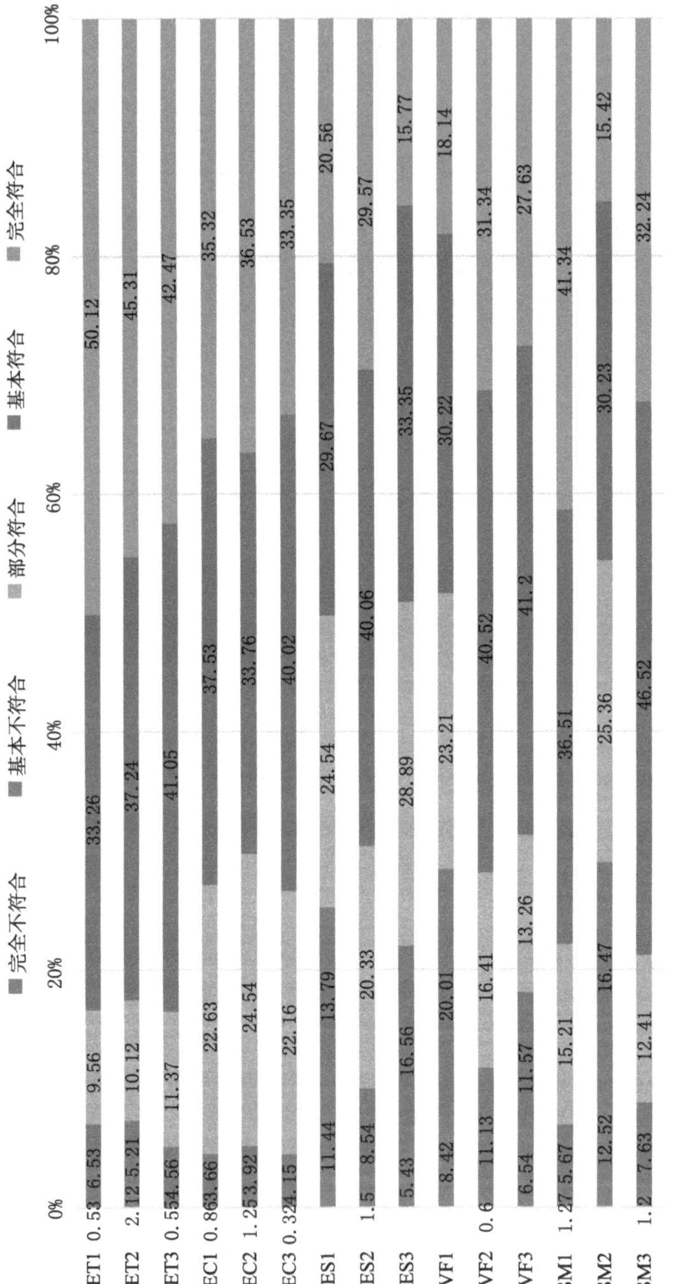

图5-3 学校环境变量具体题项得分频度统计

导与管理可以对其锻炼行为产生积极影响，说明科学合理的督导与管理能够促进大学生的锻炼行为，一定程度上也说明学生参与体育锻炼的动力需要外在环境的约束。

5.2.3 家庭环境变量描述性分析

根据前文研究，家庭环境变量问卷共有 4 个维度 10 个题项，包括父母态度与期望(PAE)、家庭经济资本(FEC)、父母榜样行为(PMB)、父母受教育水平(PEL)。身体锻炼行为家庭环境变量描述性统计分析结果(表 5-8)表明，父母榜样行为均值最高，为 3.204；其次是父母态度与期望，均值为 3.251；最低的是家庭经济资本，均值为 2.986，说明大学生锻炼行为在家庭环境中受父母的榜样行为影响最为深远，其次是父母对体育的认知态度，而家庭经济资本给予大学生锻炼行为的影响是最小的。

表 5-8　家庭环境变量描述性统计分析

变量	均值	标准差	题项	均值	标准差
PAE	3.251	0.877	PAE1	3.114	1.051
			PAE2	3.516	0.714
			PAE3	3.122	0.867
FEC	2.893	1.261	FEC1	2.855	1.121
			FEC2	2.801	1.061
			FEC3	3.022	1.411
PMB	3.204	0.721	PMB1	3.035	1.211
			PMB2	3.566	0.602
			PMB3	3.011	0.651
ELP	3.021	0.921	ELP1	3.022	0.921
			ELP2	2.968	0.822
			ELP3	2.533	1.054

进一步对家庭环境变量的题项进行具体分析发现(图 5-4 和表 5-8)，父母认知态度 PAE1 题项，均值为 3.114，有超过 60%的被试者选择分值为 4 和 5 的题项，说明父母更多关注学生学业，结合题项 PAE2“您父母经常要求您多进行体育锻炼”和 PAE3“您父母经常要求您多关注运动健康知识”，较多父母对大学生锻炼行为和健康知识的关注较少。家庭经济资本 FEC1 题项中，有

约 80%的家庭月收入水平低于 1 万，结合体现 FEC2（超过 20%比例购买健身器材），不难发现经济资本低的家庭购买健身器材的比例较低也在情理之中，但从“您父母经常额外给您运动消费的支出”FEC3 题项，有超过 30%被试者选择赋值为 4 和 5 的选项，可能是大学生运动消费多是运动服装消费的原因。父母榜样行为 PMB 题项，选择赋值为 3、4 或 5 的选项占比为 65%左右，说明父母榜样行为对大学生的影响较大。父母受教育水平 PEL 题项显示，近 50%被试者选择赋值 4 和 5 的题项，说明父母受教育水平对个体锻炼行为具有较多影响。

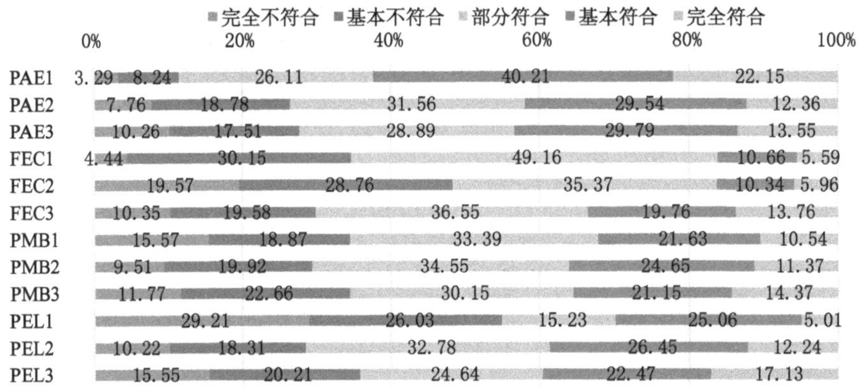

图 5-4 家族环境变量具体题项得分频度统计

5.2.4 社会环境变量描述性分析

根据前文研究，社会环境变量问卷共有 3 个维度 9 个题项，分别是社会体育文化（SSC）、社会体育组织（SSO）、社会传播媒介（STM）。身体锻炼行为社会环境变量描述性统计分析结果（表 5-9）表明，社会体育文化题项均值较低，为 3.075，提示政府相关部门还需要加强社会环境中有关体育文化的建设，营造全民健身文化环境和氛围，有利于大学生个体正确体育价值观的形成。

表 5-9 社会环境变量描述性统计分析

变量	均值	标准差	题项	均值	标准差
SSC	3.075	0.997	SSC1	3.112	1.024
			SSC2	3.014	0.985
			SSC3	3.101	0.966

表 5-9(续)

变量	均值	标准差	题项	均值	标准差
SSO	3.168	0.881	SSO1	2.867	0.712
			SSO2	3.115	1.364
			SSO3	3.522	0.867
STM	3.173	0.861	STM1	2.941	0.911
			STM2	3.346	0.822
			STM3	3.215	0.851

对具体题项选择频度进一步分析发现(图 5-5),社会体育文化题项 SSC1、SSC2、SSC3 有超过 60%的被试者选择赋值为 3、4、5 题项,说明浓厚的社会体育文化有利于大学生的锻炼参与。SSO1 题项选择均值为 2.867,标准差值为 0.712,内部一致性较高,超过 70%的被试者选择赋值 1 和 2 题项,说明他们基本没有参加社会上举行的非专业赛事;超过 25%被试者选择 SSO2 题项赋值为 1 和 2 基本不参加学校的社团比赛;SSO3 题项选择频度较为一致,被试者认为社会团体有助于锻炼兴趣的保持和提升。社会体育文化前两个题项说明大学生意识的正确性与行动的实践性脱节,需要我们多角度、多层面促使其正确意识向行为的转化。社会传播媒介 STM1 题项“您经常在社会上看到体育文化建设的方面的宣传”均值低于其他有关“现代媒介体育知识技能学习”和“锻炼计划执行”两题项,为 2.941,说明社会传播媒介对于健身行为等方面的宣传度还不够。值得注意的是,大学生虽然认为社会体育文化有利于其锻炼参与,但社会体育组织的赛事参加较少,一定程度上说明社会体育赛事针对大学生较少或对大学生宣传不够,需要社会媒介有针对性地加强宣传和引导。在实际访谈中可知,学生较多以志愿者身份参与社会体育赛事,因为学生志愿

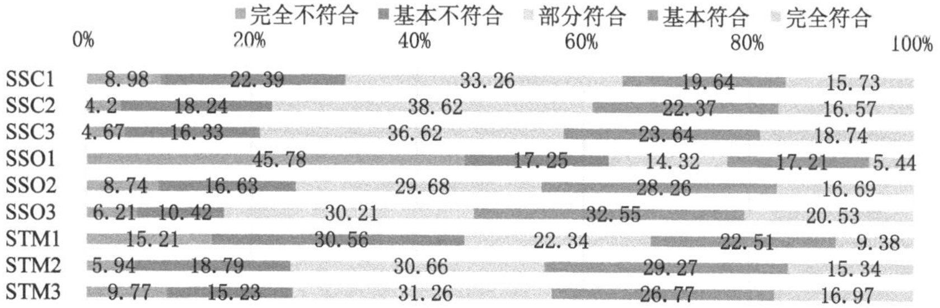

图 5-5 社会环境变量具体题项得分频度统计

者奖状可以为其实践环节加分，从侧面说明需要加强学校政策的支持和引导，以利于大学生社会体育赛事的积极参与。

5.2.5 政策效能变量描述性分析

根据前文研究，政策效能变量问卷共有 2 个维度 6 个题项，分别是政策文本与宣传(SSC)、政策执行与评估(SSO)。身体锻炼行为政策效能变量描述性统计分析结果(表 5-10)表明，体育政策执行与评估题项均值为 3.707，高于体育政策文本与宣传均值，且标准差较小，说明体育政策执行评估的影响效应大于政策文本与宣传。

表 5-10 政策效能变量描述性统计分析

变量	均值	标准差	题项	均值	标准差
PTP	3.321	0.810	PTP1	3.332	0.801
			PTP2	3.314	0.812
			PTP3	3.317	0.816
PIE	3.707	0.768	PIE1	3.941	0.732
			PIE2	3.346	0.822
			PIE3	3.835	0.751

对具体题项选择频度进一步分析发现(图 5-6)，PTP1、PTP2 和 PTP3 是体育政策知晓程度、认同程度、宣传对大学生锻炼参与的影响，被试者选择赋值 4 和 5 占比超过 50%，说明体育政策文本宣传对于大学生锻炼行为有较大的影响。PIE1 题项“政策执行过程监管影响到您的锻炼行为”和 PIE3 题项“政策执行效果反馈影响到您的锻炼行为”均值较高，分别为 3.941 和 3.835，标准差均较低，反映其内部一致性程度较高，反映政策过程监管和效果反馈有利于大学生的锻炼行为。

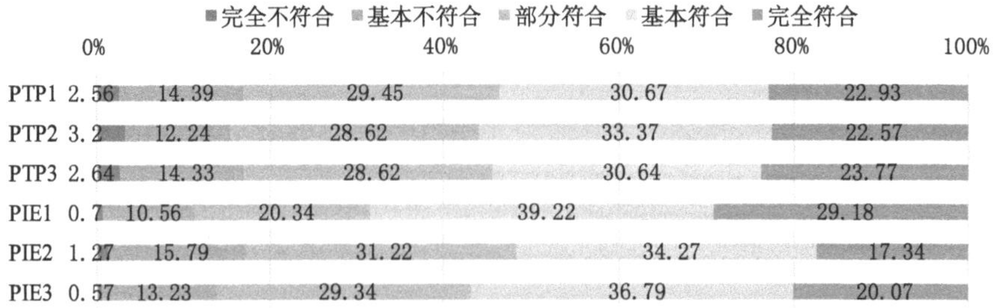

图 5-6 政策效能变量具体题项得分频度统计

5.3　不同变量与身体锻炼行为相关性分析

对理论模型中各变量之间的相关性进行验证是进行模型检验的基础。本研究采用 Spearman 相关系数对理论模型中自变量和因变量之间的相关性进行检验。

5.3.1　个体认知与身体锻炼行为相关性分析

首先就个体认知微观层面变量与锻炼行为(PEB)进行 Spearman 相关性分析,其中个体认知变量包括锻炼知识与技能(EKS)、体育价值观(SV)、锻炼效能感(ESE)、锻炼动机(EM)四个维度。具体结果见表 5-11。

表 5-11　个体认知变量与锻炼行为相关性分析

	PEB	EKS	SV	ESE	EM
PEB	1				
EKS	0.231*	1			
SV	0.341**	0.204**	1		
ESE	0.211**	0.305**	0.129**	1	
EM	0.317**	0.313**	0.234**	0.326**	1

注:**代表在 0.01 水平(双侧)上显著相关,*代表在 0.05 水平(双侧)上显著相关,下同。

锻炼行为与个体认知的相关性分析数据显示,个体认知变量与身体锻炼行为变量显著相关。具体而言,锻炼知识与技能、体育价值观、锻炼效能感、锻炼动机与锻炼行为两两之间均呈显著正相关,即前述变量的增加会带来锻炼行为良性效应,这与邱芬等[251]有关锻炼行为与锻炼动机等有关心理变量之间的研究结果一致,即锻炼动机、锻炼效能等变量因素与锻炼行为显著相关。其中,锻炼知识与技能与锻炼行为仅在 0.05 水平上显著相关,一定程度上说明一些大学生个体虽然储备了一定的锻炼知识与技能,但还未付诸行动,还需要有动机的激发,使其从意识阶段、知识技能储备阶段引导转化为实际行为,一定程度上验证了前人有关锻炼行为跨理论模型的研究。

5.3.2　学校环境与锻炼行为相关性分析

本研究对学校环境因素与锻炼行为变量进行 Spearman 相关分析,学校环境变量包括体育教师(PET)、体育课堂(PEC)、课外体育(ES)、体育场馆与设施(SVF)、运动督导与管理(SSM)五个维度。具体结果见表5-12。

表5-12 学校环境变量与身体锻炼行为相关性分析

	PEB	PET	PEC	ES	SVF	SSM
PEB	1					
PET	0.201**	1				
PEC	0.181**	0.301**	1			
ES	0.224**	0.125*	0.129**	1		
SVF	0.307**	0.113*	0.134*	0.326**	1	
SSM	0.104**	0.126*	0.211**	0.112*	0.111*	1

学校环境变量与锻炼行为的相关性分析数据显示,学校环境变量与身体锻炼行为显著相关。具体而言,体育教师、体育课堂、课外体育、体育场馆与设施、运动督导与管理与个体锻炼行为显著正相关。由此可知,优秀的体育教师、优质的体育课堂、浓厚的课外体育氛围、丰富便捷的体育场馆设施以及科学合理的运动督导与管理与大学生身体锻炼行为习惯的养成密切相关。

5.3.3 家庭环境变量与锻炼行为相关性分析

本研究对自变量家庭环境层面与因变量锻炼行为变量进行 Spearman 相关分析,学校环境变量包括父母态度与期望(PAE)、家庭经济资本(FEC)、父母榜样行为(PMB)、父母受教育水平(PEL)四个维度。具体结果见表5-13。

表5-13 家庭环境变量与身体锻炼行为相关性分析

	PEB	PAE	FEC	PMB	PEL
PEB	1				
PAE	0.149**	1			
FEC	0.136**	0.031**	1		
PMB	0.201*	0.122*	0.039**	1	
PEL	0.039*	0.036*	0.211**	0.035*	1

家庭环境变量与锻炼行为的相关性分析数据显示,家庭环境变量与身体锻炼行为显著相关,即父母态度与期望、家庭经济资本、父母榜样行为以及父母文化水平均正向影响个体锻炼行为,各维度之间均正向显著相关。由此可

知，父母受教育水平越高，一定程度上影响着其家庭经济资本，其对体育的态度也会形成正确认知，做出榜样行为，从而有利于家庭成员正确体育态度和行为的形成。此研究结果与王富百慧等[215]的研究结果一致，即家庭资本、所处阶层、职业等对子女锻炼行为均具有相关性。

5.3.4　社会环境变量与锻炼行为相关性分析

本研究对自变量社会环境与因变量锻炼行为变量进行 Spearman 相关分析，其中社会环境变量包括社会体育文化(SSC)、社会体育组织(SSO)、社会媒介宣传(SMP)三个维度。具体结果见表 5-14。

表 5-14　社会环境变量与身体锻炼行为相关性分析

	PEB	SSC	SSO	SMP
PEB	1			
SSC	0.145*	1		
SSO	0.137*	0.121**	1	
SMP	0.140*	0.126*	0.131**	1

社会环境变量与锻炼行为的相关性数据显示，社会环境变量与身体锻炼行为显著相关，即社会体育文化、社会体育组织、社会传播媒介均正向影响个体锻炼行为，各维度之间均正向显著相关。由此可知，社会体育文化的发展，有利于社会体育组织的建设，社会媒介对于体育的宣传能够促进社区体育文化及社会体育组织的发展，它们相互影响共同作用于大学生身体锻炼行为。

5.3.5　政策效能变量与锻炼行为相关性分析

本研究对自变量政策效能层面与因变量锻炼行为变量进行 Spearman 相关分析，其中政策效能变量包括政策文本与宣传(PTP)、政策执行与评估(PIE)两个维度。具体结果见表 5-15。

表 5-15　政策效能变量与身体锻炼行为相关性分析

	PEB	PTP	PIE
PEB	1		
PTP	0.147**	1	
PIE	0.156**	0.155**	1

政策变量与锻炼行为的相关性分析数据显示，政策效能变量与身体锻炼行为显著相关，即政策文本与宣传、政策执行与评估均正向影响个体锻炼行为，各维度之间均正向显著相关。由此可知，体育相关政策是执行部门落实相关政策的纲领性文件和基础，它能在宏观上对个体的意识和行为产生深远影响，同时，需要相关部门对政策执行情况进行监管，使政策真正得以落实，以促进个体锻炼行为，养成锻炼行为习惯，提升其体质健康水平。

5.3.6 社会生态学理论多层面因素相关性分析

本研究的社会生态学理论系统分为五个层面，通过上述不同层面作用于锻炼行为的相关性分析可知，个体认知、学校环境、家庭环境、社会环境、政策效能五个层面分别与锻炼行为显著相关。同时，本研究通过数据对社会生态学五个层面之间进行 Spearman 相关性分析。具体结果见表 5-16。

表 5-16 社会生态学五层面因素相关性分析

	个体认知	学校环境	家庭环境	社会环境	政策效能
个体认知	1				
学校环境	0.569**	1			
家庭环境	0.543**	0.106*	1		
社会环境	0.313**	0.247**	0.232*	1	
政策效能	0.473**	0.397**	0.265**	0.228**	1

注：** 代表在 0.01 水平（双侧）上显著相关，* 代表在 0.05 水平（双侧）上显著相关。

五层面社会生态学锻炼行为促进机制系统相关性分析显示，影响身体锻炼行为的系统是多个层面之间交互作用的，共同作用于锻炼行为。通过对表 5-16 数据具体分析发现，家庭环境与学校环境之间的相关系数较小，值为 0.106，在 0.05 水平上显著相关，这与苏小红等[185]就家庭与学校对锻炼行为的影响因素分析结果不完全一致，即家庭环境与学校环境相关性仅在 0.05 水平上显著相关。究其原因，可能是大学生所处学校环境与其家庭环境是同处于社会生态学系统中的中间系统，学校环境、家庭环境虽然都与个体认知层面具有显著性关系，但大学校园环境与个体家庭难以就学生锻炼行为适时进行对接和影响。这提示我们未来需要深入探索学校环境与家庭环境的相互联系，加强互通机制，共同影响大学生身体健康行为，提升其综合能力和社会竞争力。

5.4 不同变量作用于身体锻炼行为的效应检验与分析

本研究在理论模型构建过程中，将大学生身体锻炼行为作为因变量，将个体认知、学校环境、家庭环境、社会环境、政策效能变量作为自变量，对自变量作用于因变量的直接效应进行检验，同时把个体认知作为中介变量，学校环境、家庭环境、社会环境及政策变量通过个体认知作用于身体锻炼行为的中介效应进行检验分析，进一步分析社会环境、政策效能变量通过学校环境、家庭环境以及个体认知变量作为链式中介变量作用于锻炼行为的中介效应。检验步骤如下：逐步检验个体认知、学校环境、家庭环境、社会环境、政策效能变量分别作用于锻炼行为的路径系数，然后再检验五个层面不同变量之间相互作用的路径系数。中介效应根据温忠麟等[252]的研究进行分析，即：自变量作用于因变量的效应显著，自变量作用于中介变量的作用显著，中介变量作用于因变量的作用也显著，则说明具有部分中介效应，如果自变量作用于因变量的效应不显著，但通过中介变量作用于因变量的效应显著，则具有完全中介效应。

AMOS 中参数显著性检验的统计量为 C.R.值，其计算方法是参数估计值除以估计值的标准差，即 T 值。当 C.R.绝对值大于 2 时，表明结果具有显著性[19]。

5.4.1 个体认知作用于身体锻炼行为的效应检验

运用 AMOS 17.0 对个体认知自变量作用于因变量大学生身体锻炼行为的效应进行验证性因子分析，并以稳健最大似然估计（Maximum-Likelihood Robust，MLR）对模型进行解释，输出模型拟合优度指标值见表 5-17，均处于可接受范围。

表 5-17　个体认知作用于大学生身体锻炼行为的模型拟合优度指数

指标值	Chi-Square	df	P-value	RMSEA	RMR	SRMR
	1 236.662	465	0.000	0.045	0.043	0.043
指标值	CFI	IFI	NFI	NNFI	GFI	AGFI
	0.956	0.956	0.951	0.957	0.934	0.926

表 5-18 统计结果表明，锻炼知识与技能、体育价值观、锻炼效能以及锻炼动机作用于大学生身体锻炼行为的 C.R.绝对值均远大于 2，说明其标准化路径效应检验达到显著水平。

表 5-18　个体认知作用于大学生身体锻炼行为的路径系数

作用路径	Estimate	SE	C.R.	P
EKS→PEB	0.145	0.054	2.685	* * *
SV→PEB	0.287	0.042	5.833	* * *
ESE→PEB	0.223	0.043	4.186	* * *
EM→PEB	0.245	0.040	5.125	* * *

注：PEB 为身体锻炼行为，EKS 为锻炼知识与技能，SV 为体育价值观，ESE 为锻炼效能，EM 为锻炼动机；* * * 代表作用路径在 0.01 水平上显著，* * 代表作用路径在 0.05 水平上显著，下同。

5.4.2　学校环境作用于身体锻炼行为的效应检验

运用 AMOS 17.0 对学校环境自变量作用于因变量大学生身体锻炼行为的效应进行验证性因子分析，并以稳健最大似然估计对模型进行解释，输出模型拟合优度指数见表 5-19，均处于可接受范围。

表 5-19　学校环境作用于大学生身体锻炼行为的模型拟合优度指数

指标值	Chi-Square	df	P-value	RMSEA	RMR	SRMR
	1 512.496	489	0.000	0.046	0.045	0.045
指标值	CFI	IFI	NFI	NNFI	GFI	AGFI
	0.952	0.952	0.955	0.941	0.946	0.939

表 5-20 统计结果表明，身体锻炼行为、体育教师、体育课堂、课外体育、体育场馆与设施以及运动督导与管理作用于大学生身体锻炼行为的 C.R.绝对值均大于 2，说明其标准化路径效应检验达到显著水平。

表 5-20　学校环境作用于大学生身体锻炼行为的路径系数

作用路径	Estimate	SE	C.R.	P
PET→PEB	0.176	0.041	4.292	* * *
PEC→PEB	0.194	0.049	3.956	* * *
ES→PEB	0.231	0.032	7.219	* * *
SVF→PEB	0.283	0.056	5.054	* * *
SSM→PEB	0.242	0.039	6.205	* * *

注：PEB 为身体锻炼行为，PEC 为体育教师，PEC 为体育课堂，ES 为课外体育，SVF 为体育场馆与设施，SSM 为运动督导与管理。

5.4.3 家庭环境作用于身体锻炼行为的效应检验

运用 AMOS 17.0 对家庭环境自变量作用于因变量大学生身体锻炼行为的效应进行验证性因子分析，并以稳健最大似然估计对模型进行解释，输出模型拟合优度指数见表 5-21，均处于可接受范围。

表 5-21　家庭环境作用于大学生身体锻炼行为的模型拟合优度指数

指标值	Chi-Square	df	P-value	RMSEA	RMR	SRMR
	1 321.321	433	0.000	0.052	0.066	0.054
指标值	CFI	IFI	NFI	NNFI	GFI	AGFI
	0.969	0.966	0.943	0.947	0.919	0.921

表 5-22 统计结果表明，父母态度与期望、家庭经济资本、父母榜样行为作用于大学生身体锻炼行为的 C.R.绝对值大于 2，父母受教育水平均值小于 2，但仍在 0.05 水平上具有统计学意义，说明其标准化路径效应检验达到显著水平。

表 5-22　家庭环境作用于大学生身体锻炼行为的路径系数

作用路径	Estimate	SE	C.R.	P
PAE→PEB	0.196	0.062	3.161	* * *
FEC→PEB	0.147	0.057	2.579	* * *
PMB→PEB	0.178	0.045	3.956	* * *
PEL→PEB	0.096	0.049	1.959	* *

注：PEB 为身体锻炼行为，PAE 为父母态度与期望，FEC 为家庭经济资本，PMB 为父母榜样行为，PEL 为受教育水平。

5.4.4 社会环境作用于身体锻炼行为的效应检验

运用 AMOS 17.0 对社会环境自变量作用于大学生身体锻炼行为的效应进行验证性因子分析，并以稳健最大似然估计对模型进行解释，输出模型拟合优度指数见表 5-23，均处于可接受范围。

表 5-23　社会环境作用于大学生身体锻炼行为的模型拟合优度指数

指标值	Chi-Square	df	P-value	RMSEA	RMR	SRMR
	1 334.522	551	0.000	0.044	0.056	0.060
指标值	CFI	IFI	NFI	NNFI	GFI	AGFI
	0.952	0.949	0.954	0.949	0.939	0.936

表 5-24 统计结果表明,社会体育文化、社会体育组织作用于大学生身体锻炼行为的路径效应 C.R.值在 0.05 水平上具有显著性,社会媒介宣传作用于大学生身体锻炼行为路径效应的 C.R.绝对值均大于 2,在 0.01 水平上显著,说明其标准化路径效应检验达到显著水平。

表 5-24 社会环境作用于大学生身体锻炼行为的路径系数

作用路径	Estimate	SE	C.R.	P
SSC→PEB	0.098	0.050	1.960	* *
SSO→PEB	0.075	0.038	1.973	* *
SMP→PEB	0.136	0.052	2.615	* * *

注:PEB 为身体锻炼行为,SSC 为社会体育文化,SSO 为社会体育组织,SMP 为社会传播媒介。

5.4.5 政策效能作用于身体锻炼行为的效应检验

运用 AMOS 17.0 对政策效能自变量作用于大学生身体锻炼行为的效应进行验证性因子分析,并以稳健最大似然估计对模型进行解释,输出模型拟合优度指数见表 5-25,均处于可接受范围。

表 5-25 政策效能作用于大学生身体锻炼行为的模型拟合优度指数

指标值	Chi-Square	df	P-value	RMSEA	RMR	SRMR
	1 129.34	432	0.000	0.051	0.054	0.054
指标值	CFI	IFI	NFI	NNFI	GFI	AGFI
	0.951	0.954	0.949	0.953	0.949	0.952

表 5-26 统计结果表明,政策文本与宣传、政策执行与评估作用于大学生身体锻炼行为的路径效应 C.R.绝对值均大于 2,说明其标准化路径效应检验达到显著水平。

表 5-26 政策效能作用于大学生身体锻炼行为的路径系数

作用路径	Estimate	SE	C.R.	P
PTP→PEB	0.211	0.068	3.103	* * *
PIE→PEB	0.293	0.061	4.803	* * *

注:PEB 为身体锻炼行为,PTP 为政策文本与宣传,PIE 为政策执行与评估。

5.4.6　社会生态学不同层面因素作用于锻炼行为的整体模型检验

在逐步对个体认知、学校环境、家庭环境、社会环境以及政策效能不同层面自变量维度作用于锻炼行为因变量的路径效应检验之后，将个体认知、学校环境、家庭环境整体上作为中介变量，政策效能、社会环境作为自变量通过中介变量作用于锻炼行为的路径效应，以及学校环境、家庭环境作为自变量通过个体认知中介变量作用于锻炼行为的路径效应做回归分析并进行检验(表 5-27、表 5-28)，构建社会生态学系统外围宏观系统自变量通过多重中介和链式中介作用于因变量的结构方程模型。针对此模型，运用 AMOS 17.0 输出的模型拟合优度指数均处于可接受范围，具体结果见表 5-29。

表 5-27　不同层面变量作用于锻炼行为的回归分析

回归方程		整体拟合指数		回归系数显著性	
结果变量	预测变量	R^2	F	β	t
锻炼行为		0.31	36.56		
	个体认知			0.52	4.16***
	学校环境			0.43	3.77***
	家庭环境			0.23	2.36**
	社会环境			0.20	1.76*
	政策效能			0.31	2.01***
个体认知		0.37	51.36		
	学校环境			0.42	3.99***
	家庭环境			0.37	2.61***
	社会环境			0.22	1.92*
	政策效能			0.27	2.06**
学校环境		0.34	46.61		
	家庭环境			0.12	1.55
	社会环境			0.16	1.60
	政策效能			0.39	2.61***
家庭环境		0.29	36.57		
	社会环境			0.22	1.96**
	政策效能			0.30	1.98**
社会环境		0.31	44.52		
	政策效能		0.31	2.04**	

表 5-28　不同中介变量效应路径及检验结果

作用路径	效应值	效果量/%	95%CI		检验结果
			下限	上限	
UEL→PEB	0.401	47.12	0.11	0.43	
UEL→ICL→PEB	0.662 * 0.694=0.459	31.35	0.10	0.54	部分中介效应成立
FEL→PEB	0.253	15.63	0.13	0.29	
FEL→ICL→PEB	0.410 * 0.694=0.285	22.26	0.07	0.32	部分中介效应成立
SEL→PEB	0.222	17.63	0.06	0.29	
SEL→ICL→PEB	0.525 * 0.694=0.364	19.24	0.04	0.20	部分中介效应成立
PEL→PEB	0.396	40.21	0.14	0.47	
PEL→ICL→PEB	0.672 * 0.694=0.462	24.06	0.07	0.53	部分中介效应成立
SEL→UEL	0.166	16.54	0.07	0.19	
SEL→UEL→PEB	0.166 * 0.401=0.067	9.31	0.05	0.13	部分中介效应成立
SEL→FEL	0.169	17.64	0.07	0.19	
SEL→FEL→PEB	0.169 * 0.253=0.043	7.23	0.02	0.17	部分中介效应成立
PEL→UEL	0.562	45.31	0.11	0.36	
PEL→UEL→PEB	0.562 * 0.401=0.225	33.59	0.10	0.33	部分中介效应成立
PEL→FEL	0.363	20.04	0.08	0.19	
PEL→FEL→PEB	0.363 * 0.253=0.092	18.22	0.06	0.14	部分中介效应成立
FEL→UEL	0.041	5.32	−0.01	0.11	
FEL→UEL→PEB	0.032	4.14	−0.01	0.13	中介效应不成立
SEL→UEL→ICL→PEB	0.166 * 0.662 * 0.694=0.076	9.98	0.04	0.19	链式中介效应成立
SEL→UEL→ICL→PEB	0.166 * 0.662 * 0.694=0.076	9.98	0.04	0.19	链式中介效应成立
SEL→FEL→ICL→PEB	0.169 * 0.410 * 0.694=0.048	10.67	0.03	0.16	链式中介效应成立
PEL→UEL→ICL→PEB	0.562 * 0.662 * 0.694=0.258	18.22	0.09	0.17	链式中介效应成立
PEL→FEL→ICL→PEB	0.363 * 0.410 * 0.694=0.103	15.01	0.03	0.14	链式中介效应成立

注:PEB 为身体锻炼行为,ICL 为个体认知层面,UEL 为学校环境层面,FEL 为家庭环境层面,SEL 为社会环境层面,PEL 为政策效能层面。

表 5-29　大学生身体锻炼行为长效促进机制社会生态学理论模型拟合优度指数

指标值	Chi-Square	df	P-value	RMSEA	RMR	SRMR
	2 259.645	655	0.000	0.061	0.065	0.054
指标值	CFI	IFI	NFI	NNFI	GFI	AGFI
	0.947	0.952	0.949	0.953	0.961	0.966

表 5-28 回归分析显示，个体认知环境、学校环境、家庭环境、社会环境、政策效能五个层面均能显著预测大学生个体锻炼行为。深入分析发现，个体认知层面($\beta=0.52$，$P<0.01$)对大学生身体锻炼行为的预测效应高于学校环境、家庭环境、社会环境和政策效能，其次是学校环境和政策效能层面因素($\beta=0.43$，$P<0.01$；$\beta=0.31$，$P<0.01$)。学校环境和家庭环境对个体身体锻炼行为的预测能力相比社会环境和政策效能层面因素更强，($\beta=0.43$，$P<0.01$；$\beta=0.37$，$P<0.01$)。政策效能对学校环境具有显著预测能力($\beta=0.39$，$P<0.01$)，家庭环境和社会环境对学校环境的预测效应不显著($\beta=0.12$，$P>0.05$；$\beta=0.16$，$P>0.05$)。社会环境、政策效能对家庭环境具有显著预测效应($\beta=0.22$，$P<0.05$；$\beta=0.30$，$P<0.05$)，政策效能对社会环境具有显著预测效应($\beta=0.31$，$P<0.05$)。

根据国外研究学者 Bolin 等[253]及国内学者方杰等[254]实践运用后推荐，通过偏差校正百分位法进行中介效应显著性检验比 Sobel(索贝尔)方法统计效力更高，同时对抽样分布的正态性不做要求。该方法是通过对原始数据抽取再放回，采集等值有效样本数据检验中介效应(本研究 $B=5\ 000$)，若标示的间接效应在 95%偏置纠正区间内且不包括 0，则表示间接效应显著；否则，间接效应不显著。同时，通过此方法检验中介效应时，需要把被试者的性别、年龄等人口统计学变量加以控制[252]，表 5-28 的统计数据均控制了被试者人口统计学变量。同时，本书研究数据显示，性别、年级、学科属性、生源地属性与大学生身体锻炼行为关系表明，仅性别属性在身体锻炼行为强度上具有显著的统计学意义。侯杰泰等[255]研究指出构建模型过程中，在设置观测指标时可以采用项目小组合并方式，取其标准化均分作为潜变量新指标，使得潜变量实现“量化”，以能更加清晰地考察复杂模型的路径变化。

结合回归分析以及模型构建理论依据，根据前述研究，自变量个体认知、学校环境、家庭环境、社会环境、政策效能作用于因变量身体锻炼行为的标准化路径系数和 T 值显著。不同中介变量的中介效应结构方程模型检验结果(表 5-27)显示，学校环境、家庭环境、社会环境以及政策效能作为自变量通过个体认知中介变量作用于个体锻炼行为的中介效应路径显著，社会环境作为自变量通过学校环境和家庭环境中介变量作用锻炼行为的中介路径效应显著，政策环境作为自变量通过学校环境和家庭环境中介变量作用于锻炼行为的中介路径效应显著，95%置信区间不包含 0，部分中介效应成立，但社会环境→学校环境→锻炼行为和社会环境→家庭环境→锻炼行为中介效应值最低，分别是 0.067 和 0.043，且上述中介效应路径为部分中介效应。家庭环境作为自变量通过学校环境中介变量作用于锻炼行为的中介路径的置信区间包含 0，效应不显著。社会环境→学校环境→个体认知→锻炼行为，社会环境→家庭环境→个体认知→锻炼行为，政策效能→学校环境→个体认知→锻炼行为，政策效能→学校环境→个体认知→锻炼行为四条链式中介效应路径置信区间不包括 0，链式中介路径成立。

5.5 假设检验与模型修正

本研究依据社会生态学理论结合质性研究提出身体锻炼行为促进机制模型，根据理论模型进行了实证研究与分析，下面对理论模型中的相关路径关系假设进行检验，进一步对模型进行修正。

(1) 个体认知与身体锻炼行为的关系假设

假设 H1a 提出锻炼知识和技能显著正向影响身体锻炼行为。根据前文研究数据(表 5-18)，锻炼知识和技能对锻炼行为具有显著正向影响，其效应值为 0.145，C.R.值为 2.685(＞2)，说明直接效应显著，此结果与模型中关系假设一致，故此，H1a 得到证实。

假设 H1b 提出体育价值观显著影响身体锻炼行为。根据前文研究数据(表 5-18)，体育价值观对锻炼行为具有显著正向影响，即个体正确的体育价值观正向预测锻炼行为，其效应值为 0.287，C.R.值为 6.833(＞2)，说明直接效应显著，此结果与模型中关系假设一致，故此，假设 H1b 得到证实。

假设 H1c 提出锻炼自我效能显著正向影响身体锻炼行为。根据前文研究数据(表 5-18)，锻炼自我效能对锻炼行为具有显著正向影响，其效应值为 0.223，C.R.值为 5.186(＞2)，此结果与模型中锻炼行为关系假设一致，故此，假设 H1c 得到证实。

假设 H1d 提出锻炼动机显著正向影响身体锻炼行为。根据前文研究数据(表 5-18)，锻炼动机对锻炼行为具有显著正向影响，其效应值为 0.245，C.R.值为 6.125(＞2)，此结果与模型中的关系假设一致，故此，假设 H1c 得到证实。

综上，H1 个体认知对身体锻炼行为具有显著正向影响，此假设得以证实。

(2) 学校环境与身体锻炼行为的关系假设

假设 H2a 提出体育教师能够显著正向影响大学生身体锻炼行为。根据前文研究数据(表 5-20)，体育教师对大学生身体锻炼行为具有显著正向影响，其效应值为 0.176，C.R.值为 4.292(＞2)，此结果与模型中锻炼行为的关系假设一致，故此，假设 H2a 得到证实。

假设 H2b 提出体育课堂能够显著正向影响大学生身体锻炼行为。根据前文研究数据(表 5-20)，体育课堂对大学生身体锻炼行为具有显著正向影响，其效应值为 0.194，C.R.值为 3.959(＞2)，此结果与模型中锻炼行为的关系假设一致，故此，假设 H2b 得到证实。

假设 H2c 提出课外体育能够显著正向影响大学生身体锻炼行为。根据前文研究数据(表 5-20)，课外体育对大学生身体锻炼行为具有显著正向影响，其效应值为 0.231，C.R.值为 7.219(＞2)，此结果与模型中锻炼行为的关系假设一致，故此，假设 H2c 得到证实。

假设 H2d 提出体育场馆与设施能够显著正向影响大学生身体锻炼行为。根据前文研究数据(表 5-20)，体育场馆与设施对大学生身体锻炼行为具有显著正向影响，其效应值为 0.283，C.R.值为 5.054(＞2)，此结果与模型中锻炼行为的关系假设一致，故此，假设 H2d 得到证实。

假设 H2e 提出运动督导与管理能够显著正向影响大学生身体锻炼行为。根据前文研究数据(表 5-20)，运动督导与管理对大学生身体锻炼行为具有显著正向影响，其效应值为 0.242，C.R.值为 6.205(＞2)，此结果与模型中锻炼行为的关系假设一致，故此，假设 H2e 得到证实。

综上，H2 学校环境对大学生身体锻炼行为具有显著正向影响，此假设得以证实。

(3) 家庭环境与身体锻炼行为的关系假设

假设 H3a 提出父母态度与期望显著正向影响大学生身体锻炼行为。根据前文研究数据(表 5-22)，父母态度与期望对大学生身体锻炼行为具有显著正向影响，其效应值为 0.196，C.R.值为 3.161(＞2)，此结果与模型中锻炼行为的关系假设一致，故此，假设 H3a 得到证实。

假设 H3b 提出家庭经济资本显著正向影响大学生身体锻炼行为。根据前文研究数据(表 5-22)，家庭经济资本对大学生身体锻炼行为具有显著正向影响，其效应值为 0.147，C.R.值为 2.579(＞2)，此结果与模型中锻炼行为的关系假设一致，故此，假设 H3b 得到证实。

假设 H3b 提出父母榜样行为显著正向影响大学生身体锻炼行为。根据前文研究数据(表 5-22)，父母榜样行为对大学生身体锻炼行为具有显著正向影响，其效应值为 0.178，C.R.值为 3.956(＞2)，此结果与模型中锻炼行为的关系假设一致，故此，假设 H3c 得到证实。

假设 H3d 提出父母受教育水平显著正向影响大学生身体锻炼行为。根据前文研究数据(表 5-22),父母受教育水平对大学生身体锻炼行为具有显著正向影响,其效应值为 0.096,C.R.值为 1.959(<2),虽然 C.R.值小于 2,但是仍在 0.10 水平上显著正向影响因变量,此结果与模型中锻炼行为的关系假设一致,故此,假设 H3d 得到证实。

综上,H3 家庭环境对大学生身体锻炼行为具有显著正向影响,此假设得以证实。

(4) 社会环境与身体锻炼行为的关系假设

假设 H4a 提出社会体育文化对大学生身体锻炼具有显著正向影响。根据前文研究数据(表 5-24),社会体育文化对大学生身体锻炼行为具有显著正向影响,其效应值为 0.098,C.R.值为 1.960(<2),虽然 C.R.值小于 2,但是仍在 0.10 水平上显著正向影响因变量,此结果与模型中锻炼行为的关系假设一致,故此,假设 H4a 得到证实。

假设 H4b 提出社会体育组织对大学生身体锻炼具有显著正向影响。根据前文研究数据(表 5-24),社会体育组织对大学生身体锻炼行为具有显著正向影响,其效应值为 0.075,C.R.值为 1.973(<2),虽然 C.R.值小于 2,但是仍在 0.10 水平上显著正向影响因变量,此结果与模型中锻炼行为的关系假设一致,故此,假设 H4b 得到证实。

假设 H4c 提出社会媒介宣传对大学生身体锻炼具有显著正向影响。根据前文研究数据(表 5-24),社会媒介宣传对大学生身体锻炼行为具有显著正向影响,其效应值为 0.136,C.R.值为 2.615(>2),在 0.05 水平上显著正向影响因变量,此结果与模型中锻炼行为的关系假设一致,故此,假设 H4c 得到证实。

综上,H4 社会环境层面对大学生身体锻炼行为具有显著正向影响,此假设得以证实。

(5) 政策效能与身体锻炼行为的关系假设

假设 H5a 提出政策文本与宣传对大学生身体锻炼具有显著正向影响。根据前文研究数据(表 5-26),政策文本与宣传对大学生身体锻炼行为具有显著正向影响,其效应值为 0.211,C.R.值为 3.103(>2),在 0.01 水平上显著正向影响因变量,此结果与模型中锻炼行为的关系假设一致,故此,假设 H5a 得到证实。

假设 H5b 提出政策执行与评估对大学生身体锻炼具有显著正向影响。根据前文研究数据(表 5-26),政策执行与评估对大学生身体锻炼行为具有显著正向影响，其效应值为 0.293，C.R.值为 4.803（>2），在 0.01 水平上显著正向影响因变量，此结果与模型中锻炼行为的关系假设一致，故此，假设 H5b 得到证实。

综上，H5 政策效能层面对大学生身体锻炼行为具有显著正向影响，此假设得以证实。

（6）大学生个体人口统计学特征与锻炼行为的关系假设

假设 H6a 提出大学生性别差异显著影响其身体锻炼行为。根据前文数据分析结果（表 5-2），不同性别大学生锻炼强度在 0.01 水平上呈显著性差异，锻炼频次和持续时间在 0.05 水平上呈显著差异，此结果与模型中锻炼行为的关系假设一致，故此，假设 H6a 得到证实。假设 H6b、H6c、H6d 分别提出大学生年级、学科属性、生源地属性显著影响锻炼行为，根据前文分析结果（表 5-3、表 5-4、表 5-5），年级、学科及生源地属性对大锻炼行为均未呈现统计学意义。故此，假设 H6b、H6c、H6d 不成立。

综上，个体人口统计学特征对大学生身体锻炼行为具有显著影响的假设部分成立。

（7）中介变量与锻炼行为的关系假设

假设 H7a 提出，学校环境层面、家庭环境层面、社会环境层面、政策效能层面通过个体认知层面作用于身体锻炼行为，且它们之间互相作为中介变量作用于锻炼行为。根据研究数据（表 5-28），学校环境→个体认知→锻炼行为中介路径效应值为 0.459，家庭环境→个体认知→锻炼行为中介路径效应值为 0.285，社会环境→个体认知→锻炼行为中介路径效应值为 0.364，政策效能→个体认知→锻炼行为中介路径效应值为 0.462，验证了假设关系，故此，假设 H7a 成立；社会环境→学校环境→锻炼行为的中介路径效应值为0.067，社会环境→家庭环境→锻炼行为的中介路径效应值为 0.040，政策环境→学校环境→锻炼行为的中介路径效应值为 0.203，政策环境→家庭环境→锻炼行为的中介路径效应值为 0.092，其路径效应值均在 95%置信区间且不包含 0，中介效应成立。但家庭环境→学校环境→锻炼行为的中介路径效应不显著。家庭环境与学校环境虽同属于社会生态学的中间系统，均为社会的主体单位，特别是作为普通家庭与大学之间较难以建立紧密联系，相互融合，共同对大学生施以适切的身体教育与引导，故而家庭层面对学校层面的路径不显著，这可能是家庭层面难以通过学校层面作用于个体锻炼行为的主要原因，故而，家庭环境与学校环境的链式中介效应不成立。

政策效能→学校环境→个体认知→锻炼行为的链式中介路径效应值为

0.258，政策效能→家庭环境→个体认知→锻炼行为的链式中介路径效应值为0.103，社会环境→学校环境→个体认知→锻炼行为的链式中介路径效应值为0.076，社会环境→家庭环境→个体认知→锻炼行为的链式中介路径效应值为0.048，这四条链式中介路径均在95%置信区间且不包含0，链式中介效应成立，即假设H7b、H7c、H7d、H7e成立，其中，学校环境与个体认知、家庭环境与个体认知在政策效能作用于锻炼行为的链式路径效应值较高。

综上，部分证实了中介效应假设H7。

基于上述研究结果，形成大学生身体锻炼行为长效促进机制的社会生态学理论模型路径图，如图5-7所示。

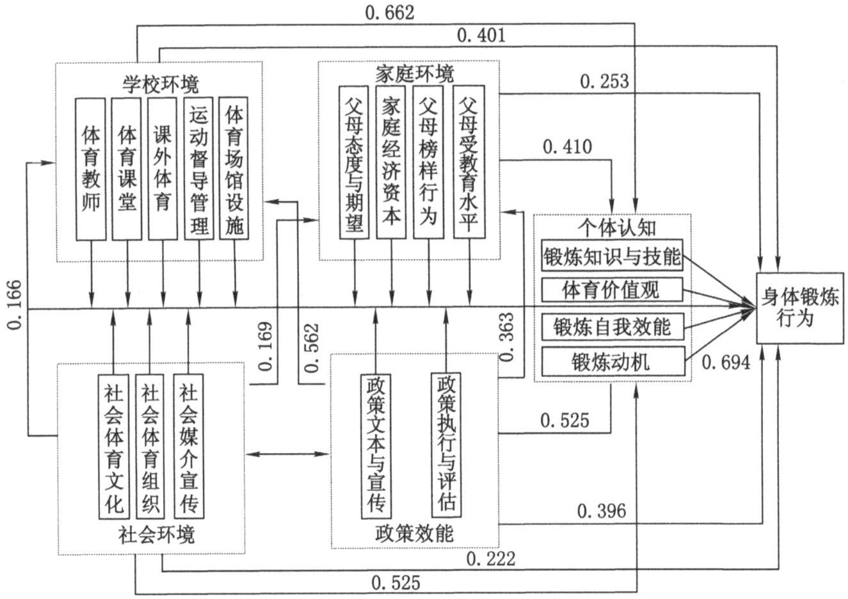

图5-7　大学生身体锻炼行为长效促进机制的社会生态学理论模型路径图

5.6　本章小结

基于第3章大学生锻炼行为长效促进机制的社会生态学理论模型构建及第4章的实证设计，本章对大学生锻炼行为长效促进机制理论模型进行了实证分析，同时检验了根据理论模型所提出的假设。首先，对大学生锻炼行为现状以及影响大学生锻炼行为社会生态学不同层面的现状进行描述性统计分析，相关分析结果显示，社会生态学不同层面因素与锻炼行为以及不同层面因素间存在显著相关关系；其次，对社会生态学不同层面因素作用于大学生锻炼行为的效应路径进行了分析；最后，检验了促进机制模型中的中介效应，结果表明学校环境层面、家庭环境层面、社会环境层面、政策效能层面通过个体认知层面作用于身体锻炼行为的中介路径显著，除家庭环境通过学校环境作用于锻炼行为的中介路径效应不显著外，其他层面作为中介变量作用于锻炼行为的中介路径效应均显著，同时证实存在四条链式中介路径。上述大学生锻炼行为促进机制的分析为后续长效促进机制的实践路径设计奠定了实证依据。

第6章 大学生身体锻炼行为长效促进机制理论模型讨论

本章将对本研究所构建的大学生身体锻炼行为长效促进机制的社会生态学模型进行讨论。除性别属性之外的年级、学科、生源地属性对锻炼行为的影响均未呈现统计学意义，同时，在量化实证研究时，根据心理学研究相关要求，需要对个体属性加以控制进行数据处理[246]、修正模型，故而本章主要针对促进机制模型的整体结构和个体、学校、家庭、社会、政策效能每一个层面的结构进行讨论，并在后续促进机制的实践路径设计章节紧紧围绕这5个层面进行构建。

6.1 长效促进机制理论模型整体结构

本研究主要运用质性研究等方法，根据社会生态学理论，构建了大学生身体锻炼行为促进机制社会生态学模型(图5-7)。根据质性研究和调查数据拟合结果显示，个体认知层面包括个体锻炼知识与技能、体育价值观、锻炼效能感、锻炼动机4个相互作用的因子，学校层面包括体育教师、体育课程、课外体育、体育场馆与设施及运动督导与管理5个相互作用的因子，家庭环境层面包括父母态度与期望、家庭经济资本、父母榜样行为及父母受教育水平4个相互作用的因子，社会环境层面包括社会体育文化、社会体育组织、社会传播媒介3个相互作用的因子，政策效能层面包括体育政策文本与宣传、政策执行与评估2个相互作用的因子。运用AMOS 17.0对假设模型进行验证性因子分析表明，5个层面因素之间19个因子假设模型的数据拟合适配值达到理想效果，各层面因素对大学生身体锻炼行为的影响路径显著。具有自然属性与社会属性的个人，其行为总是会受到社会生态系统中的社会文化及政策规则等的影响。本研究建立的大学生身体锻炼行为促进的社会生态系统模型融入了个体认知、家庭、学校、社会、政策等因素，符合社会生态学理论系统性观点，即个体与所处环境是相互联系、交互作用的功能性整体[256]，个体行为改变是多维因素作用的结果。

大学生身体锻炼行为长效促进机制社会生态学模型中，个体认知、学校环境、家庭环境、社会环境、政策效能潜变量之间（表 5-16）存有交互关系，其中学校环境、家庭环境与个体认知的相关系数较高，分别是 0.569 和 0.543，其次政策效能层面与个体认知的相关系数是 0.473，而家庭环境与学校环境的相关系数最低，为 0.106，说明大学生锻炼行为受到不同层面因素之间相关作用的影响。个体行为的选择与决策是在外界不同环境影响下，依靠思维与评判而引发的，故而，个体身体锻炼行为的改变表现为多环境因素的交互作用[256]。审视不同层面之间的相关性，发现大学生个体家庭环境与学校环境层面之间的相关性较低，提示我们需要从大学生所处的这两个环境系统构建相互作用关系及合理的沟通渠道，对个体以施以影响，促进其锻炼行为的发生与保持。

回归分析（表 5-29）和不同层面变量作用锻炼行为的路径效应显示，个体认知、学校环境、家庭环境、社会环境、政策效能均正向预测大学生身体锻炼行为。深入数据分析发现，个体认知（$\beta=0.52$，$P<0.01$）对锻炼行为的预测效应最高，其次是学校环境（$\beta=0.43$，$P<0.01$）和政策效能（$\beta=0.31$，$P<0.01$），最低的是家庭环境（$\beta=0.23$，$P<0.01$）和社会环境（$\beta=0.20$，$P<0.01$）。验证性因素分析结果与回归分析数据一致，个体认知作用于身体锻炼行为的直接效应值最大，为 0.694，其次是学校环境和政策效能，效应值分别为 0.401 和 0.396，最小的是家庭环境和社会环境，其效应值分别为 0.253 和 0.222。故而，5 个层面因素对大学生锻炼行为的促进效应大小依次是：个体认知＞学校环境＞政策效能＞家庭环境＞社会环境。学校环境、家庭环境、社会环境、政策效能层面均能通过个体认知层面的中介效应作用于大学生锻炼行为，且中介效应值分别大于直接效应值，说明对大学生身体锻炼行为的促进需要提升个体体育价值观、加强体育知识技能的传授，提升其锻炼效能感和锻炼动机的激发，进而提升其认知水平，促进知行合一。根据社会生态学理论，作用于个体行为改变的因素是系统的，具有一定的层次性，即直接作用于个体行为的人的因素与间接作用的环境因素相互影响[16]。本研究中个体认知是直接因素，具有直接效应，其他层面因素在直接作用于个体行为改变的同时，也作为间接因素作用于个体行为的改变，具有间接效应，因而形成了学校层面-个体认知层面、家庭层面-个体认知层面的链式中介效应。

6.2 长效促进机制理论模型个体认知层面结构

个体认知对于大学生锻炼行为的促进效应最大，路径系数值是 0.694（图 5-7），它包括个体锻炼知识与技能、体育价值观、锻炼效能感、锻炼动机 4 个相互作用因子，它们作用于个体锻炼行为的路径效应均具有显著性（表 5-18）。通过质性分析和个体认知二阶模型验证性因子分析，二阶模型拟合度指标相比一阶模型更为理想（图 4-2），进一步说明锻炼知识与技能、体育价值观、锻炼效能感、锻炼动机能够较好地解释个体认知对锻炼行为的促进作用，也证明了个体认知层面促进机制的因素分类较为合理。从研究结果可以看出，学生锻炼行为的个体认知得分和内部一致性较高，但锻炼行为及体质健康状况堪忧，主要原因是知、行不一，需要构建和形成锻炼的多层面环境促进其“知”落实到“行”中。

健康信念理论（HBM）认为，有益于个体健康的身体锻炼行为保持，需要有锻炼动机及健康的理论与实践知识[257]。HBM 对于个体锻炼行为的促进未能从环境因素进行考虑，但揭示了锻炼知识、价值认知以及健康信念对于个体锻炼行为转变的机制。已有研究指出，锻炼理论与实践知识是锻炼动机、自我效能、价值期望以及行为感知形成的基础条件，它们共同影响着个体锻炼行为[258]。

锻炼知识与技能对于个体认知的贡献路径 λ 值为 0.69（图 4-2），相较其他因素，虽然不是很高，但对个体锻炼行为也具有显著性影响。个体锻炼理论知识与实践技能的整合内化，会增强其健康信念，有利于个体做出正确的锻炼决策和积极行为认知，从而转化为积极的健身行为[259]。计划行为理论（TPB）强调，个体态度有利于其行为感知控制，锻炼的理论与实践知识是锻炼态度认知的先决条件，是价值形成的基础，决定着个体行为感知的控制，进而影响其行为的转变[258]。这提示我们在大学生体育教学中，要充分认识到大学阶段学生的特点，在加强单项技能教学的同时，通过现代多媒体等手段引导学生身体锻炼知识和运动技能的掌握提升，加强身体锻炼知识和健康知识的传授，使其具有自我体育锻炼的理论知识和技能。

体育价值观对于个体认知的贡献路径 λ 值为 0.77（图 4-2），高于其他 3 个因素。期待价值理论指出，个体价值认知能够通过健康知识的获取提升其行为执行力，从而达成个体价值期待，引发行为的转变[259]。同时，体育价值观的形成不是一蹴而就的，体育价值观是个人根据自身长期的锻炼行为体验和相关知识经验的积累，对体育价值功能属性的判断，是人们对体育及相关现象、体育社会功能评价的个人认知和行为取向，它是在一定环境中个体锻炼动机、锻炼效能等心理机能的综合体现。从质性研究和调研过程看，目前大学生对体育价值的认知度欠缺，这与整个社会体育环境及社会大众对体育的认知是有密切关联的。

锻炼自我效能对于个体认知的贡献路径 λ 值为 0.73（图 4-2），对于个体认知的作用位列第三。自我效能理论强调，环境作为自我评估与操作的资源，在为个体提供自我效能的同时，也对其行为方向与强度产生影响。个体对自我效能的认知有助于行为的改变，是影响个体行为的主要因素变量之一[259]。自我效能正向预测锻炼认知，锻炼的理论与实践知识是个体锻炼认知的主体，锻炼自我效能能够使锻炼者个体获得成就感，从而产生内在的愉悦，激发其主动参与锻炼，使其主动获取体育锻炼与健康的相关知识与技能。同时，高锻炼自我效能会使个体更加有效地选择和规划自我行为，有利于个体锻炼动机激发，锻炼动机越强，锻炼参与性和坚持性效果越好[204]。另外，锻炼自我效能也是把锻炼知识技能转化为实际行为的有效中介，它是搭建知与行的有效桥梁[260]，即体育教师知识传授等支持性行为，通过学生个体的认知评估，作为能效资源影响着其锻炼行为。

锻炼动机对于个体认知的贡献路径 λ 值为 0.75（图 4-2），对于个体认知的作用位列第二。根据自我决定动机理论（Self-Determination Motivation，SDM），SDM 能有效推动个体行为的改变，与个体兴趣紧密相连，对其行为坚持性有显著效应，同时对计划行为理论（TPB）的社会认知变量具有预测效应[261]。SDM 是个体锻炼行为发生、变化与保持的源动力，锻炼动机会受到社会媒介宣传、社会组织及群体暗示等社会环境的影响。根据质性分析和专家建议，本书锻炼动机量表题项分为内部动机和外部动机。本研究结果验证了相关研究，即外部锻炼动机正向预测锻炼行为的参与性，内部锻炼正向预测锻炼行为的坚持性。质性研究调研阶段发现，锻炼动机的强弱与学校制度政策要求以及自我体型之间具有较高的相关性，验证了文献[262]有关体育行为认知的研究，即体型异常者锻炼动机更为强烈，其 42％的动机差异是由 BMI 值和 Quetelet 指数变化引起的。

6.3　长效促进机制理论模型学校环境层面结构

学校环境对大学生锻炼行为的促进效应位列第二，路径系数值是 0.401

(图 5-7),它包括体育教师、体育课堂、课外体育、体育场馆与设施、运动监督与管理 5 个相互作用因子,它们作用于个体锻炼行为的路径效应均具有显著性(表 5-20)。学校环境作用于个体认知的路径系数值为 0.662,大于其他路径,这提示我们需要通过加强学校体育环境来提升大学生个体的认知。通过质性分析和学校环境二阶模型验证性因子分析,二阶模型拟合度指标相比一阶模型更为理想(图 4-3),进一步说明体育教师、体育课堂、课外体育、体育场馆与设施、运动监督与管理能够较好地解释作用锻炼行为的学校环境,也证明了学校环境层面促进机制的因素分类较为合理。社会生态学理论强调了社会环境及自然环境因素与个体因素的交互作用,此种不同水平和层面的相互作用和以环境为导向的立体化行为干预模式和资源供给影响着个体锻炼行为的选择性与持续性[177]。作为社会生态理论的中间系统——学校环境,其因子变量对个体锻炼行为的作用机制各不相同。

作用于学校环境贡献路径 λ 值最大的是运动督导与管理,为 0.80(图 4-3),说明大学生主动锻炼的意愿不够,还没有从根本上深刻认识体育的价值和功能,还需要外在监管给予推动[263]。这也从侧面说明了大学生锻炼行为偏少、身体素质较差的原因。督导与评价能够提升教师教学技能与教学效果,是教师教学价值观得以发展的手段,是有利于学生知识掌握的支持性服务系统[264]。因此,学校可以采用"云计算""区块链"等互联网大数据技术以科学合理的手段,对学生个人锻炼行为、课外锻炼氛围、运动场馆与设施及体育课堂效率的提升等施以运动监督与管理,在"督"的同时加强"导",要"督""导"并重。例如,校团委、教务部门和体育部门等学校单位在教学安排与相关工作方面相互协作,促使学生锻炼外部动机向内部动机转化,从而使其锻炼行为生活化。

体育场馆与设施作用于学校环境的贡献路径 λ 值为 0.78(图 4-3),位列第二。学校的场馆设施等物理环境在直接影响着个体锻炼行为的同时,通过个体自我效能对锻炼行为产生影响。根据自我效能理论,校园环境中的场馆设施支持性信息具有满足个体自主性心理需求的作用,从而提高个体锻炼参与的信心与热情,增加锻炼行为的内驱力。同时,便捷、布局合理、配置丰富的体育场馆与设施是优质体育课堂教学的保证,有利于浓厚学校体育氛围的形成,利于学生锻炼技能的学习及课余锻炼的需求。例如,现在很多学校新校区面积较大,学校相关部门可以利用相关管理手段,借助手机 App 等软件,实现学生课余锻炼的管理与监控,促进学生参与锻炼。

体育教师作用于学校环境的贡献路径 λ 值为 0.75(图 4-3),位列第三。已有研究指出,知识素养的水平直接影响着个体锻炼行为的选择与坚持,是影响锻炼行为的核心要素[259]。体育教师是体育课堂的组织者、体育技能的传授者、课外体育锻炼的指导者，对于大学生体育理论知识和实践技能的掌握有着重要的作用。有效的体质健康知识传播是个体锻炼参与和身心健康促进的基础，影响着终身体育习惯的养成[265]，而体育教师是学生获得体育理论与实践知识的源泉。同时，体育教师课堂授课方式、评价及教学理念等影响着健康运动知识的传播效果，因此，体育教师素养的高低直接对学生锻炼行为习惯的养成有着直接的影响[259]，进而影响大学生锻炼兴趣及行为的产生和保持，所以要大力加强体育教师能力及素养的提升。另外，体育教师知识传播的支持性行为作为学生个体能效资源，能够通过个体自我效能间接影响着锻炼行为[259]。

体育课堂对学校环境的贡献路径 λ 值为 0.75(图 4-3)，位列第四，与体育教师基本相当。体育课堂的构成维度主要涉及体育课堂内容、课堂组织及课堂评价等方面，是学生个体健康理论知识与实践技能获得的载体与途径。由调研可知，现在多数大学体育课堂教学评价采取教师和学生互评方式，一定程度上导致课堂内容组织、练习强度、方式方法上过于迎合学生，使得评价不能真实反映学生真实身体素质水平，难以达到促使学生技能、体能提升和课余锻炼的效果，致使课堂教学效果大打折扣[266]。因此，需要从督导与管理上加强课堂过程管控，提升教师素养和教学能力，改变评价方式，提升课堂教学效果。

课外体育对学校环境的贡献路径 λ 值为 0.74(图 4-3)，位列第五。从 λ 值可以看出，体育教师、体育课堂、课外体育对于学校环境的贡献基本相当，它们对学校环境基本起到同样的作用。体育课堂主要传授健康知识与实践技能及锻炼的原理与方法，课外体育重在调动学生兴趣及个性培养，其内容维度涉及课外体育组织管理、课外体育社团(俱乐部)、课外体育比赛等。形式多样、内容灵活丰富的课外体育能够培养大学生的锻炼兴趣、巩固体育技能，有利于个体锻炼行为习惯的养成，是学校体育课堂的深化与有益补充。加强课外体育对学生个体锻炼行为的促进，主要是通过加强课外体育的监督管理、调动教师参与积极性、引导学生参与项目社团等方法形成浓厚的课外体育氛围和环境。

6.4　长效促进机制理论模型家庭环境层面结构

家庭环境对于大学生锻炼行为的促进效应位列第四，路径系数值是0.253(图 5-7)，它包括父母态度与期望、家庭经济资本、父母榜样行为、父母受教育水平 4 个相互用作用因子，它们作用于个体锻炼行为的路径效应均具有显著性(表 5-22)。家庭环境作用于个体认知的路径系数值为0.410，虽然路径系数值相较其他层面因素较低，可能是因为大学生离开家庭，开始独立生活所致，但前期形成的体育价值观念等还是会潜移默化地影响着个体行为。通过质性分析和家庭环境二阶模型验证性因子分析，二阶模型拟合度指标相比一阶模型更为理想（图 4-4），根据家庭资本理论，家庭资源占有情况可以用家庭经济资本、人力资本以及社会资本综合评估，即家庭经济水平、受教育水平以及社会关系的资源等[267]，进一步说明父母态度与期望、家庭经济资本、父母榜样行为、父母受教育水平能够较好地解释家庭环境对锻炼行为的促进作用，也证明了家庭环境层面促进机制的因素分类较为合理。父母态度与期望对于家庭环境的贡献路径 λ 值为 0.69（图 4-4），位列第一。青少年行为会受到父母态度和相应价值观的影响，特别是高知识家庭环境的影响会更加深远。价值期望理论强调个体对认知的期待和感知控制力的强弱与锻炼相关知识显著相关；计划行为理论（TPB）认为个体态度与行为感知控制显著相关，锻炼理论与实践技能是态度形成的必要条件，锻炼知识可以内化为个体对行为的感知，进而影响着个体行为改变的进程[259]。此研究结果与代俊等[268]有关青少年身体活动影响因素的研究结果一致，即父母能够充分认识到体育的教育价值、健康价值、社会性价值等，其价值理念潜移默化地影响子女，进而促使其形成正确的体育观与健康意识，从而有利于其锻炼行为的保持。

父母榜样行为对于家庭环境的贡献路径 λ 值为 0.65（图 4-4），位列第二。父母榜样行为主要包括经常锻炼身体、制订锻炼计划以及关注运动赛事，陪同子女锻炼并讨论相关话题，这种行为使得他们更多关注运动健康，在父母行为的影响下，大学生个体也易形成正确的体育价值观。有研究显示，父母关注体育运动、与子女共同探讨体育相关话题，具有榜样与激励效应，会激发子女的体育热情与兴趣，进而表现为体育的行为[269]。科尔曼的家庭社会资本理论认为，高质量的家庭社会资本能够有效促进子女的体质健康；同时强调父母与子女的关系，即父母关注子女的教育以及投入度和参与度等，会提升父母参与锻炼的频率，进而影响到子女锻炼的参与性与坚持性[267]。

父母受教育水平对家庭环境的贡献路径 λ 值为 0.64（图 4-4），位列第三。科尔曼的家庭人力资本是指父母受教育水平，父母受教育水平越高，对子女健康要求及培养目标期待越高[270]。家庭人力资本对子女锻炼行为的影响主要来自父母态度与意愿，正向影响着子女的体质健康[219]。另外，受教育水平会影响个人职业选择和家庭经济资本，因而高知识家庭拥有更多资本（经济、时间）和对自己与子女健康的高诉求，易形成良好的家庭体育环境，从而对其健康意识和行为产生影响[222,226]。因此，受教育水平越高的家庭，其子女的锻炼行为参与意识和行为表现会越明显。

家庭经济资本对家庭环境的贡献路径 λ 值为 0.63(图 4-4),位列第四。它主要体现在满足个体锻炼所需的器材设备、服装、赛事观赏等方面。根据科尔曼的家庭资本理论,即家庭收入是家庭赖以生存与发展的基础与保障,它对家庭成员健康水平有着显著的影响。家庭经济资本又与父母受教育水平及职业阶层紧密相关,决定着其消费能力[267]。社会体育专家卢元镇研究指出,体育参与和个体经济水平具有高相关性,家庭收入越高,父母锻炼参与性也越高,从而形成家庭锻炼氛围,进而影响子女的锻炼行为和体育价值观。高收入家庭会更加倾向于子女的发展投资[271],相较于低收入家庭,会为子女提供更多的家庭支持,其所具有的引导作用越强,越会为大学生个体锻炼行为提供更多物质保障。

6.5　长效促进机制理论模型社会环境层面结构

社会环境对于大学生锻炼行为的促进效应位列第五,路径系数值是0.222(图 5-7),它包括社会体育文化、社会体育组织、社会传播媒介 3 个相互用作用因子,它们作用于个体锻炼行为的路径效应均具有显著性(表 5-24)。通过质性分析和社会环境二阶模型验证性因子分析,二阶模型拟合度指标相比一阶模型更为理想(图 4-5),进一步说明社会体育文化、社会体育组织、社会传播媒介能够较好地解释社会环境对锻炼行为的促进作用,也证明了社会环境层面促进机制的因素分类较为合理。

社会体育组织对社会环境层面的贡献路径 λ 值为 0.70(图 4-5),位列第一。社会体育组织是在我国公共体育服务供给不均衡、难以满足民众健身需求多元化的矛盾中而产生的,基层的社会体育组织能够在政府等部门多方协助下开展多样化的体育活动,丰富了社会体育文化,给大众提供健身场所和必要的建设指导,从而有利于个体锻炼行为的保持。大学生课外体育行为促进需要政府官方非营利性的社会体育组织、学校社团以及企业等私人性质的体育俱乐部的参与。多元的社会体育组织结构提供的赛事及体育活动推广平台,在社会媒介的宣传下,使得大学生身体活动行为场域拓展到学校以外[222]。调研发现,越来越多的大学生会参与社会体育组织平台提供的各种比赛,如各种马拉松、登山、自行车、网球等单项协会赛事。

社会体育文化对社会环境层面的贡献路径 λ 值为 0.69(图 4-5),位列第二,与黄卓等[272]对社会体育文化影响下的大众幸福感研究结果具有一致性,即基于社会体育组织、相关赛事活动及文化融合形成的社会体育文化，能够带给大众锻炼情操的陶冶、正确体育价值观的塑造及健康幸福感，浓郁的社会体育文化氛围形成的社会环境，对个体锻炼行为有正向促进作用。通过中央媒体及地方媒体等不同级别、不同形式的传播媒介，传播正确的体育价值，促进大众体育认同，形成全社会正确的体育认知和体育文化，带动个体的体育参与意识，促进体育行为[92]。

社会传播媒介对社会环境层面的贡献路径 λ 值为 0.65(图 4-5)，位列第三。中央及地方不同等级与形式的媒体在国家规范与要求下，传播体育价值，宣传体育文化，形成浓郁的社会体育生态环境，有利于青少年正确价值观与体育观的形成。另外，现代多媒体、智能手机及 5G 网络的发展，使得大学生更易接受更多新鲜的事物，在现代信息传播日益小众化发展的趋势下，社会传播媒介使越来越多的个体能够成为体育运动的观赏者[273]，逐渐演变为运动参与的主角，体现了现代社会媒介的核心价值，推动了社会健康的发展。

6.6 长效促进机制理论模型政策效能层面结构

政策效能对于大学生锻炼行为的促进效应位列第三，位于个体认知和学校环境之后，路径系数值是 0.396(图 5-7)，它包括政策文本与宣传、政策执行与评估 2 个相互用作用因子，它们作用于个体锻炼行为的路径均具有显著性(表 5-26)。通过质性分析和政策效能二阶模型验证性因子分析，二阶模型拟合度指标相比一阶模型更为理想(图 4-6)，进一步说明政策文本与宣传、政策执行与评估维度能够较好地解释社会环境对锻炼行为的促进作用，也证明了政策效能层面促进机制的因素分类较为合理。学校体育等相关政策文本的宣传，具有使目标群体统一思想认识，引发其积极锻炼行为的功能。政策因素是驱动因素，之所以在个体和学校环境因素之后，与学生个体极少关注宏观政策、缺乏对政策的敏感认知密切相关。同时，高校作为政策的中间组织环节和执行主体，会依据自己的发展目标、规划及资源配置对政策再生产和调整，难免会出现政策执行效果的走样和打折扣现象，难以达到政策文本制定的目标。

政策执行与评估对政策效能层面的贡献路径 λ 值为 0.78(图 4-6)，政策文本与宣传贡献路径 λ 值为 0.65。政策执行困难和低效率是政策推行与实践的突出问题，阻碍着学校体育等相关体育政策目标的达成。政策执行与评估主要是政策执行过程监管、效果监测及反馈。体育政策如《国家学生体质健康标准》能够引导学生进行体育锻炼，驱动学生了解不同运动形式的效果，强化个体的锻炼行为，为不同运动项目奠定身体素质基础，一定程度上能促进体育教学的发展与器材设施的完善，营造校园锻炼氛围。我国有较多促进青少年身体健康的法规和政策，但在执行效果及目标达成度上一般，主要原因在于政策执行过程监管及效果监测反馈机制不够，从而导致执行不力[274]；不同形式社会媒介的宣传，有助于政策执行主体及目标群体对相关政策的知晓与理解[275]，同时，家庭与社会范畴也需要对体育相关政策进行关注与宣传，营造全社会真正重视体质健康的氛围，促使目标群体配合政策执行，进而影响其健康行为[276]；政策的执行过程反馈与监督机制是政策效力的根本，规范的政策执行制度有助于政策执行各环节高度协调；校园相关体育政策的执行牵涉各方利益，政策执行中政府要调配各方利益，加强上下联动一致，横向配合协调，利用现代媒体监督，使政策扎根基层，使政策目标群体得到实惠[232]。

6.7　本章小结

本章根据实证研究数据，对实证研究结果进行了讨论。首先，对大学生身体锻炼行为长效促进机制模型整体结构进行讨论，并对其 5 层面因素结构进行了数据分析；其次，从每个层面因素对大学生锻炼行为的促进作用及不同维度的贡献大小进行了讨论，通过第 5 章大学生锻炼行为长效促进机制实证研究及第 6 章大学生锻炼行为长效促进机制模型的讨论，为第 7 章大学生锻炼行为长效促进机制的实践路径设计奠定了坚实的理论基础。

第7章　大学生身体锻炼行为长效促进机制的实践路径设计

依据社会生态学理论，通过大学生锻炼行为长效促进机制的扎根理论分析及实证研究可知，影响大学生锻炼行为的因素主要包括大学生个体认知层面、学校层面、家庭层面、社会层面、政策效能层面等5个层面。本章结合健康信念模型、自我效能理论、计划行为理论与跨理论模型，紧紧围绕5个层面变量，设计大学生身体锻炼行为长效促进机制的5层面实践路径，进而促进大学生锻炼行为，使其锻炼行为经常化、生活化。

7.1　个体层面实践路径

7.1.1　深入宣传，提升体育价值认知

根据健康信念理论，个体对体育价值的认知不是一朝一夕形成的，它是影响身体锻炼行为的核心要素。虽然学生群体认同体育活动具有增进健康的本质功能，依然显示出锻炼行为总体偏少的“知、行不一”现象，这与社会体育环境、家庭体育价值认知、学校教育的大环境密切相关，同时个体和家庭对体育价值认知的深度与社会媒介对体育价值、学校体育政策等的广泛宣传具有显著相关性。首先，需要国家顶层政策设计，加强学校体育功能，利用现代网络、自媒体平台深度宣传体育价值，提升社会大众体育价值认知，从而影响学生体育价值认知和对体育技能学习的态度；其次，提升体育课程在学生成长教育过程的作用，使家长和学校重视学生的身体健康，促进学生对锻炼行为的价值认知；最后，在政策保障下，通过个体、家庭、学校以及社会形成正确的体育价值理念，摒弃原有“说起来重要，做起来次要，忙起来不要”的体育价值理念，使个体锻炼行为经常化、规律化。同时，根据跨理论模型，梳理并细致分析不同阶

段学生的心理与行为特性，根据其所处阶段特征与其所处外部环境的因素所具有的关联性，采取前意向阶段的引导机制唤醒目标、意向阶段的激励机制形成目标与行为保持阶段的约束机制强化目标进行行为干预，使个体身体锻炼行为从计划、准备的低阶段跃进到保持的高阶段。

7.1.2　加强锻炼动机激发，提升锻炼效能

根据 Lewin（勒温）的场动力理论，个体行为是心理场（内在需求、动机、个体信念等）和外部环境场（个体知觉到的外部环境）共同作用的结果。个体锻炼需求、锻炼动机、锻炼价值等心理认知能够正向预测锻炼行为的坚持，它会受到家庭、社会、体育教师以及朋友等外部环境和条件的影响[277]。考试、学分要求等外在动机能够促使学生参与锻炼；学校应加强学生对体育的健康功能认知，激发其提升体育锻炼内部动机，树立正确的健康价值观，丰富健康锻炼的理论知识和锻炼技能的提升，使其保持锻炼行为。体育课程是个体锻炼知识和技能获得的重要渠道，直接影响着锻炼行为，也对锻炼动机产生影响。通过社会和学校的不同体育组织引导大学生积极参与不同体育课程与锻炼，逐渐提升对其身体自我满意度及自信心水平，增强锻炼效能感，使其从内在动机上驱使自身保持锻炼行为。根据 HBM 和自我效能理论，父母、教师及朋友的支持能正向调节锻炼动机和锻炼行为[278]，要加强父母和教师等外在社会支持和引导，提高教师体育课堂目标设置的合理性，给予学生语言、行为等支持，增强其技能掌握信心，继而影响其锻炼自我效能，进一步促进锻炼行为的保持。

7.1.3　加强体育知识与技能的系统化教育设计，掌握运动技能

自身锻炼知识与技能的缺乏，是束缚个体锻炼参与的重要因素变量。政府需要引导学校体育教育系统性改革，形成小学 中学 大学体育课程的系统化和一体化，通过从小学到大学体育课程的系统性学习，人人都可以掌握一项到两项运动项目，懂得运用所学运动技能和知识，参与锻炼活动，保持健康。同时，学校要充分利用现代传播媒介如微信平台、公众号等形式传播健康教育知识与锻炼技能，开展专题讲座与社团活动，培养大学生体育兴趣，提高体育锻炼功能认知，促进个体锻炼态度的改变，为学生量身定制运动处方。另外，体育教学应加强顶层设计，系统性设计大、中、小学体育教学体系，面向全体学生，注重技能教学的同时应注重个性化和健康导向，加强运动动机与兴趣态度的培养，使不同体能水平的学生在锻炼中获得锻炼效能，使其进入运动-身心

健康-运动的良性循环。

7.2 学校层面实践路径

7.2.1 强化学校体育教育功能,形成特色校园体育文化

个体锻炼行为的促进是多因素参与的结果,学生低锻炼行为现象不能仅归咎于学校体育单方面原因,但学校是大学生个体生活、学习的主要环境,对大学生个体锻炼行为的促进发挥着较大的作用。在整个学校教育生涯中,体育课程教育始终得不到应有的重视,在当前应试教育人才选拔机制体制下,学生由于课业负担、就业压力,忙于各种考证、考编、考研等就业准备,锻炼参与较少;体育课程也因学生频出现意外,加之相关法规不健全、教师责任心缺乏等原因,致使体育课堂仅是简单、无强度的身体练习和技能学习,使得学校的体育教育过程被压缩,学生对体育价值功能的认知弱化,因此,需要加强大学生健康教育认知。通过培训提升大学体育教师素养,加强课堂教学组织能力和正确、多元的教学理念,丰富体育课堂教学内容,在现代教育多媒体教学理念下,采用合理手段和方法,提升教学效果,强化体育课堂教育功能,正确引导学生体育认知及锻炼行为知识和技能的掌握,使学生锻炼行为经常化,改善其体质健康状况,使其拥有较高的社会归属感,驱动锻炼兴趣,最终达成锻炼行为促进目标。另外,通过高水平大学生运动队和运动社团的建设,构建特色校园体育文化建设,形成浓郁的校园体育运动氛围,激发普通大学生锻炼兴趣,最终服务全体大学生身心健康。

7.2.2 强化需求为导向的学校体育设施建设

学校体育场馆与设施是体育公共服务型产品,是学生进行体育行为的重要环境,是体育课程和课下体育锻炼的物质基础保障,对锻炼行为体验和保持产生直接影响。校园体育公共服务产品供给与需求的一致性是校园体育公共服务体系构建服务水平的重要指标。因行政管理体制受人力、财力、物力一定程度的限制,导致校园体育服务供给的质量受到影响。体育场馆功能设置会从自身政绩等自利性出发,对其实用性和服务学生健康的初衷有所忽略。因此,以学生需求为导向的场馆配置,要适当引进社会资本构建不同类型体育运动场馆,坚持以学生健康需求为导向的体育场馆设施建设,提升公共体育课程项目设置,引进社会体育赛事,科学合理搭建大学校园体育场馆服务平台,这

是大学生锻炼行为和健康促进的物质保障。同时，对大学校园体育场馆进行合理规划和布局，充分利用现代信息化网络管理系统，以学生锻炼参与的可及性、方便性为中心，统筹规划校园体育教学区、课外活动区，从学校硬件设施系统环境促进学生的锻炼行为[279]。

7.2.3　强化学校运动监督管理

学生锻炼行为的促进，需要由相关部门协调学校、社区、社会媒体等资源，实施系列健康行为促进项目，引进社会组织的健身项目进校园，对大学生个体、学校相关部门以及与学生锻炼行为促进相关的社会组织在国家政策保障下进行统一管理。目前，学校体育部门承担大学生锻炼行为的管理，在政策执行过程中，缺少效果评价与过程监督。根据计划行为理论，需要加强对大学生锻炼行为的知觉行为控制，一是对学生锻炼行为的监督评价，包括体质测试过程监督、结果反馈，利用课余锻炼行为手机 App 平台等方式监督反馈，使学生个体锻炼行为得到有效管理，加强学校体育氛围；二是对体育教师教学效果的管理评价，加强课堂教学过程与效果评价有助于教师提升自我业务素养、课堂组织能力，从而提升课堂教学效果；三是加强学校体育设施建设和管理，由国家相关机构和组织，对学校体育设施建设进行评估，促使学校体育场馆设施达到相应标准，奠定大学生锻炼行为基本的物质保障。国家相关行政部门要构建大学生体质健康和锻炼行为促进相关的监督管理及评价体系，协调高效运行资源配置，确保国家要求的体质监测及相关规定无折扣地执行，以促使大学生锻炼行为规律化、生活化。

7.3　家庭层面实践路径

7.3.1　深入宣传，提高父母体育价值认知

父母的态度与期望对于个体行为、态度有着直接影响，父母会按照他们所期望的方向为子女提供相应的环境，而环境可以对个体基本心理需求满足、动机和行为产生影响，即父母对体育的态度和提供的环境支持直接对个体锻炼动机产生影响，进而影响其行为[280]。根据计划行为理论，需要加强对大学生锻炼行为的社会支持感知。首先，利用现代网络通信手段加强家庭与学校的联系互动，通过掌握较多专业体育知识的学校体育专家或教师对学生父母进行相关体育锻炼知识和技能的讲座，从而使其获得较多的专业知识，树立正确

的体育价值观念;其次,国家通过一定的政策鼓励,社区、街道、乡镇在假期时间开展家庭运动会,使父母通过多种体育形式在感受国家改革开放带来的幸福生活的同时,掌握更多体育知识,形成正确的体育价值观,培养父母的体育兴趣,以带动家庭成员对体育的同质化认知;再次,国家相关行政部门组织编写包含体育健身知识的宣传册,或运用现代互联网、多媒体及电视媒体深入报道健身相关知识及《国家学生体育锻炼标准》,使不同年龄段父母形成正确的体育价值理念,营造出示范效应的家庭体育环境,以促进个体锻炼行为。

7.3.2 政策设计,引导父母重视体育

2020 年 10 月,中共中央办公厅、国务院办公厅印发了《关于全面加强和改进新时代学校体育工作的意见》,强调逐步提高中考体育分值至 100 分,强调从小学到大学二年级,把体育素养水平作为考评依据的实践探索逐步成熟,聚焦“教会、勤练、常赛”,形成“健康知识+基本运动技能+专项运动技能”的学校体育教学模式;逐步试点推广至高考专业录取中,构建同等条件下体育素养水平优先录取的高考人才选拔机制。提升体育教师整体素养和完善教师评价体系,推进学校体育评价改革,整合社会资源,健全教育督导评价体系,落实大学生身体素质学分考核与学位相关的政策要求,引导学生及其家长、学校对体育的实质性重视[281]。政府相关行政部门加强规划,加大投入,合理布局体育资源,使得城乡居民均能享受到改革开放成果,使体育运动真正成为人们幸福的源泉之一,使广大学生家长养成体育锻炼习惯,营造全社会积极锻炼的氛围,进而促进大学生锻炼行为习惯。最后,建立家-校融合沟通机制,激发家长责任,与相关专业人员就子女健康行为共同制订寒暑假锻炼计划,促进学生的锻炼行为。

7.3.3 积极引导,构建家庭体育环境

自我决定理论认为,外在环境能够满足个体基本需求,有助于个体锻炼行为的发生与坚持。显然家庭环境作为社会生态学模型的重要环境,能够满足青少年的基本心理需求,进而影响着其动机和锻炼行为。身教胜于言教,家庭中父母锻炼行为的参与和物质条件的保障等对子女的体育锻炼意识及行为习惯的养成具有重要作用。相关部门需要加强宣传,积极引导,有计划地聘请相关专家与学者开展家庭体育培训,讲授锻炼促进的方法,使家庭成员成为体育爱好者和健康知识的传播者,提升父母对青少年体育锻炼参与重要性的认知,不仅要在态度上、物质条件上支持青少年参与体育锻炼,使其养成锻炼意识和

习惯，在行动上也要积极做出榜样，构建和谐的家庭体育环境，与子女共同锻炼，共同参与社区或学校组织的家庭体育赛事，使家庭成员的锻炼行为趋于相同，一定程度上增进家庭成员间行为的同质性和一致性，进一步加强家庭锻炼行为的代际传递效应，使青少年形成体育锻炼的自主性动机，进而在大学阶段也具有良好的锻炼行为习惯。

7.4　社会层面实践路径

7.4.1　政策支持，加强社会体育组织培育

社会层面本质上是政府运用社会组织通过制度实现对社会某一事务的治理。社会体育组织在实现政府基层治理、全民健身等领域扮演着重要角色[282]。政府相关部门需要顶层设计，构建相应法规准则，通过社会媒介使目标群体知晓，对不同社会体育组织的合法性给予明证和支持，准许体育公益服务和慈善类社会组织可以依法进行申请注册，为社会体育组织提供较为有利的政策环境，以利于体育社会组织发展，提升社会体育组织的公信力，使社会民众普遍认可，进而广泛参与，从而形成对社会体育组织的认同感，提升社会体育组织地位，使社会民众在社会体育组织的活动中得到实惠，达到促进全民健身、健康中国的目的。政府要强化不同社会体育组织的作用，要立足于街道、社区、乡镇中心提供多样性健身需求，组织有特色的体育活动，提升全民幸福感，搭建青少年锻炼参与的平台。通过上述路径提升社会大众对体育价值的认同，从而带动学生锻炼行为的参与和保持。

7.4.2　加强宣传，营造浓厚社会体育文化氛围

社会体育文化主要是指体育运动的物质、制度、精神文化的总和，包括体育价值、理想、制度等条件。体育文化建设一般是以“运动项目文化”为核心，挖掘提取运动项目内在和外延价值。社会体育健身文化对于体育强国建设具有重要作用，与社会民众的幸福感密切相关。应该以健康中国的国家战略为契机，各级政府部门及相关社会组织在硬件设施加大投入的前提下，要强化和深入宣传“健康第一”的体育文化价值理念，通过现代网络、电子媒介、电视等社会媒介向大学生及社会民众传播体育锻炼和健身知识，营造浓厚、优良的社会体育文化氛围，提升全民体育价值认同，促进学生体育锻炼行为。同时，高校通过开展形式多样、多种社会领域交互的活动方案提升大学生体育参与的

途径，比如通过固定节日活动、系列户外拓展类活动方案和大学生课外锻炼方案融合发展，以形成浓郁的社会体育文化氛围。

7.4.3 构建社会组织与学校共同管理的互利共赢机制

我国高校大学生锻炼行为促进方案多以学校自我管理为主，锻炼行为方案的实施多在校内，学生参与领域以学校为主，社会组织角色参与缺位。而欧美发达国家高校学生锻炼促进方案多采用“校-社”融合管理，社会组织与学校合作管理的职能分工较为明确，政府参与管理，部门间协作密切，高校学生的体育锻炼行为管理顺畅。我国高校要适当发展与社会组织的联系，展开横向合作，充分发挥主体利益的关联性，合理划分“校-社”职责，进行锻炼行为方案的共同管理，创建共赢机制，实现高校学生体育锻炼行为促进方案的社会化，合力为社会全面人才的培育服务。同时，社会组织要以共同利益和具有吸引力的营销方案，积极寻求和建立与学校的多元化合作。在新发展阶段，社会体育发展要不断创新，积极寻求在不同领域与高校的融合发展，重视通过多种类型的社会行动方案吸引与培养大学生体育参与兴趣，提升高校大学生体育锻炼参与水平，在培养学生多元发展目标和社会归属感的同时，进一步促进大学生的社会化水平。

7.5 政策层面实践路径

7.5.1 构建以学生全面发展为目标的学校体育政策

以学生整体素养的提升作为学校体育政策的最高价值目标，避免体育政策的功利性。体育技能学习与锻炼对于大学生，是身体技能的提升，更是其精神的培育和发展，而学校体育课时的局限性，无论是其技能培养的考察，还是过程体验，均与学校体育相关政策目标相去甚远。现代学校体育教育在促进个体技能掌握、身体生长发育、体质增强的同时，还要以“终身体育”培养为目标，在锻炼过程中培养顽强意志、协作精神，以促进人的社会适应力和全面发展。一方面，应以“健康中国战略”为契机，政府相关部门需要制定政策，体现体育课程在学校教育中的地位，通过整合和优化学校教育资源，以促进学生综合素质的全面发展，营造大学生体质健康促进的政策环境；另一方面，各级学校体育要在强化学校技能教学的同时，强化学校体育的育人功能[283]，形成个体正确的体育价值理念。要架构政策利益一体化的制度，形成宏观政策与具体执行政策结合的制度网络，加强政策执行效果的反馈路径建设，构建政策执行约束防线，规范政策执行行为，提升政策执行效能，以促进大学生锻炼行为的生活化、规律化。

7.5.2　强化政策文本操作实效性及宣传

国家对不同年龄段学生的身体健康极具关怀，党中央、教育部、共青团中央、国家体育总局等部门制定了多项身体健康促进的政策，如《国家学生体质健康标准》《中共中央 国务院关于加强青少年体育增强青少年体质的意见》等政策。这些政策的制定，在社会各种媒介的宣传下，起初起到了一定的作用，但远没有达到政策预期，与体育政策文本制定细则针对性不高、操作性不强、体育政策与政策之间衔接度与契合度不紧密不无关系[284]。首先，加强政策文本制定的操作实效性、前瞻性以及相关体育政策之间的契合度，加大体育政策法律的体系建设，紧跟时代步伐，优化体育相关制度的配套设计，高效率发挥社会组织的自治性特征，使得大学生锻炼行为促进的相关政策更具针对性和系统性，提高政策效能；其次，加强政策宣传力度，充分利用现代多媒体加强政策的宣传，使学生群体了解政策制定的目标、执行意义，只有在目标群体知晓并理解、认可体育相关政策基础上，才能使学生目标群体配合执行过程，使政策转化为自觉的行动[91]，从而促进其锻炼行为，提升其体质健康。

7.5.3　强化政策执行与评估

国家相关部门制定的学校体育相关政策以促进学生群体健康利益及社会发展为根本目标，但学校在执行相关政策时，诉求于学生的毕业率和高就业率；社会层面诉求于学生的高专业能力，对学生的锻炼行为及健康弱化和忽视；家长及学牛本人对于健康利益的诉求不得不让位于优秀专业能力、顺利毕业以及好的工作职位诉求，故而对国家及学校的体育政策就会产生消极认知。从国家层面与社会、家庭及本人的利益诉求没有很好的统一，因此学校在政策执行上不坚决，家庭责任不明确。故此，需要加强政策执行力度，加大政策执行过程中经费、人力、物力等资源保障和经费投入，引入社会市场机制，加大体育价值宣传力度，逐步改变人们"重文轻武"的人才价值取向[285]，树立和实施素质教育观，优化政策执行环境。缺少学校体育相关政策执行效果的评估，无法反映政策执行情况及政策指标的合理性；缺乏政策执行效果奖惩机制，无法评价执行主体对政策的执行力度。故此，要加强和健全学校体育政策执行评估的监督体系，协调政策执行中各部门融合沟通；建立合理的政策执行效果考核机制，引进学校体育相关政策无利益关系的第三方监督评估机构，推进政策执行效果监管常态化管理，提升政策效能的溢出效应，促进学生锻炼行为的常态化。

综上，大学生身体锻炼行为长效促进机制的实践路径（图 7-1）需要多元管理和体育政策执行的保障，是一项涉及政府行政部门、社会组织、学校、家庭、个人等多元主体协同配合的系统工程。

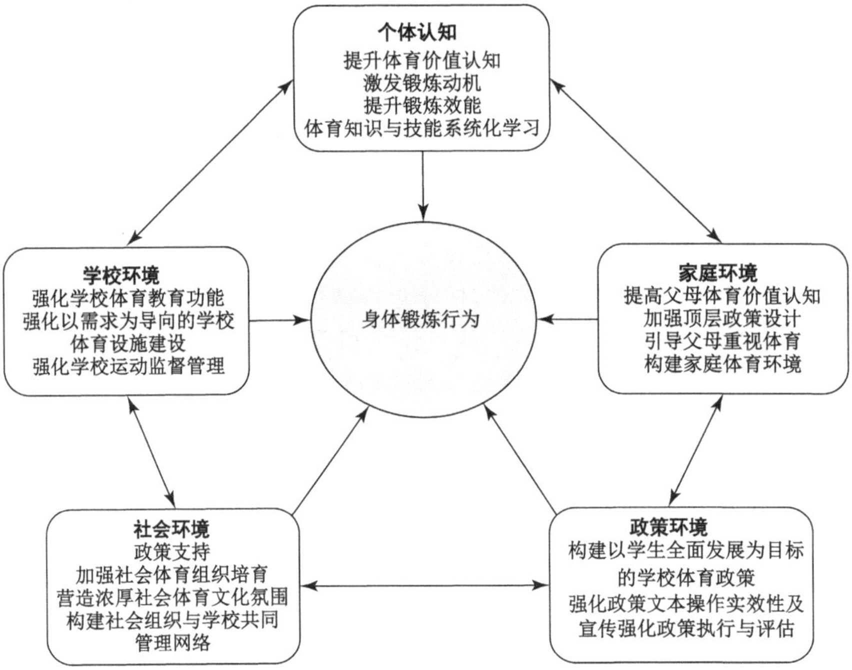

图 7-1　大学生身体锻炼行为长效促进机制的实践路径示意图

故而，国家相关行政部门需要在制定相关政策基础上，以社会环境为基础，协调和引导各利益主体积极参与，实现资源整合及优化配置。学校环境层面需以政策为基础，学校内部职能部门如教务处、学生处、团委等各处室与体育部门等协同配合，通过创新体育教学和制度引导个体运动认知，实现对学生锻炼行为促进的多元管理，形成学校体育的内生动力。家庭环境层面在社会媒体资源的引导下，加强父母自我体育认知，达到与子女体育运动共情，提升其锻炼动机。宏观上，加强顶层设计，强化体质监测评估和反馈，形成政策效能的闭环，协调社会非政府组织与行政管理机构，联合学校、家庭环境等资源，通过社会媒介深入宣传，实现优势互补，在微观上有力推动学生个体认知和学校环境、家庭环境、社会环境、政策效能的协同与融合，构建体育锻炼行为全社会立体化多元主体参与的联动治理机制，从而为大学生身体锻炼行为长效促进与体质健康发展提供全方位、立体化的服务。

第8章 研究结论与展望

8.1 研究结论

(1) 锻炼行为促进机制的概念界定

根据机制概念,基于社会生态学理论,本研究将大学生身体锻炼行为长效促进机制定义为:通过个体、家庭、学校、社会以及政策等不同层面及层面因素间交互作用引发身体锻炼行为,且能够规范、组织与推动体育相关要素按照一定形式、规模、速度及趋势发展,并对其行为现象做出解释而形成的复杂系统。

(2) 大学生锻炼行为现状

中等强度和低强度运动大学生占比分别是23.5%和53.2%,每天有锻炼行为和每周有3~5次锻炼行为大学生比例分别是14.2%和25.7%,每周3次以下锻炼行为的学生占比60.1%。在持续时间上,30 min以上占比为50.4%,好于锻炼强度与频度。在个体人口统计学特征上,仅性别属性对大学生锻炼行为强度的影响具有显著差异。

(3) 大学生身体锻炼行为长效促进机制的社会生态学理论模型构建

基于扎根理论,本研究构建了大学生锻炼行为长效促进机制社会生态学理论模型。该模型包括个体认知、学校环境、家庭环境、社会环境、政策效能以及大学生个体属性等6个主范畴,并对其内涵与相互建构关系进行了阐释。

个体认知层面主范畴包括锻炼知识与技能、体育价值观、锻炼效能、锻炼动机4个子范畴,个体认知是影响锻炼行为的内驱因素,可直接作用于锻炼行为,也会被社会环境等其他因素影响。学校环境层面主范畴包括体育教师、体育课堂、课外体育、学校体育场馆设施以及学校体育督导与管理5个子范畴。家庭环境层面主范畴包括父母态度与期望、家庭经济资本、父母榜样行为及受教育水平4个子范畴。社会环境层面主范畴包括社会体育文化环境、社会体育组织及社会传播媒介 3 个子范畴。政策效能层面主范畴包括体育政策文本与宣传及政策执行与评估 2 个子范畴。对大学生锻炼行为产生影响的个体属性包括性别、年级、学科及生源地属性，除性别属性之外的年级、学科及生源地属性对锻炼行为的影响均未呈现统计学意义。

(4) 大学生身体锻炼行为长效促进机制的社会生态学理论模型的量化验证

社会生态学个体认知、学校环境、家庭环境、社会环境、政策效能层面变量之间相关性显著。5 个层面 19 个变量与锻炼行为具有显著相关性。个体认知、学校环境、家庭环境、社会环境、政策效能均正向预测大学生身体锻炼行为。社会生态学理论系统环境对大学生锻炼行为的预测效应大小依次是：个体认知＞学校环境＞政策效能＞家庭环境＞社会环境。学校环境、家庭环境、社会环境、政策效能层面均能通过个体认知层面的中介效应作用于大学生锻炼行为，且中介效应值分别大于直接效应值；学校环境和家庭环境分别在社会环境与锻炼行为、政策效能与锻炼行为之间具有中介效应；家庭环境和个体认知、学校环境和个体认知分别在社会环境与锻炼行为、政策效能与锻炼行为之间的链式中介效应成立。

(5) 大学生身体锻炼行为促进机制的实践路径设计

大学生锻炼行为长效促进机制的实践路径设计是一项涉及政府、社会、学校、家庭、个人等资源协同作用的系统工程。国家相关部门需要协调和引导各方利益主体实现资源整合及优化配置，通过政策引领实现学校环境、家庭环境、社会环境与个体认知的协同路径，形成全社会不同主体协同促进锻炼行为的联动机制与环境。

8.2　研究局限

本书对大学生锻炼行为促进展开质性研究与量化验证，在研究过程中力求科学严谨，由于研究能力限制等诸多因素，依然存在以下不足：

(1) 促进因素局限

大学生锻炼行为的促进涉及因素较多，某单一因素与综合因素均能对其行为产生影响，过程复杂，需要多方协同配合。在梳理相关文献基础上，运用质性研究和量化验证的方法界定相关因素，由于地域限制和不同学校级别的差异，难免出现地域性、主观性等因素一定程度的遗漏。

(2) 样本选择局限

由于研究条件等限制，本研究调研样本虽涉及东部地区和西部不同地区省份，但不同省份的调研样本量难以保障均衡，调研大学生就读学校所在城市大小和经济发展均存在一定差异，调研对象来自农村和城市，不同地域农村和城市也还有较大差异，虽然基本满足统计学的要求，但影响大学生锻炼行为的因素变量也可能出现地域性差异，这是大学生锻炼行为促进后续研究需要进一步深入的研究方向。

(3) 问卷设计局限

在问卷的设计上，虽然参照和查阅了相关行为控制研究文献，对问卷条目进行设计，但由于相关知识储备等问题，在问卷题项设置上也可能表现出一定的局限性。

8.3 研究展望

结合研究不足之处，未来继续深化本研究需要着重关注以下几点：

(1) 研究方法的丰富

本书有关锻炼行为促进研究主要运用了质性研究与量化实证相结合的混合方法，为了验证锻炼行为促进机制的有效性，可以采用行为促进的试验干预予以研究。

(2) 长效促进机制社会生态学理论的试验证明

社会生态学理论身体锻炼行为的研究目前是国内行为学研究的热点，但量化实证研究还是较为匮乏，在锻炼行为促进机制实践路径的试验干预更是鲜见，未来可以就某一区域展开试验研究，以验证社会生态学理论模型对个体行为促进的效应。

(3) 研究样本的扩充和地域均衡

大学生锻炼行为在进一步扩充研究样本量的同时，要考虑地域和经济的发展均衡；大学生锻炼行为习惯的养成，要结合其中小学阶段的体育行为习惯对锻炼行为的影响开展系统性研究。

参考文献

[1] 张连成,王肖,高淑青.身体活动的认知效益:量效关系研究及其启示[J].体育学刊,2020,27(1):66-75.

[2] SORICM.Physical activity[J].European journal of public health,2020,30(5): 1226-1229.

[3] GUTHOLD R,STEVENS G A,RILEY L M,et al.Worldwide trends in insufficient physical activity from 2001 to 2016:a pooled analysis of 358 population-based surveys with 1.9 million participants[J].The lancet global health,2018,6(10):1077-1086.

[4] 刘静,邱芬,邱卓英,等.世界卫生组织身体活动政策和指南的架构与核心内容研究[J].中国康复理论与实践,2021,27(12):1402-1411.

[5] 徐富升,刘建康,蔺婧,等.衰老指数与身体活动对老年人全因死亡的影响[J].中国慢性病预防与控制,2022,30(4):241-245.

[6] HAMBLING T,WEINSTEIN P,SLANEY D.A review of frameworks for developing environmental health indicators for climate change and health[J].International journal of environmental research and public health,2011,8(7):2854-2875.

[7] 王正珍,罗曦娟,王娟.运动是良医:从理论到实践:第 62 届美国运动医学会年会综述[J].北京体育大学学报,2015,38(8):42-49.

[8] BAUMAN A E,REIS R S,SALLIS J F,et al.Correlates of physical activity:why are some people physically active and others not? [J].Lancet,2012,380(9838):258-271.

[9] SONG W J,WANG W T,YIN X F.Research on influencing factors of adolescents' sports health behaviors in social ecology[J].Revista brasileira de medicina do esporte,2021,27(4):434-439.

[10] KATAPALLY T R, BHAWRA J, LEATHERDALE S T, et al. The SMART study, a mobile health and citizen science methodological platform for active living surveillance, integrated knowledge translation, and policy interventions: longitudinal study[J]. JMIR public health and surveillance, 2018, 4(1): 31.

[11] 刘月姣.中国居民营养与慢性病状况报告(2020 年)[J].营养学报,2020,42(6):521.

[12] 曹勋.高校体育教育对学生心理健康的促进研究[J].教育与职业,2016(18):106-108.

[13] 国家体育总局.2014 年全民健身活动状况调查公报[R/OL].[2015-11-16]. https://www.sport.gov.cn/n315/n329/c216783/content.html.

[14] 姜媛,张力为,毛志雄.体育锻炼与心理健康:情绪调节自我效能感与情绪调节策略的作用[J].心理与行为研究,2018,16(4):570-576.

[15] 董宝林,张欢.性别角色、主观锻炼体验、运动承诺与锻炼行为:链式中介模型[J].天津体育学院学报,2016,31(5):414-421.

[16] 杨剑,邱茜,季浏.锻炼行为生态学模型及其在体育领域的应用[J].武汉体育学院学报,2014,48(10):75-81.

[17] 刘立波.环境身份理论视域下的青年群体环境行为研究[J].中国青年研究,2017(6):31-35.

[18] 梁潇.大学生体育锻炼行为研究[J].教育评论,2015(3):102-104.

[19] 张路遥.大学生体育锻炼行为与个人发展关系的研究[J].教育探索,2014(5):44-45.

[20] 阳家鹏,向春玉,徐佶.促进青少年有氧体适能和体育锻炼行为的路径:动机理论的观点[J].体育与科学,2015,36(4):115-120.

[21] 李会超.基于社会认知理论对高校学生体育锻炼行为的研究[J].广州体育学院学报,2019,39(3):125-128.

[22] 林加彬,柴娇.体育项目偏爱对体育锻炼行为的影响:体育学习兴趣的中介作用[J].西安体育学院学报,2019,36(5):631-636.

[23] 常婉璐.大学生体育审美倾向与体育锻炼行为的相关性研究:以天津市为例[D].天津:天津体育学院,2018.

[24] 陆雯,惠悲荷.大学生锻炼动机内化机制与行为促进研究[J].西安体育学院学报,2020,37(1):98-106.

[25] 邱茜.上海市中学生体育锻炼行为生态学模型的研究[D].上海:华东师

范大学,2015.

[26] VAN DYCK D,CERIN E,DE BOURDEAUDHUIJ I,et al.International study of objectively measured physical activity and sedentary time with body mass index and obesity:IPEN adult study[J].International journal of obesity,2015,39(2):199-207.

[27] KAMPSHOFF C S,JANSEN F,VAN MECHELEN W,et al.Determinants of exercise adherence and maintenance among cancer survivors:a systematic review[J].International journal of behavioral nutrition and physical activity,2014,11(1):1-13.

[28] 司琦,汪霖之,JEONGSU K,等.基于人际和组织生态子系统的青少年校内课外身体活动影响因素研究[J].首都体育学院学报,2017,29(3):259-264.

[29] 陈培友.社会生态视域下我国青少年体力活动促进模式研究[D].南京:南京师范大学,2014.

[30] VESELY T,JANATOVÁ M,SMRCKA P,et al.Measuring of the energy expenditure during balance training using wearable electronics[J].Electronics,2022,11(7):1096.

[31] KIM Y,WELK G J.Criterion validity of competing accelerometry-based activity monitoring devices[J].Medicine and science in sports and exercise,2015,47(11):2456-2463.

[32] 邱皓政,林碧芳.结构方程模型的原理与应用[M].2 版.北京:中国轻工业出版社,2019.

[33] 易丹辉,李静萍.结构方程模型及其应用[M].北京:北京大学出版社,2019.

[34] 徐莸,谌俊斐,徐焰,等.广东省大学生体质健康监测评价管理现状与对策研究[J].高教探索,2020(8):106-110.

[35] 肖红克,王莉,胡精超.河南省大学生体质状况以及影响体质健康的因素研究:基于 2016 年河南省高校体测数据的分析[J].吉林体育学院学报,2018,34(4):97-103.

[36] 金欣欣,席玉宝.安徽省大学生体质健康抽测数据分析[J].安徽体育科技,2019,40(4):58-61.

[37] 彭玉林,杨军,闫建华.国内外大学生生活方式与体质健康研究现状[J].中国学校卫生,2020,41(10):1583-1587.

[38] 杨三军,刘波.深化体教融合促进青少年体质健康的现实诉求、实践路径与保障机制[J].西安体育学院学报,2021,38(3):366-371.

[39] 郇昌店,张文鹏,陈红,等.中国青少年体质健康政策研究中研究对象飘移及矫正思路[J].首都体育学院学报,2021,33(1):111-116.

[40] 冯卿.自我增强促进大学生体育锻炼的作用:对体质测试自我设限的缓解[J].中国体育科技,2021,57(7):107-112.

[41] 黄越,吴亚婷.高校健康教育路径选择[J].中国健康教育,2019,35(3):279-281.

[42] 张业安.青少年体质健康促进的媒介责任:概念、目标及机制[J].体育科学,2018,38(6):14-26.

[43] 李冲,史曙生.我国青少年体质健康促进政策评估现存问题及改进思路[J].体育学刊,2018,25(4):68-72.

[44] 王拱彪,余静,宁丽娟,等.手机 App 健康教育和运动处方锻炼对大学生体质及健康生活方式的影响[J].中国学校卫生,2019,40(8):1232-1234.

[45] 温煦,袁冰,李华,等.论智能可穿戴设备在我国体力活动大数据分析中的应用[J].中国体育科技,2017,53(2):80-87.

[46] 孙建刚,柯友枝,洪金涛,等.利器还是噱头:可穿戴设备在身体活动测量中的信效度[J].上海体育学院学报,2019,43(6):29-38.

[47] 梁德清.高校学生应激水平及其与体育锻炼的关系[J].中国心理卫生杂志,1994,8(1):5-6.

[48] 杨剑,崔红霞,陈福亮.大学生心理资本、体育锻炼行为与人格发展关系研究[J].天津体育学院学报,2013,28(2):96-100.

[49] 马德浩.国外体育人口结构研究述评[J].成都体育学院学报,2020,46(1):33-37.

[50] 易军,冉清泉,付道领.青少年体育锻炼行为及影响因素的实证分析[J].西南师范大学学报(自然科学版),2014,39(9):189-194.

[51] LANGDON J,JOHNSON C,MELTON B.Factors contributing to the uptake and maintenance of regular exercise behaviour in emerging adults[J].Health education journal,2017,76(2):182-193.

[52] 谭亚彬,徐启刚.女大学生性格特征对其体育锻炼行为的影响研究[J].西安体育学院学报,2004,21(6):109-112.

[53] 杨兆春,刘润生,朴哲松.大学生性格特征与体育运动偏好度关系的研究[J].沈阳体育学院学报,2010,29(3):44-46.

[54] 黄甜,邱芬,杜飞.体育价值观对大学生体育锻炼行为影响的实证研究:基于行为偏好的中介效应[J].安徽体育科技,2019,40(4):88-92.

[55] 洪丝语,李娜,颜春辉,等.影响青少年身体活动参与的微系统因素:基于社会生态学模型[J].辽宁体育科技,2018,40(4):79-85.

[56] 徐梓轩.基于阶段变化模型理论的大学生锻炼行为研究[J].南京体育学院学报(自然科学版),2015,14(5):118-124.

[57] ALEXANDRA B, STEFANOS P, VASSILIS G. Verbal aggression in basketball: perceived coach use and athlete intrinsic and extrinsic motivation[J]. Journal of physical education and sport, 2015, 15: 96-102.

[58] 陈善平,李咸生,容建中.大学生体育锻炼的内部动机和外部动机[J].中国体育科技,2008,44(4):135-138,143.

[59] 陈洛嵩,佘梓航.使用智能手机运动软件对大学生体育锻炼态度、行为习惯的影响:基于计划行为理论的解释与质疑[J].广州体育学院学报,2019,39(3):105-107,67.

[60] 姜晓珍,特木其勒图.关于学校因素对大学生体育锻炼习惯形成的影响的研究[J].南京体育学院学报(社会科学版),2004,18(2):47-50.

[61] 董宝林,毛丽娟.锻炼身份认同、内部动机、锻炼承诺与大学生锻炼行为:链式中介模型[J].天津体育学院学报,2020,35(4):415-422.

[62] 聂惠敏,董德朋.大学生体育锻炼行为心理变量的研究[J].体育学刊,2015,22(5):64-68.

[63] MANNETTI L, PIERRO A, HIGGINS E T, et al. Maintaining physical exercise: how locomotion mode moderates the full attitude-intention-behavior relation[J]. Basic and applied social psychology, 2012, 34(4): 295-303.

[64] WURM S, TOMASIK M J, TESCH-RÖMER C. On thc importancc of a positive view on ageing for physical exercise among middle-aged and older adults: cross-sectional and longitudinal findings[J]. Psychology and health, 2010, 25(1): 25-42.

[65] 陈开梅,董磊,杨剑.大学生身体锻炼行为态度与体育价值观的关系[J].中国学校卫生,2012,33(3):277-279.

[66] 王玉秀,王进,吕慧青.体质效能与内隐态度对锻炼行为的共振效应[J].体育科学,2016,36(5):54-61.

[67] 王佃娥,毛坤,杜发强.大学生体育课学习满意度与体育锻炼态度关系的

研究[J].南京体育学院学报(社会科学版),2015,29(6):121-128.
[68] 逯小龙,王坤.课外体能锻炼对大学生心理资本心理健康及社会适应能力的影响[J].中国学校卫生,2019,40(3):392-395.
[69] 吴本连,李向朝.身体自我效能、锻炼态度对大学生体育自主创新能力的影响[J].成都体育学院学报,2016,42(2):122-126.
[70] 刘正国,李莉.大学生体育锻炼态度对其锻炼行为影响的预测[J].首都体育学院学报,2011,23(6):563-567.
[71] YOUNG-HO K. Application of the transtheoretical model to identify psychological constructs influencing exercise behavior: a questionnaire survey [J]. International journal of nursing studies, 2007, 44 (6): 936-944.
[72] 于可红,卢依娟,吴一卓.大学生锻炼行为影响因素的结构方程模型分析[J].体育学刊,2021,28(2):103-110.
[73] 李晓玲,殷凯.辽宁省重点高校体育课程设置在培养大学生"终身体育"思想方面的调查分析[J].哈尔滨体育学院学报,2012,30(6):101-104.
[74] 赵广高,乐伟民,屈丽萍,等.体育分层教学模式下大学女生体质健康的变化及影响因素研究[J].北京体育大学学报,2016,39(10):101-107.
[75] 赵文龙.学校体育实施"体育毕业证"制度的思考[J].广州体育学院学报,2020,40(2):106-110.
[76] 董宝林,毛丽娟.学校自然环境、人际环境和青少年体育锻炼的关系[J].体育学刊,2021,28(2):111-117.
[77] FISK W J,PAULSON J A,KOLBE L J,et al.Significance of the school physical environment: a commentary[J].Journal of school health,2016,86(7):483-487.
[78] 尚博睿,段艳平,杨剑,等.父母教养方式对大学生子女体重指数和身体活动行为的影响研究[J].河北体育学院学报,2019,33(4):74-79.
[79] 丹豫晋,刘映海.家庭体育支持与青少年体质的关系研究[J].教育理论与实践,2015,35(12):30-33.
[80] HAY-SMITH E C,MCCLURG D,FRAWLEY H,et al.Exercise adherence: integrating theory, evidence and behaviour change techniques[J].Physiotherapy,2016,102(1):7-9.
[81] 阳家鹏,向春玉,徐佶.家庭体育环境影响青少年锻炼行为的模型及执行路径:整合理论视角[J].南京体育学院学报(社会科学版),2017,31(3):

118-123.
[82] 董宏伟.家庭社会资本对青少年体育锻炼意识与行为的影响及反思[J].沈阳体育学院学报,2010,29(2):33-37.
[83] 金亚虹,刘敬雯,姚家新,等.青少年锻炼认知与行为的选择及其制约因素[J].上海体育学院学报,2013,37(4):48-52.
[84] HUPPERTZ C,BARTELS M,DE ZEEUW E L,et al.Individual differences in exercise behavior:stability and change in genetic and environmental determinants from age 7 to 18[J].Behavior genetics,2016,46(5):665-679.
[85] 王富百慧,王梅,冯强,等.分层与共性:我国社区居民体育锻炼特点及影响因素研究[J].中国体育科技,2019,55(1):13-21.
[86] 卢元镇.体育社会学[M].3 版.北京:高等教育出版社,2010.
[87] 赵显品.新闻传媒对大学生体育活动影响研究[J].中国报业,2019(4):109-110.
[88] 陈先忠,曾永忠.基于社会生态学理论模型的大学生参与身体活动干预策略研究[J].高教探索,2018(4):124-128.
[89] KATRINA B,JOAN D.Physical activity guidelines for americans midcourse report:strategies to increase physical activity among youth[J].Sports medicine bulletin,2013(1):1.
[90] JEANETTE G,KEELIA O,TIAN H.Support for physical activity and perceptions of work and neighborhood environments[J].Am j health promotion,2014,28(3):33-43.
[91] 阎光才.政策情境、组织行动逻辑与个人行为选择:四十年来项目制的政策效应与高校组织变迁[J].高等教育研究,2019,40(7):33-45.
[92] 张文鹏,王健.新中国成立以来学校体育政策的演进:基于政策文本的研究[J].体育科学,2015,35(2):14-23.
[93] 孙绵涛,李莎.试论教育体制理论的生成[J].教育研究,2019,40(1):122-130.
[94] CASTILLO J M,DORMAN C,GAUNT B,et al.Design research as a mechanism for consultants to facilitate and evaluate educational innovations[J].Journal of educational and psychological consultation,2016,26(1):25-48.
[95] MATEESCU A,CHRAIF M.The relationship between job satisfaction,oc-

cupational stress and coping mechanism in educational and technical organizations[J].Procedia-social and behavioral sciences,2015,187:728-732.

[96] 乔伊斯·P.高尔,M.D.高尔,沃尔特·R.博格.教育研究方法:实用指南[M].屈书杰,郭书彩,胡秀国,译.北京:北京大学出版社,2007.

[97] MĀSSE L C,NIGG C R,BASEN-ENGQUIST K,et al.Understanding the mechanism of physical activity behavior change:challenges and a call for action[J].Psychology of sport and exercise,2011,12(1):1-6.

[98] 温忠麟,侯杰泰,张雷.调节效应与中介效应的比较和应用[J].心理学报,2005,37(2):268-274.

[99] 王文龙,邢金明,米靖,等.结构·历史·行动:我国体教融合制度的变迁逻辑与实践进路[J].武汉体育学院学报,2023,57(3):93-100.

[100] 郭可雷,平杰.论教育中的体育和体育中的教育[J].体育学刊,2016,23(1):104-108.

[101] 李斌,李铮.习近平:人民身体健康是全面建成小康社会的重要内涵[EB/OL].[2013-08-31]. http://www. chinadaily. com. cn/dfpd/shizheng/2013-08/31/content_16934533.htm.

[102] 范国睿,孙闻泽.改革开放 40 年教育体制机制改革的历史与逻辑分析[J].教育研究,2018,39(7):15-23.

[103] 陈华.教育综合改革的利益主体与协调机制[J].全球教育展望,2017,46(11):76-89.

[104] 杨剑,陈开梅,季浏.锻炼时间对青少年运动承诺的影响机制:锻炼满足感和社会支持的中介作用[J].上海体育学院学报,2014,38(4):69-73.

[105] MÂSSE L,NIGG C,BASEN-ENGQUIST K,et al.Understanding the mechanism of physical activity behavior change:challenges and a call for action[J].Psychology of sport and exercise,2011,12:1-6.

[106] 周婷,李宇欣.基于互联网的运动干预项目:提升大众体育行为的新途径[J].体育科学,2015,35(6):73-77,82.

[107] BOYER B,PAHARIA M.Comprehensive handbook of clinical health psychology [M].New York:John Wiley & Sons,2007

[108] 徐卫华,徐赛君,李强.健康信念、自我效能感、社会支持:促进大学生锻炼行为的路径[J].山东体育科技,2018,40(4):77-85.

[109] CHARRON-PROCHOWNIK D,SEREIKA S M,BECKER D,et al.Reproductive health beliefs and behaviors in teens with diabetes:ap-

plication of the Expanded Health Belief Model[J].Pediatric diabetes, 2001,2(1):30-39.

[110] ROWE C A, SIROIS F M, TOUSSAINT L, et al. Health beliefs, attitudes, and health-related quality of life in persons with fibromyalgia: mediating role of treatment adherence [J]. Psychology, Health and Medicine, 2019, 24(8): 962-977.

[111] YURT S, SAGLAM AKSUT R, KADIOGLU H. The effect of peer education on health beliefs about breast cancer screening[J]. International nursing review, 2019, 66(4): 498-505.

[112] 阚庭,张静.健康信念模式和理性计划行为理论在健康行为领域的综合应用[J].中华行为医学与脑科学杂志,2015,24(3):284-288.

[113] 林永峰,孙健平.健康信念模式的社区控烟心理干预研究[J].中国全科医学,2010,13(7):775-777.

[114] 韩文华,苏煜,高嵘.体医融合健康促进教学模式对大学生健康行为和健康状况的影响[J].中国健康教育,2019,35(10):881-884.

[115] 滑亚君,傅国胜.冠心病患者自我效能、健康信念对其健康行为的影响[J].中国现代医生,2014,52(19):108-111.

[116] AKEY J E, RINTAMAKI L S, KANE T L. Health Belief Model deterrents of social support seeking among people coping with eating disorders[J]. Journal of affective disorders, 2013, 145(2): 246-252.

[117] 许欣,姚家新,杨剑,等.基于知信行理论的父母-儿童运动参与的关系[J].北京体育大学学报,2014,37(10):89-95.

[118] 周宵,伍新春,安媛媛,等.青少年核心信念挑战对创伤后成长的影响:反刍与社会支持的作用[J].心理学报,2014,46(10):1509-1520.

[119] 魏烨.教练员工作压力、社会支持与工作满意度的相关性研究[J].天津体育学院学报,2010,25(1):76-80.

[120] 蒋承,李笑秋.政策感知与大学生基层就业:基于“三元交互理论”的视角[J].北京大学教育评论,2015,13(2):47-56,188-189.

[121] 吴琦欣,年云鹏,符茂真,等.自我效能及人际支持对休闲性身体活动的影响[J].中国健康教育,2018,34(7):616-620.

[122] PAGLIS L L, GREEN S G. Leadership self-efficacy and managers' motivation for leading change[J]. Journal of organizational behavior, 2002, 23(2): 215-235.

［123］周文霞，郭桂萍．自我效能感概念、理论和应用［J］．中国人民大学学报，2006（1）：91-97．

［124］RODGERS W M，HALL C R，BLANCHARD C M，et al．Task and scheduling self-efficacy as predictors of exercise behavior［J］．Psychology and health，2002，17（4）：405-416．

［125］HATICE O．Academic self-efficacy and academic procrastination as predictors of problematic Internet use in university students［J］．Computers and education，2011，57（1）：1109-1113．

［126］VOSKUIL V R，ROBBINS L B，PIERCE S J．Predicting physical activity among urban adolescent girls：a test of the health promotion model［J］．Research in nursing and health，2019，42（5）：392-409．

［127］宋灵青，刘儒德，李玉环，等．社会支持、学习观和自我效能感对学习主观幸福感的影响［J］．心理发展与教育，2010，26（3）：282-287．

［128］杨剑，郭正茂，季浏．锻炼行为理论模型发展述评［J］．沈阳体育学院学报，2016，35（1）：73-81．

［129］谢红光．体质健康信念对体育锻炼行为意向及行为习惯的影响［J］．体育学刊，2013，20（4）：100-105．

［130］RYCKMAN R M，ROBBINS M A，THORNTON B，et al．Development and validation of a physical self-efficacy scale［J］．Journal of personality and social psychology，1982，42（5）：891-900．

［131］SCHWARZER R．Social-cognitive factors in changing health-related behaviors［J］．Current directions in psychological science，2001，10（2）：47-51．

［132］王才康，刘勇．一般自我效能感与特质焦虑、状态焦虑和考试焦虑的相关研究［J］．中国临床心理学杂志，2000，8（4）：229-230．

［133］董宝林，张欢，朱乐青，等．健康信念、自我效能感和社会支持对青少年余暇锻炼的影响［J］．山东体育学院学报，2018，34（5）：106-112．

［134］徐卫华，徐赛君，李强．健康信念、自我效能感、社会支持：促进大学生锻炼行为的路径［J］．山东体育科技，2018，40（4）：77-85．

［135］段文婷，江光荣．计划行为理论述评［J］．心理科学进展，2008，16（2）：315-320．

［136］HAGGER M S，CHATZISARANTIS N L D，BIDDLE S J H．The influence of autonomous and controlling motives on physical activity intentions within the Theory of Planned Behaviour[J].British journal of health psychology,2002,7(3):283-297.

[137] BARATI M,ALLAHVERDIPOUR H,HIDARNIA A,et al.Belief-based tobacco smoking scale:evaluating the psychometric properties of the theory of planned behavior's constructs[J].Health promotion perspectives,2015,5(1):59-71.

[138] ZHAO X,KELLYAC A B,ROWLANDD B,et al.Intention to drink and alcohol use before 18 years among Australian adolescents:an extended Theory of Planned Behavior[J].Addictive behaviors,2020,111:106545.

[139] MOAN I S,RISE J.Quitting smoking:applying an extended version of the theory of planned behavior to predict intention and Behavior1[J].Journal of applied biobehavioral research,2005,10(1):39-68.

[140] GODIN G,VALOIS P,LEPAGE L,et al.Predictors of smoking behaviour:an application of Ajzen's theory of planned behaviour[J].British journal of addiction,1992,87(9):1335-1343.

[141] WHITE K M,TERRY D J,TROUP C,et al.An extended theory of planned behavior intervention for older adults with type 2 diabetes and cardiovascular disease[J].Journal of aging and physical activity,2012,20(3):281-299.

[142] CHATZISARANTIS N,KAMAROVA S,KAWABATA M.Developing and evaluating utility of school-based intervention programs in promoting leisure-time physical activity:an application of the theory of planned behavior[J].International journal of sport psychology,2015,46(2):95-116.

[143] 苏荣海,徐茂洲,谢仁玮.运动教育干预后中老年人使用智能穿戴健康产品行为意图的研究[J].首都体育学院学报,2017,29(5):463-467,480.

[144] 高小莲,肖明中,陶军秀,等.肝病研究型门诊非酒精性脂肪性肝病健康管理的SWOT分析[J].中西医结合肝病杂志,2019,29(3):282-284.

[145] 冯玉娟,毛志雄.高中生身体活动意向和行为的促进策略:自我决定动机对TPB的贡献[J].体育科学,2014,34(8):64-69.

[146] 周君华.不同年龄人群锻炼行为改变的调节变量探究:基于对HAPA与TPB整合模型的测评[J].体育科学,2014,34(10):21-28,58.

[147] 许昭,颜春辉,洪丝语.大学生身体活动意向与行为的关系:计划、情感的中介作用[J].山东体育学院学报,2018,34(6):64-69.
[148] 尹博.运用跨理论模型对大学生体育锻炼行为改变的实证研究[M].北京:北京体育大学出版社,2009.
[149] 郭正茂,杨剑.体育锻炼跨理论模型的研究进展、反思及走向[J].西安体育学院学报,2019,36(1):57-64.
[150] 沈梦英,毛志雄,张一民.中国成年人锻炼行为的影响因素:HAPA与TPB两个理论模型的整合[J].体育科学,2010,30(12):48-54.
[151] ROMERO-GÓMEZ M,ZELBER-SAGI S,TRENELL M.Treatment of NAFLD with diet,physical activity and exercise[J].Journal of hepatology,2017,67(4):829-846.
[152] 曹锦丹,王崇梁.健康行为改变不同阶段的信息框架效应概念模型研究[J].图书情报工作,2019,63(5):23-31.
[153] 陈小芳,刘海波.跨理论模型在健康教育中的研究进展[J].医学与哲学,2016,37(18):51.
[154] 高观福.不同健身运动行为改变阶段参与者的期望信念、价值信念研究[J].沈阳体育学院学报,2016,35(4):84-87,99.
[155] 方敏,孙影,赵俊红.青少年锻炼行为的阶段变化模化研究[J].中国公共卫生,2006,22(8):902-90.
[156] 司琦,陈红玉,刘海群,等.促进弱势群体参与体育锻炼的干预研究:以听力残疾学生为例[J].体育科学,2010,30(7):32-41,61.
[157] 李桂玲,曹锦丹.齐齐哈尔市某医学院校学生信息行为对健康行为改变的作用机制探析[J].医学与社会,2017,30(3):42-44.
[158] 陈福亮,杨剑,季浏.影响超重和肥胖少年锻炼阶段转变的心理因素研究:基于阶段变化理论[J].武汉体育学院学报,2015,49(1):96-100.
[159] 马勇占,毛志雄,王东升.跨理论模型中自我效能、变化阶段对变化过程和身体活动关系的中介效应[J].天津体育学院学报,2012,27(1):71-77.
[160] 王东升,马勇占.自我效能在体育锻炼行为改变过程中的中介作用分析[J].西安体育学院学报,2014,31(2):242-249.
[161] BRIGHT S J,MCKILLOP D,RYDER D.Cigarette smoking among young adults:integrating adolescent cognitive egocentrism with the trans-theoretical model[J].Australian journal of psychology,2008,60

(1):18-25.
[162] CARDINAL B J.Construct validity of stages of change for exercise behavior[J].American journal of health promotion,1997,12(1):68-74.
[163] WOODS C,MUTRIE N,SCOTT M.Physical activity intervention:a Transtheoretical Model-based intervention designed to help sedentary young adults become active[J].Health education research,2002,17(4):451-460.
[164] CLAUDIO R N.Explaining adolescent exercise behavior change:a longitudinal application of the transtheoretical model[J].Annals of behavioral medicine,2001,23(1):11-20.
[165] HAUSENBLAS H A,NIGG C R,DANNECKER E A,et al.A missing piece of the transtheoretical model applied to exercise:development and validation of the temptation to not exercise scale[J].Psychology and health,2001,16(4):381-390.
[166] 段艳平,BREHM W,WAGNER P.试论当代西方锻炼行为阶段理论[J].中国运动医学杂志,2006,25(4):487-490.
[167] 高艳敏,杨文礼,杨剑,等.跨理论模型对肥胖小学生体育锻炼行为及体重影响的研究[J].沈阳体育学院学报,2014,33(6):124-128,144.
[168] 杨剑,季浏,杨文礼,等.基于体育锻炼的阶段变化模型干预对肥胖小学生自我效能、自尊及体重影响的研究[J].天津体育学院学报,2014,29(3):185-189.
[169] 徐莉,瞿旭平,毛晨佳,等.运用跨理论模型对中小学生久坐行为干预效果评价[J].中华流行病学杂志,2011,32(2):142-145.
[170] 崔世君.运用跨理论模型对高职院校学生体育锻炼行为改变阶段的研究[J].广州体育学院学报,2014,34(2):113-115,119.
[171] 郭文,曹蕾,邹循豪.基于跨理论模型的认知行为干预对体质健康突出问题大学生运动行为影响的实验研究[J].安徽体育科技,2012,33(2):41-44.
[172] 包呼和.运用跨理论模型对蒙古族大学生体育锻炼行为改变的研究[J].沈阳体育学院学报,2012,31(2):71-74.
[173] ALLOM V,MULLAN B,COWIE E,et al.Physical activity and transitioning to college:the importance of intentions and habits[J].American journal of health behavior,2016,40(2):280-290.

[174] BEVILLE J M, UMSTATTD MEYER M R, USDAN S L, et al. Gender differences in college leisure time physical activity: application of the theory of planned behavior and integrated behavioral model[J]. Journal of American college health, 2014, 62(3): 173-184.

[175] HIRVONEN N, HUOTARI M L, NIEMELÄ R, et al. Information behavior in stages of exercise behavior change [J]. Journal of the American society for information science and technology, 2012, 63(9): 1804-1819.

[176] SALLIS J, OWEN N, FISHER E. Ecological models of health behavior [J]. Health education and behavior, 2008, 4(1): 116-127.

[177] 代俊,陈瀚,李菁,等.社会生态学理论视域下影响青少年运动健康行为的因素[J].上海体育学院学报,2017,41(3):35-41.

[178] SALLIS J F, OWEN N, FOTHERINGHAM M J. Behavioral epidemiology: a systematic framework to classify phases of research on health promotion and disease prevention[J]. Annals of behavioral medicine, 2000, 22(4): 294-298.

[179] TROST S G, OWEN N, BAUMAN A E, et al. Correlates of adults' participation in physical activity: review and update[J]. Medicine and science in sports and exercise, 2002, 34(12): 1996-2001.

[180] FREHLICH L, BLACKSTAFFE A, MCCORMACK G R. Test-retest reliability and construct validity of an online and paper administered physical activity neighborhood environment scale (PANES)[J]. Measurement in physical education and exercise science, 2020, 24(1): 1-10.

[181] SAELENS B E, SALLIS J F, BLACK J B, et al. Neighborhood-based differences in physical activity: an environment scale evaluation[J]. American journal of public health, 2003, 93(9): 1552-1558.

[182] SALLIS J F, KERR J, CARLSON J A, et al. Evaluating a brief self-report measure of neighborhood environments for physical activity research and surveillance: physical activity neighborhood environment scale (PANES)[J]. Journal of physical activity and health, 2010, 7(4): 533-540.

[183] ZHANG T, SOLMON M. Integrating self-determination theory with the social ecological model to understand students' physical activity

behaviors[J].International review of sport and exercise psychology, 2013,6(1):54-76.

[184] GYURCSIK N,SPINK K,BRAY S,et al.An ecologically based examination of barriers to physical activity in students from grade seven through first-year university[J].Journal of adolescent health,2006,38(6):704-711.

[185] 苏晓红,李炳光,田英.基于社会生态学模型的青少年体育锻炼行为相关因素分析[J].沈阳体育学院学报,2017,36(4):70-76.

[186] 戈莎.生态因素对我国城市青少年身体活动行为影响的研究[D].北京:北京体育大学,2012.

[187] 代俊,陈瀚.青少年校内身体活动行为促进的社会生态因素及路径[J].上海体育学院学报,2019,43(3):85-91.

[188] 张加林,唐炎,陈佩杰,等.全球视域下我国城市儿童青少年身体活动研究:以上海市为例[J].体育科学,2017,37(1):14-27.

[189] SALLIS J F,CERVERO R B,ASCHER W,et al.An ecological approach to creating active living communities[J].Annual review of public health,2006,27:297-322.

[190] CASSEL K D.Using the Social-Ecological Model as a research and intervention framework to understand and mitigate obesogenic factors in Samoan populations[J].Ethnicity and health,2010,15(4):397-416.

[191] PATRICK K,NORMAN G J,DAVILA E P,et al.Two-year outcomes of a primary care-and home-based intervention for physical activity, sedentary behavior,and diet in adolescents[J]. Infant,child and adolescent nutrition,2014,6(1):44-51.

[192] WARD D,SAUNDERS R,FELTON G,et al.Implementation of a school environment intervention to increase physical activity in high school girls[J].Health education research,2006,21(6):896-910.

[193] 邱达明.大学生锻炼行为和坚持性与自我管理能力对体育锻炼的影响[J].中国学校卫生,2016,37(3):441-444.

[194] 常金兰,董燕艳,史佳梦.环境支持策略对高职院校医学生锻炼行为干预研究[J].中国学校卫生,2016,37(5):695-697.

[195] 戴霞,谢戴西,秦春波,等.高校体育"课内外一体化"课程环境的优化配置:以深圳大学为例[J].体育学刊,2015,22(6):75-79.

[196] 张戈，吴洁，钱俊伟.体育社团对大学生体育锻炼行为促进的研究：基于社会生态模式的分析[J].沈阳体育学院学报，2014，33(1)：59-62，74.

[197] 陈善平，张中江，潘秀刚，等.对我国普通高等院校学生的学校体育政策态度的研究[J].首都体育学院学报，2018，30(6)：532-536.

[198] 周婷，李宇欣.基于互联网的运动干预项目：提升大众体育行为的新途径[J].体育科学，2015，35(6)：73-77，82.

[199] 范明林，吴军.质性研究[M].上海：格致出版社·上海人民出版社，2009.

[200] 魏佳.城市居民碳能力及其驱动机理研究[D].徐州：中国矿业大学，2017.

[201] 杨雪花，陈万明.不同心理压力对研究生身心健康的影响[J].中国健康心理学杂志，2016，24(5)：758-761.

[202] 熊明生，刘皓云.锻炼知识宣讲影响大学生锻炼动机的实验研究[J].武汉体育学院学报，2013，47(7)：75-79.

[203] 李俊，马爱民.大学生体育价值观对体育锻炼行为的影响研究[J].当代体育科技，2017，7(25)：220-222.

[204] 刘弘毅.大学生体育价值观的建构[J].教育评论，2014，10(7)：78-80.

[205] 姜鹰，杨超，王华君，等.大学生体育锻炼自我效能感量表的编制[J].心理学进展，2018(12)：1769-1777.

[206] 焉石，李梦迪，李尚滨，等.交易型领导行为与大学生坚持体育锻炼意愿的关系：锻炼自我效能感和体育课满意感的链式中介[J].沈阳体育学院学报，2019，38(4)：108-116.

[207] 杨尚剑.社会支持、自我效能与青少年体育锻炼满意度的关系[J].武汉体育学院学报，2016，50(2)：90-94.

[208] 王振，胡国鹏，蔡玉军，等.拖延行为对大学生体育锻炼动机的影响：自我效能感的中介效应[J].北京体育大学学报，2015，38(4)：71-77.

[209] 余佳俊，李佐惠.女大学生体育锻炼动机异化现象分析[J].体育文化导刊，2017(6)：153-156.

[210] 陈善平，王云冰，容建中，等.锻炼动机量表(MPAM-R)简化版的构建和信效度分析[J].北京体育大学学报，2013，36(2)：66-70.

[211] VICTORIA E W.Peer and teacher influences on the motivational climate in physical education：a longitudinal perspective on achievement goal adoption[J].Contemporary educational psychology，2017，51：

303-314.
[212] 陶成武,李萍.大学生课外体育活动促进主体职能转变与关系建构[J].广州体育学院学报,2019,39(6):118-122.
[213] 万宇,白银龙.健康中国背景下学校体育设施质量安全监管研究[J].广州体育学院学报,2017,37(4):100-102.
[214] 田霆.瑞典学校体育质量督导研究及启示[J].武汉体育学院学报,2019,53(9):95-100.
[215] 王富百慧,王梅,张彦峰,等.中国家庭体育锻炼行为特点及代际互动关系研究[J].体育科学,2016,36(11):31-38.
[216] 曲鲁平,欧高志,李宗浩,等.我国青少年体质健康促进模型构建的研究[J].武汉体育学院学报,2015,49(9):69-75.
[217] 邓小平,刘思瑶,张向葵.家庭收入与青少年社会适应:家庭社会资本的中介作用[J].心理与行为研究,2018,16(6):793-800.
[218] 李佳丽,何瑞珠.家庭教育时间投入、经济投入和青少年发展:社会资本、文化资本和影子教育阐释[J].中国青年研究,2019(8):97-105.
[219] 王富百慧.家庭资本与教养方式:青少年身体活动的家庭阶层差异[J].体育科学,2019,39(3):48-57.
[220] 李爱群,漆昌柱,简德平,等.我国体育事业发展的研究新论题与方法论创新:"中华民族复兴与体育的新使命"学术研讨会述评[J].武汉体育学院学报,2020,54(4):5-13.
[221] 杨文刚,薛林峰,杜熙茹.社会体育组织供给体育公共服务模式研究[J].广州体育学院学报,2019,39(2):25-29.
[222] 张连成,刘洁,高淑青,等.锻炼行为促进的助推策略研究综述及启示[J].体育学刊,2021,28(3):63-70.
[223] 崔菱麟.大学生体育锻炼行为与体育政策关系的研究[J].福建体育科技,2015,34(4):18-19.
[224] 毛浓选.日本学校体育政策对青少年体质状况的影响及其对中国的启示[J].南京体育学院学报(社会科学版),2017,31(2):99-105.
[225] 王阳,樊莲香."条块关系"视角下我国学校体育政策执行问题研究[J].广州体育学院学报,2019,39(4):106-109.
[226] 黄美蓉,张艳平.我国大学生体育生活方式影响因素社会生态学审思[J].体育与科学,2020,41(3):110-120.
[227] 黄娟娟.教育调查问卷设计的常见问题及应对[J].上海教育科研,2015

(5):51-55.
[228] MAO H Y,HSU H C,LEE S D.Gender differences in related influential factors of regular exercise behavior among people in Taiwan in 2007:a cross-sectional study[J].PLoS one,2020,15(1):0228191.
[229] 丁小燕,洪平,张蕴琨.江苏省大学生体育锻炼参与行为现状及影响因素分析[J].中国学校卫生,2019,40(2):206-209.
[230] 褚昕宇,肖焕禹.青少年体育锻炼习惯养成影响因素的模型构建与分析[J].体育学刊,2020,27(3):116-123.
[231] 张庆义,刘伟.大学生体育锻炼态度与锻炼行为的相关研究[J].湖北体育科技,2019,38(5):461-466.
[232] 周伟,李靖文,周静.大学生锻炼行为的制约因素及干预策略[J].西南师范大学学报(自然科学版),2017,42(8):123-127.
[233] 程维峰.湖北大学生体育锻炼的人群结构及行为研究[J].湖北体育科技,2016,35(10):883-886.
[234] 谷兰凌,汪晓凡,李祺,等.城乡生源大学生父母养育方式与健康生活方式的相关性比较[J].中国社会医学杂志,2018,35(1):49-52.
[235] 朱秀清.拖延与大学生锻炼行为动机的中介效应[J].广州体育学院学报,2019,39(4):81-85,120.
[236] 陈英杰,王红雨.大学生健康行为知识、健康行为动机与体育锻炼行为的研究[J].阜阳师范学院学报(自然科学版),2014,31(2):63-68.
[237] 张中江,陈善平,潘秀刚.大学生体育锻炼行为和锻炼动机的性别差异[J].北京体育大学学报,2009,32(9):50-52.
[238] 张蓉.学校环境因素对大学生体育锻炼行为的影响[J].当代体育科技,2019,9(8):136-137,139.
[239] 朱婷婷,周曙,陈志山.高中体育课堂教学效果的分析[J].体育文化导刊,2016(2):146-150.
[240] 赵霞,王帅,韦佳.对我国传统课外体育活动的反思[J].体育学刊,2019,26(4):106-109.
[241] 郝海亭,郇昌店,徐晓敏.我国部分学校体育场馆面向社会开放的管理机制研究[J].首都体育学院学报,2019,31(3):221-225.
[242] 付志华.健康生活方式的传播及其媒介[J].武汉体育学院学报,2014,48(8):44-48.
[243] 陈莉,胡启林.大众传媒体育信息对大学生的影响[J].传媒,2015(10):

64-66.
[244] 戴霞,刘皓.基于身体锻炼自我效能提升的大学公共体育课程教学策略[J].沈阳体育学院学报,2013,32(1):92-95.
[245] 靳明,王静,及化娟,等.不锻炼诱因、锻炼自我效能与自主健身行为的关系研究:横向与纵向研究的证据[J].天津体育学院学报,2018,33(3):230-236.
[246] 陆雯,惠悲荷.大学生锻炼动机内化机制与行为促进研究[J].西安体育学院学报,2020,37(1):98-106.
[247] 朱建平,方匡南,章贵军.SPSS 统计分析与应用[M].北京:首都经济贸易大学出版社,2013.
[248] 孙岩.居民环境行为及其影响因素研究[D].大连:大连理工大学,2006.
[249] 郑莎.基于特征选择的量表条目筛选方法研究[D].北京:北京交通大学,2008.
[250] 杨冉冉.城市居民绿色出行行为的驱动机理与政策研究[D].徐州:中国矿业大学,2016.
[251] 邱芬,崔德刚,杨剑.基于运动承诺的大学生体育锻炼行为的影响因素研究[J].天津体育学院学报,2011,26(5):384-389.
[252] 温忠麟,叶宝娟.中介效应分析:方法和模型发展[J].心理科学进展,2014,22(5):731-745.
[253] BOLIN J H.Hayes,Andrew F.(2013).introduction to mediation,moderation,and conditional process analysis:a regression-based approach. New York,NY:the guilford press[J].Journal of educational measurement,2014,51(3):335-337.
[254] 方杰,张敏强.中介效应的点估计和区间估计:乘积分布法、非参数Bootstrap 和 MCMC 法[J].心理学报,2012,44(10):1408-1420.
[255] 侯杰泰,温忠鳞,成子娟.结构方程模型及其应用[M].北京:教育科学出版社,2004.
[256] 王祥全.我国大学生人口身体素质研究[D].长春:吉林大学,2018.
[257] FERKEL R C,JUDGE L,STODDEN D,et al.Importance of health-related fitness knowledge to increasing physical activity and physical fitness[J].The physical educator,2014,71:218.
[258] HASTIE P A,CHEN S L,GUARINO A J. Health-related fitness knowledge development through project-based learning[J].Journal of

teaching in physical education,2017,36(1):119-125.
[259] 陈华卫,吴雪萍.体质健康知识促进青少年体力活动的角色、价值与路径[J].中国体育科技,2021,57(8):72-78.
[260] 杜建军,罗琳.青少年锻炼行为促进模型建构与干预策略研究[J].武汉体育学院学报,2017,51(3):61-69.
[261] MACK D E,WILSON P M,GUNNELL K E,et al.Health-enhancing physical activity:associations with markers of well-being[J].Applied psychology:health and well-being,2012,4(2):127-150.
[262] 冯玉娟,毛志雄,车广伟.大学生身体活动行为预测干预模型的构建:自主动机与 TPB 扩展模型的结合[J].北京体育大学学报,2015,38(5):72-76.
[263] RANASINGHE C,KING N A,ARENA R,et al.FITTSBALL-a dynamic tool for supervision of clinical exercise prescription[J].Disability and rehabilitation,2019,41(26):3216-3226.
[264] 马效义.教育督导中"督"与"导"的困境与突破:组织结构论视角[J].教育测量与评价,2021(11):19-25.
[265] O'DONOGHUE G,KENNEDY A,PUGGINA A,et al.Socio-economic determinants of physical activity across the life course:a "DEterminants of DIet and Physical ACtivity"(DEDIPAC) umbrella literature review[J].PLoS one,2018,13(1):1-24.
[266] 杨文礼,高艳敏.我国高校公共体育俱乐部教学模式困境与路径优化研究[J].湖北体育科技,2019,38(2):182-184.
[267] 成刚,卢嘉琪,陈郑.家庭资本对中学生体质健康的影响研究[J].教育科学研究,2020(11):44-50.
[268] 代俊,陈瀚.社会生态学视角下青少年校外身体活动行为的影响因素研究[J].首都体育学院学报,2018,30(4):371-377.
[269] 郑远亮,梁亚男.家庭环境对初中生体育素养的影响关系研究[J].赣南师范大学学报,2021,42(3):130-135.
[270] 田录梅,刘玲玲,袁竞驰,等.家庭功能对青少年冒险行为的影响:自我控制能力与不良同伴交往的序列中介效应[J].心理发展与教育,2018,34(3):361-368.
[271] 邓小平,刘思瑶,张向葵.家庭收入与青少年社会适应:家庭社会资本的中介作用[J].心理与行为研究,2018,16(6):793-800.
[272] 黄卓,孙中亮,陈圣逸,等.社会体育文化发展下的国民幸福感问题比较

研究:基于部分城市(2013—2015)数据的调查分析[J].武汉体育学院学报,2017,51(12):30-36.

[273] 苗巍.沈阳市大学生对体育媒介的“使用与满足”现状的研究[J].沈阳体育学院学报,2009,28(6):44-47,55.

[274] 陈福亮,杨剑,季浏.学校体育政策执行力影响因素模型的构建[J].沈阳体育学院学报,2015,34(5):124-129.

[275] 刘丽萍,陈善平,潘秀刚,等.大学生对《国家学生体质健康标准》政策态度的性别差异调查[J].山东体育学院学报,2016,32(2):114-118.

[276] 李卫东,王健,黄睿,等.国外青少年体质健康促进政策的经验与启示[J].武汉体育学院学报,2017,51(10):13-17.

[277] 李旭龙,弓宇婧,姚梦,等.锻炼动机对大学生社会性发展的影响:锻炼坚持的中介作用与社会支持的调节作用[J].北京体育大学学报,2018,41(2):79-87.

[278] SCARAPICCHIA T M F,CATHERINE M S,EVA P,et al.A longitudinal investigation of a multidimensional model of social support and physical activity over the first year of university[J].Psychology of sport and exercise,2017,31:11-20.

[279] 杨宁,陶玉流.学校体育资源社会共享策略研究[J].体育文化导刊,2019(2):106-110.

[280] 高岩,王先亮.父母支持、同伴友谊质量对青少年运动动机与投入影响[J].天津体育学院学报,2015,30(6):480-486,519.

[281] 唐炎,陈佩杰.体教融合发展中的高考动力因素[J].上海体育学院学报,2020,44(10):28-33,47.

[282] 杜梅,叶锦.体育社会组织参与基层治理能力研究:实证与路径创新[J].西安体育学院学报,2019,36(5):580-587.

[283] 韩月.高考体育加分政策的话语制度主义分析[J].北京体育大学学报,2017,40(1):84-89.

[284] 孙发锋.象征性政策执行:表现、根源及治理策略[J].中州学刊,2020(12):15-20.

[285] 戴兴鸿,赵洪波,詹建国.学校体育政策执行力协同动力机制模型构建及提升路径研究[J].天津体育学院学报,2018,33(4):299-304,328.

附　录

附录 1　身体锻炼行为的影响因素访谈提纲

身体锻炼行为的影响因素访谈提纲

身体锻炼行为是指有计划、有组织，以一定强度和频度并持续一定时间，以增强体质或身体素质的身体活动。其运动量的大小以锻炼时间、锻炼频度、锻炼强度三者的乘积来表示。最高分为 100 分，得分≤19 分为小运动量，得分在 20～42 分为中等运动量，得分≥43 分为大运动量

访谈主题	主要提纲
锻炼行为现状	您经常参加身体锻炼吗？一周大概几次？
	您每次一般运动多长时间？您运动的强度如何？
	您经常进行身体锻炼的运动项目有哪些？
影响锻炼行为个体层面的因素有哪些？	经常身体锻炼会有哪些好处？
	锻炼知识和锻炼技能对您的锻炼行为有哪些影响？
	您能够在锻炼后有酸痛或学业较重或情绪较为低落时也完成一定量的运动吗？这种情况下完成运动会带给您怎样的影响或效应呢？
	从个人角度您认为有哪些情况会促使您进行身体锻炼？
	课程考核、评优等要求会对您的锻炼行为有哪些影响？
	您是基于何种动力坚持锻炼？体育锻炼的价值有哪些？
影响锻炼行为学校层面的因素有哪些？	体育教师在哪些方面能够影响您进行身体锻炼？
	体育课堂中教学内容和组织方法对您进行身体锻炼有哪些影响？
	学校锻炼场馆与设施会在哪些方面影响到您参加体育锻炼？
	学校或班级会经常组织体育活动或运动会吗？
	学校对大学生的课外体育活动或社团体育活动是如何管理的？
	学校体育督导与管理对大学生锻炼行为及相关的活动有哪些影响？

续表

访谈主题	主要提纲
影响锻炼行为家庭层面的因素有哪些?	您父母经常参加体育锻炼吗(频次、项目、时间等)?
	您父母会支持或鼓励您进行身体锻炼吗(如何支持)?
	您父母对您的体育锻炼行为持有怎样的态度?
	您认为父母受教育程度对您的锻炼行为会产生哪些影响?表现在哪些方面?
	您父母锻炼行为会对您的身体锻炼行为产生哪些影响?
影响锻炼行为社会层面的因素有哪些?	社会上的健身场馆和一些体育组织对您的锻炼行为有哪些影响?
	社会体育文化环境对您的锻炼行为哪些作用?
	社会传播媒介对您的锻炼行为有哪些影响?
影响锻炼行为政策层面的因素有哪些?	您认为目前有关大学生体育锻炼政策制定的完备吗?
	您知晓哪些大学生体育锻炼条例政策?您是通过何种方式了解的?
	大学生体育锻炼条例政策对您参加身体锻炼有哪些影响?
	您认为目前学校体育工作条例政策在执行时有哪些问题?
个体人口统计学特征对锻炼行为有哪些影响?	性别对大学锻炼行为有影响吗?表现为哪些方面?
	年级对大学锻炼行为有影响吗?表现为哪些方面?
	学科专业属性对大学锻炼行为有影响吗?表现为哪些方面?
	生源地(农村和城市)属性对大学锻炼行为有影响吗?表现为哪些方面?
您认为应该从哪些方面对大学生锻炼行为进行干预和引导?	您认为该如何促进大学生的身体锻炼行为?
	您认为哪些措施或路径可以持续影响或促进大学生锻炼行为?
	家庭、学校、社会环境和体育相关法规措施等,哪一方面更能促进您的身体锻炼行为?

附录 2　大学生锻炼行为长效促进机制初始问卷

亲爱的同学：

您好！规律的身体锻炼行为是身体健康保持的重要途径。为了对大学生身体锻炼行为长效促进机制进行研究，采用匿名方式展开问卷调查，您客观真实的反馈非常有助于本次研究。您的信息绝不会用作任何学术研究之外的用途。请根据客观真实情况做出选择。祝您学习生活愉快！

1. 您的性别　□男　□女

2. 您所读年级　□一年级　□二年级　□三年级　□四年级

3. 您就读专业所属学科　□文科　□理工科

4. 您来自　□城镇　□农村

5. 您父母一方最高学历为

□初中及以下 □高中或中专 □大专 □本科 □研究生及以上

6. 您家庭月收入约为

□3 000～5 000 元　□5 000～7 000 元　□8 000～10 000 元

□10 000～15 000 元　□16 000 元以上

7. 您最近 30 天进行体育运动的强度怎样？（赋值 1～5）

□轻微运动（如散步、做早操等）

□小强度不太紧张的运动（如消遣娱乐性的打打排球、踢毽子、慢跑等）

□中等强度的较激烈的持久运动（如骑自行车、跑步、排球等）

□呼吸急促、出汗较多、不持久的大强度运动（如打羽毛球、篮球、足球、网球等）

□呼吸急促、出汗很多、持久的大强度运动（如打羽毛球、篮球、足球、网球等）

8. 您在进行上述强度的运动时，一次持续时间大约是多少？（赋值 1～5）

□10 min 以内　□11～20 min　□21～30 min

□31～59 min　□60 min 以上

9. 您在最近 30 天进行上述运动约几次？（赋值 1～5）

□1 个月 1 次　□1 个月 2～3 次　□每周 1～2 次

□每周 3～5 次　□大约每天 1 次

以下各题请根据个人实际情况在对应题项方框内画“√”。

序号	描述	分值				
		1	2	3	4	5
	个体认知	完全不符合	基本不符合	部分符合	基本符合	完全符合
10	锻炼知识与技能有助于您身体锻炼行为的坚持					
11	锻炼知识与技能有助于您提高身体锻炼效能					
12	锻炼知识与技能有助于您提高身体锻炼动机					
13	锻炼知识与技能有助于建立正确的体育价值观					
14	运动能培养人的规则、纪律意识					
15	运动能够强健体魄、促进心理健康					
16	运动能增进社会交往、改善人际关系					
17	您确信掌握了某一运动技术					
18	您确信掌握了一定的身体锻炼知识					
19	您确信能够平衡学业、就业压力进行身体锻炼					
20	您确信在身体酸痛不适时仍能坚持锻炼					
21	您锻炼是为了乐趣					
22	您锻炼是为了结交朋友					
23	您锻炼是为了健康形象和身体素质需要					
24	您锻炼是为了体育考试学分需要					
25	您锻炼是为了课外体育活动打卡考勤					
26	您锻炼是来自朋友、家人、同伴压力或支持					
	学校环境	完全不符合	基本不符合	部分符合	基本符合	完全符合
27	体育教师示范讲解和课堂组织能力有利于您的锻炼行为					
28	体育教师的榜样行为有利于您的锻炼行为					
29	体育教师的鼓励和关心有利于您的锻炼行为					
30	体育课堂内容有利于您锻炼行为的坚持					
31	体育课堂组织形式有利于您的锻炼技能的学习					
32	体育课堂教学评价有利于您的锻炼行为					
33	您经常参与课外体育社团或俱乐部活动					
34	课外体育组织管理促使您参与锻炼行为					

续表

序号	描述	分值				
		1	2	3	4	5
	学校环境	完全不符合	基本不符合	部分符合	基本符合	完全符合
35	课外体育氛围会影响到您参与锻炼行为					
36	学校体育场馆与设施能满足您身体锻炼的需要					
37	学校体育场馆与设施丰富、便捷性促使您身体锻炼					
38	学校体育场馆与设施的科学管理有利于您身体锻炼技能的提升					
39	运动督导与管理有助于学校体育教学、课外体育等工作的开展					
40	运动督导与管理有助于您对身体锻炼行为的认知					
41	运动督导与管理带给您身体锻炼行为积极的影响					
	家庭环境	完全不符合	基本不符合	部分符合	基本符合	完全符合
42	您父母经常要求您努力完成学业,认为不生病就是健康					
43	您父母经常会要求您多进行体育锻炼					
44	您父母经常要求您关注运动健康相关知识					
45	您父母经常引导您均衡运动与学习					
46	您父母经常为您购买相关健身器材					
47	您父母经常额外给您运动消费的开支					
48	您父母经常进行锻炼					
49	您父母有制订锻炼计划					
50	您父母经常关注体育新闻或观看体育赛事					
51	您父母经常与您共同进行身体锻炼					
52	您父母会经常与您讨论体育相关话题					
53	您父母经常为您请(运动项目培训)私教					
54	您父母能平衡身体锻炼、工作与生活					

续表

序号	描述	分值				
		1	2	3	4	5
	社会环境	完全不符合	基本不符合	部分符合	基本符合	完全符合
55	社会上健身场所的便捷性影响到您的锻炼行为					
56	交流时经常涉及体育健身话题					
57	社会上的体育赛事或体育风云人物宣传吸引您参与体育锻炼					
58	社会或校园中锻炼空间布局或体育氛围影响您锻炼参与或保持					
59	您经常参与社会体育组织的各种赛事					
60	您会经常参与学校的各种体育社团比赛					
61	不同体育组织有助于您锻炼兴趣的保持与提升					
62	您经常看到体育文化与健身方面的宣传					
63	您经常通过手机等媒介学习体育锻炼相关知识技能					
64	您经常运用手机等电子媒介进行锻炼计划的制订和执行					
	政策效能	完全不符合	基本不符合	部分符合	基本符合	完全符合
65	对体育相关政策的宣传影响到您的锻炼行为					
66	对体育相关政策的知晓程度影响到您的锻炼行为					
67	对体育相关政策的认同程度影响到您的锻炼行为					
68	体育政策执行目标会影响到您的锻炼行为					
69	体育相关政策执行过程监管会影响到您的锻炼行为					
70	体育相关政策执行效果监测影响到您的锻炼行为					
71	体育相关政策执行效果反馈机制影响到您的锻炼行为					

附录3　大学生锻炼行为长效促进机制正式问卷

亲爱的同学：

您好！规律的身体锻炼行为是身体健康保持的重要途径。为了对大学生身体锻炼行为长效促进机制进行研究，采用匿名方式展开问卷调查，您客观真实的反馈非常有助于本次研究。您的信息绝不会用作任何学术研究之外的用途。请根据客观真实情况做出选择。祝您学习生活愉快！

1. 您的性别　□男　□女

2. 您就读年级　□一年级　□二年级　□三年级　□四年级

3. 您就读专业所属学科　□文科　□理工科

4. 您来自　□城镇　□农村

5. 您父母一方最高学历为

□初中及以下 □高中或中专 □大专 □本科 □研究生及以上

6. 您家庭月收入约为

□3 000～5 000 元　□5 000～7 000 元　□8 000～10 000 元

□10 000～15 000 元　□16 000 元以上

7. 您最近 30 天进行体育运动的强度怎样？（赋值 1～5）

□轻微运动（如散步、做早操等）

□小强度不太紧张的运动（如消遣娱乐性的打打排球、踢毽子、慢跑等）

□中等强度的较激烈的持久运动（如骑自行车、跑步、排球等）

□呼吸急促、出汗较多、不持久的大强度运动（如打羽毛球、篮球、足球、网球等）

□呼吸急促、出汗很多、持久的大强度运动（如打羽毛球、篮球、足球、网球等）

8. 您在进行上述强度的运动时，一次持续时间大约是多少？（赋值 1～5）

□10 min 以内　□11～20 min　□21～30 min

□31～59 min　□60 min 以上

9. 您在最近 30 天进行上述运动约几次？（赋值 1～5）

□1 个月 1 次　□1 个月 2～3 次　□每周 1～2 次

□每周 3～5 次　□大约每天 1 次

以下各题请根据个人实际情况在对应题项方框内画“√”。

序号	描述	分值				
		1	2	3	4	5
	个体认知	完全不符合	基本不符合	部分符合	基本符合	完全符合
10	锻炼知识与技能有助于您身体锻炼行为的坚持					
11	锻炼知识与技能有助于您建立正确的体育价值观					
12	锻炼知识与技能有助于您提高身体锻炼效能					
13	锻炼知识与技能有助于您提高身体锻炼动机					
14	运动能培养人的规则、纪律意识					
15	运动能够强健体魄、促进心理健康					
16	运动能增进社会交往、改善人际关系					
17	您确信掌握了某一运动技术					
18	您确信掌握了一定的身体锻炼知识					
19	您确信能够平衡学业、就业压力进行身体锻炼					
20	您锻炼是为了乐趣					
21	您锻炼是为了健康形象和身体素质需要					
22	您锻炼是为了体育考试学分需要					
23	您锻炼是为了课外体育活动打卡考勤					
24	您锻炼是来自朋友、家人、同伴压力或支持					
	学校环境	完全不符合	基本不符合	部分符合	基本符合	完全符合
25	体育教师示范讲解和课堂组织能力有利于您的锻炼行为					
26	体育教师的榜样行为有利于您的锻炼行为					
27	体育教师的鼓励和关心有利于您的锻炼行为					
28	体育课堂内容有利于您锻炼行为的坚持					
29	体育课堂组织形式有利于您的锻炼技能的学习					
30	体育课堂教学评价有利于您的锻炼行为					
31	您经常参与课外体育社团或俱乐部活动					
32	课外体育组织管理促使您参与锻炼行为					
33	课外体育氛围会影响到您参与锻炼行为					
34	学校体育场馆与设施能满足您身体锻炼的需要					

续表

序号	描述	分值				
		1	2	3	4	5
	学校环境	完全不符合	基本不符合	部分符合	基本符合	完全符合
35	学校体育场馆与设施丰富、便捷性促使您身体锻炼					
36	学校体育场馆与设施的管理利于您身体锻炼技能的提升					
37	运动督导与管理有助于学校体育教学、课外体育等工作的开展					
38	运动督导与管理有助于您对身体锻炼行为的认知					
39	运动督导与管理带给您身体锻炼行为积极的影响					
	家庭环境	完全不符合	基本不符合	部分符合	基本符合	完全符合
40	您父母亲经常要求您努力完成学业，认为不生病就是健康					
41	您父母经常要求您多进行体育锻炼					
42	您父母经常要求您关注运动健康相关知识					
43	您父母经常引导您均衡运动与学习					
44	您父母经常为您购买相关健身器材					
45	您父母经常额外给您运动消费的开支					
46	您父母经常进行锻炼					
47	您父母有制定锻炼计划					
48	您父母经常关注体育新闻或观看体育赛事					
49	您父母经常与您讨论体育相关话题					
50	您父母经常为您请(运动项目培训)私教					
51	您父母能平衡身体锻炼、工作与生活					

续表

序号	描述	分值				
		1	2	3	4	5
	社会环境	完全不符合	基本不符合	部分符合	基本符合	完全符合
52	社会上健身场所的便捷性影响到您的锻炼行为					
53	社会上的体育赛事或体育风云人物宣传吸引您参与体育锻炼					
54	社会或校园中锻炼空间布局或体育氛围影响您锻炼参与或保持					
55	您经常参与社会体育组织的各种赛事					
56	您会经常参与学校的各种体育社团比赛					
57	不同体育组织有助于您锻炼兴趣的保持与提升					
58	您经常看到体育文化与健身方面的宣传					
59	您经常通过手机等媒介学习体育锻炼相关知识技能					
60	您经常运用手机等电子媒介进行锻炼计划的制订和执行					
61	对体育相关政策的宣传影响到您的锻炼行为					
	政策效能	完全不符合	基本不符合	部分符合	基本符合	完全符合
62	对体育相关政策的知晓程度影响到您的锻炼行为					
63	对体育相关政策的认同程度影响到您的锻炼行为					
64	体育相关政策执行过程监管影响到您的锻炼行为					
65	体育相关政策执行效果监测影响到您的锻炼行为					
66	体育相关政策执行效果反馈机制影响到您的锻炼行为					